ことばで社会をつなぐ仕事

日本語教育者のキャリア・ガイド

義永美央子・嶋津百代・櫻井千穂 [編著]

はじめに

　私たちは日本語教育の現場で日々奮闘しつつ、大学・大学院での日本語教員養成にも携わっています。学生の中には、やる気や能力はあるのに日本語教育現場以外での就職を選択する人も多く、去っていくその背中を見ながら残念に思うこともあります。その理由は種々あるでしょうが、いわゆる「現場」に関する情報が乏しく、日本語教育関係の職に就くためのルートがわからない、就職後の具体的なイメージがつかみにくい、ということも一因ではないかと思います。

　一方で、日本語教育の現場は現在非常に「売り手市場」となっており、優秀な日本語教員を確保したいがなかなか見つからない、という声をよく耳にします。また、日本語学校や大学といった、いわゆる従来からの「日本語教育」を実施している機関だけでなく、初等中等教育や行政などの場においても、日本語教育に関する専門性を有する人材の必要性が指摘されています。

　今後、さまざまな母語や文化背景を持つ人々が共に生きる社会をつくっていくために、日本語教育に意欲や関心を持つ人材がその資質・能力を伸ばし、社会のさまざまな場で活躍することが求められます。これまで、「日本語の教え方」をわかりやすく示した本、外国につながりを持つ子どもたちや地域で生活する外国人住民の現状および支援方法について検討した本は多く出版されてきましたが、日本語教育や外国人支援、多文化共生に関する仕事ができる現場には具体的にどのようなものがあり、そこでどのような人々がどのような仕事をしているのかを包括的に示した本はあまり見当たらないようです。

　このような問題意識を背景に、本書は主に大学・大学院で日本語教育学およびその関連分野を学ぶ学生の方々、日本語教育関連分野への就職・転職を検討している社会人の方々、進路選択に迷う高校生の方々を主な対象として、日本語教育に関連する現場とそこでの仕事のあり方を紹介し、読者の職業選択に有益な情報を提供したいと思います。それによって、有為な人材がさらに日本語教育関連分野に参画してくれることを期待し、当該分野の活性化や多文化共生社会の構築に微力ながら貢献できることを願っています。

　なお、この本は、編者の一人である義永が代表者を務める科学研究費助成事業の研究プロジェクト（基盤研究Ｂ（一般）「多文化共生社会におけるホストパーソン・支援者の接触支援スキルと意識の変容」（平成 28 年度〜平成 30 年度・課題番号 16H03435）および挑戦的萌芽研究「ライフコースの視点からみた日本語教師の成長とキャリア支援プログラムの開発」（平成 28 年度〜平成 30 年度・課題番号 16K13243））の成果の一部として企画・出版されました。企画趣旨に賛同し、日本語教育の世界の広がりが実感できるすばらしい原稿を書いてくださった執筆者のみなさまに心より御礼申し上げます。また、執筆者をご紹介くださった、聖心女子大学の岩田一成さん、鳥取大学の御舘久里恵さん、シドニー工科大学の尾辻恵美さん、プリンストン大学の佐藤慎司さん、北陸先端科学技術大学院大学の本田弘之さん、金沢大学の松田真希子さんと、きめ細かいサポートをしてくださった凡人社の大橋由希さんにも心からの感謝の気持ちをお伝えしたいと思います。ありがとうございました。

2019 年 3 月

編者　義永美央子　嶋津百代　櫻井千穂

もくじ

序章　「日本語教育者」とは？

- 「日本語教育者」のこれまでとこれから　（義永 美央子）........2
- あなたはどのタイプ？........6
- どんな人に日本語を教えるの？........8

第1章　海外で日本語を教える

① 海外派遣プログラム　（西野 藍）........10
② 中国　（馬 之濤）........14
③ 韓国　（安 志英）........16
④ 台湾　（羅 曉勤）........18
⑤ 東南アジア　（山田 朱美）........20
⑥ 南アジア　（田栗 春菜）........22
⑦ オセアニア　（トムソン 木下 千尋）........24
⑧ ヨーロッパ　（櫻井 直子）........26
⑨ 北米　（當作 靖彦）........28
⑩ 中南米　（渡辺 久洋）........30

Column 1　日本語の大規模テストと評価　（西野 藍）........32

登場人物
- まさしさん［高校生］
- まりさん［大学生］
- リーさん［留学生］
- あやのさん［社会人］
- 先生

第2章　日本で日本語を教える

① 日本語学校　(金子 史朗) 34

② 大学　(栁田 直美) 38

③ 政府系団体　(布尾 勝一郎・菊岡 由夏) 42

④ フリーランス　(長崎 清美) 46

Column 2　増加する在留外国人　(義永 美央子) 50

第3章　外国につながる人々を支援する

① 地域の生活者の支援　(大泉 貴広) 52

② 看護師・介護福祉士 (候補者) の支援　(野村 愛) 56

③ 外国につながる子どもたちの支援 (学校)　(櫻井 千穂) 60

④ 外国につながる子どもたちの支援 (NPO)　(田中 宝紀) 64

⑤ 大学における留学生の支援　(金 孝卿) 68

Column 3　日本語教育の推進に関する法律　(神吉 宇一) 72

第4章　現場を支える

① 研究者　(渡部 倫子) 74

② 日本語教員養成担当者　(嶋津 百代) 78

③ 日本語学校長　(丸山 茂樹) 82

④ 日本語アドバイザー　(神吉 宇一) 86

⑤ ウェブデザイナー　(角南 北斗) 90

⑥ 書籍編集者　(凡人社 編集部) 94

Column 4　新しい日本語教師の養成　(嶋津 百代) 98

第5章　こんにちは、先輩！　おしごと探訪

❶ パフォーマンス教授法⁉ *100*
　　（ケッチ！（元・が～まるちょば）） ［パントマイム・アーティスト］

❷ 自律学習のすすめ *101*
　　（フェラーリ シモン） ［会社員］

❸ 元日本語学習者の私が先生に！ *102*
　　（潘 英峰） ［専門学校教員］

❹ 日本語教育を学び、民間企業で働くという選択 *103*
　　（下伊豆 ちひろ） ［会社員］

❺ 小さな活動がつなぐ人と人 *104*
　　（菊池 英恵） ［キャリアコンサルタント／ボランティア団体副代表］

❻ 日本と世界を結ぶ未来人材を育てる—高校で教える— *105*
　　（甲田 菜津美） ［高等学校教員］

❼ やさしい日本語は世界を変える！ *106*
　　（小川 真由） ［アナウンサー］

❽ サブカル少女が大学でサブカルチャーを教えるようになるまで *107*
　　（藤本 かおる） ［大学教員］

❾ YouTubeから日本語人コミュニティへ *108*
　　（朴 晋佑） ［起業家／YouTubeチャンネル「日本語の森」代表取締役会長］

第6章　考えよう！　日本語教育者への道

- データで見る日本語教師の成長　（義永 美央子・渡部 倫子） *110*

- どんな日本語教育者になりたい？ *120*

序章

「日本語教育者」とは？

- 「日本語教育者」のこれまでとこれから
- あなたはどのタイプ？
- どんな人に日本語を教えるの？

「日本語教育者」のこれまでとこれから

文 = 義永 美央子

はじめに

まずは、この本を手にとってくださってありがとうございます！ たくさんの本の中から、この本を選んでページを開いてくださったあなたは、きっと「日本語を教える仕事」に関心をお持ちの方でしょう。身近にいる外国の方に日本語を教えてほしいと頼まれたり、外国で生活した経験があったり、あるいはご自分が外国語として日本語を勉強された方かもしれません。

社会のグローバル化が進み、人の移動が今までには考えられなかった規模で活発になっている現在、日本国内で生活している外国出身の方の数も急増しています。法務省によると、2018年6月現在の在留外国人数は過去最高の2,637,251人にのぼり、10年前（2007年：2,152,973人）と比較すると、40万人以上増加しています。これらの人々の中には、生活や仕事、学業を円滑に行うために日本語を学びたいと考える人が少なくありません。また、海外に目を向けると、2015年度の日本語教育機関の数は16,179機関、教師数は64,108人、学習者数は3,655,024人となっており、これらの数は国際交流基金による調査が開始された1979年と比べて、それぞれ14.1倍、15.6倍、28.7倍となっています（国際交流基金（2017）『海外の日本語教育の現状 2015年度日本語教育機関調査より』）。こうした状況の中で、熱意と高い専門性を兼ね備えた、優秀な日本語教師を求める声が非常に高まっています。

日本語教師の仕事とは

日本語教師の仕事……と聞くと、皆さんはどんなイメージを思い浮かべるでしょうか。試しに「日本語教師 仕事」をキーワードにしてgoogleの画像検索をしてみると、トップにあがってくるのは、ホワイトボードや黒板を背にした「先生」が席に座った「学習者」と相対して、日本語（主に文法）を説明している様子の写真です。「先生」は単語や絵を描いたA4大のカードを手にしていることもあります（また、なぜか「先生」

のほとんどが若い女性です）。「日本語」の「教師」なのだから、当然といえば当然かもしれませんが、教壇に立って、ホワイトボードやカードを使いながら、学習者に日本語の仕組みや使い方を教える……このあたりが一般的な日本語教師のイメージと言えそうです。

自分語りになって恐縮ですが、私はこれまで20年以上日本語を教えてきました。ずいぶん前には日本語学校やプライベートレッスンで教えていたこともありますが、大学院を修了してからは、大学で留学生に日本語を教えることを主な仕事としています。そんな私が今、自分の仕事を振り返って、「教壇に立って、ホワイトボードやカードを使いながら、学習者に日本語の仕組みや使い方を教える」ことをどの程度しているかを考えてみると、まったくゼロではありませんが、「一番主な仕事」とも言えない、というのが現状です。

じゃあ何をしているかというと、思いつくものを順に挙げてみます。

❶「教壇に立って、ホワイトボードやカードを使いながら、学習者に日本語の仕組みや使い方を教える」のではない授業

決して「教壇に立って、ホワイトボードやカードを使いながら、学習者に日本語の仕組みや使い方を教える」ことを否定するわけではありません（私もやっています）が、これが唯一の教え方というわけでもありません。例えば、学習者がグループになってディスカッションをする、プレゼンテーションをする、教室の外に出てインタビューをする、ブログを書いたりSNSサイトに書き込んだりする……といった活動をデザインすることも立派な「日本語を教える」仕事です。また、学習者が自分で計画を立て、学習方法を選択できるようになることを目指して、自律学習を支援する形で関わる場合もあります。

❷授業実施のための準備

教科書を使うか使わないか、使うならどれを使うかの決定、授業スケジュールの検討、学習項目や教え方の確認、教案作成、などなど。教科書を使わない授業

のために、自分で教材を作成することも多いです。また、授業の宿題の添削などもあります。

❸教職員との連絡・調整

大学も一つの組織なので、関係する教職員と協力して動くことが求められます。コース全体のカリキュラムや評価のあり方といった大きな枠組みに関する話し合いをはじめ、個々の学生対応、授業の引き継ぎなど、いろいろなことを協議します。

❹学生対応

授業の内容や、進路などについて相談に来る学生への対応も大事な仕事です。病気やけがに見舞われた学生のフォロー（日本語がまだ十分でない学生の場合、英語などで対応してくれる病院を紹介することもあります）、あるいは、事故を起こした学生のために警察や弁護士事務所に相談に行くようなことも（稀ですが）あります。

❺コースや授業内容の広報

いくらいい授業をしていても、その授業の存在を知らなければ、受講生は来てくれません。そのため、パンフレットやガイドブック、ウェブサイトなどを作成して、どのようなコースや授業を提供しているのかを広報します。また、授業を実施するための予算確保などを目的として、学外、あるいは学内の執行部や他部局の方に向けて、自分たちの教育実践の意義や重要性を説明するのも仕事の一部と言えます。

❻教師としてのブラッシュアップ

社会も、日本語教育の世界も、日々進歩しています。新しく開発された教材、教育内容や教育方法のトレンド、あるいは、そもそも日本語を教える・学ぶってどういうことなのか……、知っておきたい、考えておきたいことがたくさんあります。いい教育実践をするためには、やっぱりインプットが必要。本や論文を読んだり、学会や研修会などに参加したり、一人で時間をとって、あれこれゆっくり考えたり。実際には、目の前の仕事に時間を取られてこの部分がおろそかになりがちではありますが、自戒を込めて！　日々のブラッシュアップの大切さを指摘しておきたいと思います。

大学の専任教員の場合、実際にはこれ以外に「研究」「学内運営」「社会貢献」という仕事があります（このあたりの詳細は、第2章「②大学」p.38、第3章「⑤大学における留学生の支援」p.68、第4章「①研究者」

p.74 をご覧ください）。また、ひと言で日本語教師といっても、所属や立場、どこでどんな学習者を教えているかなどによって仕事の内容はずいぶん変わってくると思います。この本では、日本語教師の生の声を通じて、「日本語を教える」とは実際のところどういう仕事なのかを具体的にお伝えしていきます。

「日本語を教える」だけじゃない！

前述の「日本語教師の仕事」は、教壇に立つ前後にもそれに関連したいろいろな業務があることや、日本語教育の現場では、必ずしも一斉授業の形式を取らないバラエティに富んだ教育実践が実施されていることを示しています。

また、近年では、「教室で日本語を教える」のではないさまざまな現場で、日本語や日本語教育に関する専門性を持った人々が活躍するようになっています。

例えば、現在日本の学校には、両親の少なくとも一方が外国の出身であるなど、外国につながりのある子どもたちがたくさん在籍しています。その中で「日本語指導が必要な児童生徒」として文部科学省が把握している人数は、2016 年（平成 28 年）の調査で43,947 人にのぼり、10 年前（2006 年）の約 1.7 倍になっています＊。このような子どもたちの支援には、学校の教室で直接日本語を教える先生だけでなく、母語の指導や通訳・翻訳をする先生、学校の外での居場所づくりや学習支援に取り組むボランティアの人たち、より効果的な指導方法の開発を目指す研究者など、いろいろな立場の人が関わっています。そして、子どもたちの成長や発達を促すためには、ただ言葉を教えるだけではなく、一人ひとりの子どものルーツや個性を理解し、子どもに関わる機関や人々をうまくつなぎながら粘り強く支援を続ける専門家の存在が必要です（第 3 章「③外国につながる子どもたちの支援（学校）」p.60、第 3 章「④外国につながる子どもたちの支援

＊「日本語指導が必要な児童生徒」とは、「日本語で日常会話が十分できない児童生徒」および「日常会話ができても、学年相当の学習言語が不足し、学習活動への参加に支障が生じており、日本語指導が必要な生徒」として学校が認めた児童生徒を指します。また、ここで示した 43,947 人という数は、「日本語指導が必要な外国籍の児童生徒」と、「日本語指導が必要な日本国籍の児童生徒」を合わせたものです。

（NPO）」p.64、第5章「⑥日本と世界を結ぶ未来人材を育てる―高校で教える―」p.105 参照）。こうしたコーディネーター的な役割を果たす人材の重要性は、学校だけでなく、地域の日本語教育や EPA（経済連携協定）に基づく外国人看護師・介護福祉士（候補者）の受入れなど、さまざまな現場で指摘されています（第3章「①地域の生活者の支援」p.52、第3章「②看護師・介護福祉士（候補者）の支援」p.56、第4章「④日本語アドバイザー」p.86 参照）。

さらに、日本国内でも国外でも、教室に通わずに、自分で日本語を学ぶ学習者が増えています。その背景には、インターネットをはじめとする ICT（情報通信技術）の発展があります。身近に日本語を話す人がいない環境でも、ウェブで配信された動画をみる、チャットをする、SNS でつながる、といった形で楽しみながら日本語を学ぶ人がたくさんいます（もしかしたら、日本語で媒介された世界を「楽しむ」のが第一で、本人には日本語を「学ぶ」という認識はあまりないかもしれません）。そうした学習者のために、ウェブ上の学習ツールや教材を開発する人たちは、学習者と直接会うことは少ないかもしれませんが、日本語の学習環境を整備する専門家として、今後ますます活躍の場が広がると予想されます（第4章「⑤ウェブデザイナー」p.90、第5章「⑨ YouTube から日本語人コミュニティへ」p.108 参照）。

このような、日本語を直接教えるわけではなくても、自分の専門性を生かして、日本語を教えたり学んだりする人を支援する役割を果たす人たちのことを、この本では「日本語教育者」と呼んでいます。下の表に、日本国内を例として、日本語教育者の仕事の対象や働く場所、仕事の内容、この本での参照箇所などをまとめていますので、参考にしてください。

「日本語教育者」の仕事はまだ新しいので、定着した呼び方があるわけではありません（例えば、2018年3月に文化庁が発表した「日本語教育人材の養成・研修の在り方について（報告）」という報告書では、同じような役割を果たす専門家のことを「日本語教育人材」と呼んでいます）。また、新しい仕事だけにキャリアパスが確立しておらず、「日本語教師」のようにある程度定まった養成方法があるわけでもありません。しかし、多様な言語文化背景を持った人たちが、お互いを尊重しながら生活することができる社会をつくっていくために、「日本語教育者」は大きな可能性を秘めていると私たちは考えています。

この本で紹介する日本語教育者の仕事の例（日本国内の場合）

この本のねらいと構成

　この本は、「日本語を教える仕事」に関心をお持ちの方を主な読者として、日本語教師や日本語教育者の仕事の広がりと可能性を示したいと考えています。そのために、いろいろなキャリアパスを経て現在「日本語教師」「日本語教育者」としての第一線で活躍されている方々に、各章ごとに共通した質問に回答していただきます。個性豊かな回答を通じて、それぞれが活躍されている現場の状況や、お一人お一人のこれまでの歩みが生き生きとイメージできるようになっています。

　まず第1章に登場するのは、日本以外の国・地域で活躍する日本語教師・日本語教育者の方々です。また、半年から数年程度の期間で日本語教師を海外の各地に派遣するプログラムの概要についても説明します。

　第2章では、日本国内で「日本語教師」として活躍される方々に、「日本語教師」としてのお仕事の現状やキャリアパスについて語っていただきます。

　続く第3章では、地域で生活する外国人の方や外国につながりのある子どもたち、留学生などを支援する現場で活躍される「日本語教育者」を紹介します。

　第4章は、日本語教育学に関する研究を行う研究者、大学等の日本語教員養成担当教員、企業や行政に対して助言やコンサルティングを行う日本語アドバイザー、ウェブデザイナー、日本語教育関係の書籍の編集者といった、広い意味で日本語を教えたり学んだりするための環境整備に尽力されている「日本語教育者」のお仕事について説明します。

　第1章から第4章では、「今のお仕事の具体的な内容を教えてください」「今のお仕事につかれるまでの道のりを教えてください」「今いらっしゃる現場では、どんな人材が求められていますか」「後に続く『日本語教育者』にひと言お願いします」などといった共通の質問に答えていただく形で、それぞれのお仕事の現状やこれまでの経緯を語っていただいています。ただし一部、執筆者のご判断で構成や内容を変更されている場合もあります。また、第1章から第4章には、言語教育におけるテスティングや評価の現状、そして、日本語教育を取り巻く最新の社会状況や今後の日本語教員養成のあり方を解説するコラムもつけています。

　第5章の「こんにちは、先輩！　おしごと探訪」では、日本語教育に関わる現場で働く方々、あるいは、大学や専門学校等で日本語教師養成講座を受講された後、社会のいろいろな場で活躍されている方々、そして、元日本語学習者の方々に、今のお仕事の内容やこれまでの歩み、ことばの学習・教育について思うこと、後に続く方へのメッセージなどを自由に語っていただきます。

　そして最後に、第6章の「考えよう！　日本語教育者への道」では、101人の現役日本語教師の方々に回答していただいたアンケート調査の結果をもとに、日本語教師になったきっかけや、印象に残る経験や教師としての成長に役立った出来事などを紹介します。また、読者の方への質問もありますので、みなさん自身のこれまでの歩みを振り返りながら、これからどんな日本語教育者を目指すかを考えていただければと思います。

　また、この本では日本語教育の世界に関心がある読者の代表4人と、日本語教育者のキャラクターを設定しましたので、各ページに登場するこの4人と「センパイ」のかけ合いもぜひお楽しみください。この本との出会いを通じて、日本語教育の世界に飛び込んでくださる方が一人でも増えることを心から願っています。

義永　美央子 （よしなが・みおこ）

●プロフィール●
大阪大学国際教育交流センター教授。博士（言語文化学）。大阪大学大学院言語文化研究科博士後期課程単位取得退学。大阪大学大学院言語文化研究科助手、愛知教育大学日本語教育講座助手・講師、大阪大学国際教育交流センター准教授を経て、現職。主な著書に『日本語教育学の歩き方 ―初学者のための研究ガイド―改訂版』（2019年、大阪大学出版会、共著）や『ことばの「やさしさ」とは何か ―批判的社会言語学からのアプローチ―』（2015年、三元社、共編著）などがある。一男一女の母として、ワークライフバランスを模索中。

あなたはどのタイプ？

文 = 義永 美央子

将来、日本語の先生に
なってみたいなと思っているけど、
そうしたらやっぱり
大学の教育学部に進学するのがいいのかな？
でも、まだこれから将来の希望も
変わるかもしれないし……

A. まさしさん（高校生）

今、大学の日本語教師養成課程を
受講しています。
日本語の先生の仕事はおもしろそうだけど、
まわりは民間企業に就職希望の人が多くて……、
ちょっと迷ってます。
日本語の先生の仕事は不安定だとも聞くし……

B. まりさん（大学生）

もともと日本のアニメが好きで、
日本に留学し、日本語を学びました。
将来は、国に帰って
日本語の先生になりたい
と思っています。

C. リーさん（留学生）

短大卒業後、会社に勤めて5年目です。
趣味のサークルで友達になった外国人に
「日本語を教えて」って言われて、
日本語の先生っていう仕事があることを
初めて知りました。
ちょっと興味があるんですが、私もなれますか？
あと、英語ができないと難しいですか？

D. あやのさん（社会人）

\まさしさん！/

　日本語教師養成課程は、教育学部のほか、大学によっては外国語学部や文学部などに設置されていることもあります。また、主専攻でなくても、他の分野を専攻しながら、副専攻として日本語教師養成課程を履修できる大学もあります。実は、私は大学のときは法学部で、ダブルスクールで夜に民間の日本語教師養成講座に通っていたんですよ。大学を卒業して、いったん民間企業などに就職してから日本語教師になる人もいます。
　また、まさしさんが大人になる頃には、地球レベルでの人の移動や交流がますます盛んになり、日本で生活する外国出身の方がさらに増えると思います。直接的に日本語を教えなくても、いろいろな形で日本人と外国人とが一緒に暮らせる社会をつくるために活躍している人がいます。この本ではそんな「日本語教育者」の姿も紹介していますので、ぜひ参考にしてください！

\まりさん！/

　これまでは日本語の先生というと、まずは非常勤講師として仕事を始めるパターンが多かったです。非常勤講師の場合は時給で働き、半年や1年単位で学校との契約を更新していくことがほとんどなので、確かに民間企業の正社員などと比べると身分的に不安定なことは否定できません。けれども、今、日本語教育の業界は非常に「売り手市場」で、どの学校でも優秀な先生を確保することが大きな課題となっています。また、外国人受入れの拡充や、それに伴う日本語教育の充実が社会的に求められている（コラム「増加する在留外国人」p.50、「日本語教育の推進に関する法律」p.72参照）ので、日本語教師にとっては追い風の時代と言えそうです。また、フリーランスの形で自分の裁量で自由に働くことに魅力を感じる人もいますし（第2章「④フリーランス」p.46、第4章「④ウェブデザイナー」p.90参照）、日本だけでなく世界中で働くチャンスがある（第1章「海外で日本語を教える」pp.9-31参照）ことも、日本語教師の大きな可能性の一つだと思います。

\リーさん！/

　日本語教師は、決して日本人だけの仕事ではありません！ リーさんのように、もともとは日本語学習者だった日本語の先生もたくさんいます（第1章「②中国」p.14、「③韓国」p.16、「④台湾」p.18、第3章「⑤大学における留学生の支援」p.68、第5章「③元日本語学習者の私が先生に！」p.102参照）。自分の経験から、学習者の気持ちや日本語学習上の困難点がよくわかることが元日本語学習者である先生の大きな強みだと思います。
　ただ、国によっては、日本語教師の職を得るには日本語力や日本での留学経験だけでは不十分で、修士号や博士号などの学位が必須とされる場合も少なくないので、自分が働きたいと思う国の状況をしっかりリサーチしておく必要があるでしょう。

\あやのさん！/

　いったん会社勤めをしてから日本語教師になった方だけでなく、子育てが一段落してから、定年退職してから、など、日本語の先生のキャリアパスは千差万別で、いくつから始めても、それまでの人生経験が生かせる仕事です（第6章「考えよう！ 日本語教育者への道」pp.109-120参照）。ただし、日本語教師の職を得るには、日本語教師としての知識や技能を一通り身につけていることを証明することが求められます。具体的には、以下の三つのうちいずれかを満たしていることが求められることが多いです。

- 日本語教師養成講座420時間　修了者
- 日本語教育能力検定試験　合格者
- 大学日本語教師養成課程　主・副専攻修了者

また、機関によっては大学卒または大学院修了の学歴が求められる場合もあります。
　それから、英語力については、実は、日本語の授業はすべて日本語で行う場合が多いです。学習者が英語を話さず、むしろ中国語やポルトガル語、ベトナム語などを知っている方が重宝される現場もあります。一方で、特に大学で教える場合には、英語を使った授業や学生対応が必要となる場合もあります。また、何よりも外国語を学んだ経験が日本語を教える際に非常に役に立つので、ぜひいろいろな言語の学習を楽しんでください。

どんな人に日本語を教えるの?

文 = 義永 美央子

　「日本語を勉強している外国人」というと留学生がイメージされがちですが、日本で生活している外国人（2018年6月現在で約260万人）のうち、留学生は約27万人（2017年5月1日現在：文部科学省外国人留学生在籍状況調査）で全体の約1割にすぎません。留学生の他にも、企業に勤めるビジネスパーソンや語学の先生、技能実習生、看護師・介護福祉士（候補者）など、いろいろなところで日本社会を支えている人たちがたくさんいます。また、日本人の配偶者として来日した方や日系人、難民の方々もいます。さらに、親や家族の移動に伴って日本に来た子どもたちも日本語学習を必要としています。

　海外に目を向けると、2015年度の調査では世界中で365万人以上が日本語を学んでいます（国際交流基金（2017）『海外の日本語教育の現状　2015年度日本語教育機関調査より』）。最も学習者数が多いのは中国で、全体の26.1%を占めています。さらにインドネシアが20.4%、韓国15.2%、オーストラリア9.8%、台湾6.0%と続き、やはりアジア・太平洋地域の学習者が多いようですが、国や地域によって学習者の年齢や学習目的はさまざまです（第1章「海外で日本語を教える」参照）。

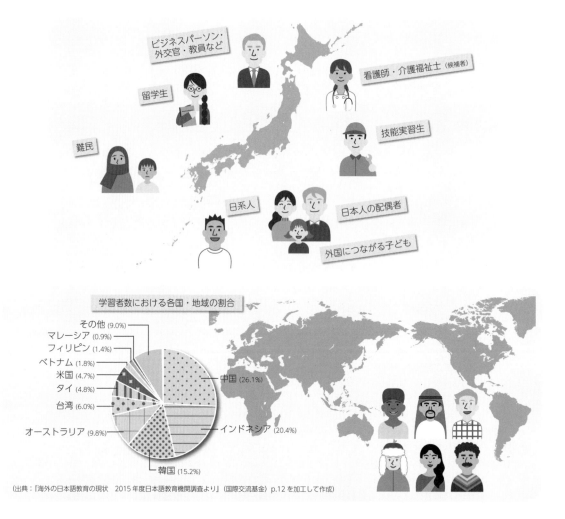

（出典：『海外の日本語教育の現状　2015年度日本語教育機関調査より』（国際交流基金）p.12 を加工して作成）

第1章

海外で日本語を教える

① 海外派遣プログラム
② 中国
③ 韓国
④ 台湾
⑤ 東南アジア
⑥ 南アジア
⑦ オセアニア
⑧ ヨーロッパ
⑨ 北米
⑩ 中南米

Column1 日本語の大規模テストと評価

① 海外派遣プログラム

西野 藍 (にしの・あい)

●プロフィール●
国際基督教大学教養学部日本語教育課程インストラクター。学生時代、国際交流基金（JF）の「各国成績優秀者研修」で訪日した世界中の若者たちが日本語を媒介として交流する現場に立ち会い、感動と尊敬の思いを抱いたことが日本語教育者としての原点。2005年にJF関西国際センター専門員となり、派遣専門家、日本語試験センター研究員等、複数部署でJFの日本語教育事業に携わった。2018年より現職。著書に『文化と歴史の中の学習と学習者―日本語教育における社会文化的パースペクティブ―（日本語教師のための知識本シリーズ4）』（2005年、凡人社、共著）、『日本語ドキドキ体験交流活動集』（2008年、凡人社、共著）がある。

海外で日本語を教えるということ

日本語教師として活躍している人たちに話を聞くと、その多くが一度は海外で日本語を教えた経験があることに気がつくと思います。海外での教授経験は、いわゆる日本語教師になる条件として必須ではありませんが、あると望ましいとも言われます。日本を離れ、現地の人たちとともに当地の日本語教育に携わること。このことが、日本語教育者としての私たちにもたらしてくれるものは何でしょうか。

海外で日本語教師として働くには二つの方法があります。一つは海外の機関に直接雇用される方法、もう一つは日本の機関から派遣される方法です。後者には民間機関による派遣、所属する大学のプログラムなどさまざまなものがありますが、派遣者の総数とその歴史で群を抜いているのが、日本の政府機関である国際協力機構（Japan International Cooperation Agency; 以下JICA）と国際交流基金（Japan Foundation; 以下JF）注1）からの派遣でしょう。これらは定期的に募集があって誰にでも開かれている注2）上、派遣中の身分が公的に保障される点でも安心です。そこで、以下は海外派遣プログラムの一例としてJICAとJFの派遣を取り上げ、その概要と特長を紹介します。

国際協力機構（JICA）の派遣プログラム

日本語教師派遣プログラムの中で最も長い歴史を誇るのがJICAの派遣です注3）。参加できるプログラムは年齢や専門性によって違います注4）が、いずれも日本のODAの一環である「国際ボランティア」としての派遣で、その一職種「日本語教師」として現地に赴きます。

派遣前訓練、現地語学訓練、赴任手続き、活動視察、巡回指導、定期健診、帰国手続き、帰国時研修等の充実したサポートがあり、特に他職種の人たちと寝食を共にしながら受ける約70日間の派遣前訓練は、他では得難い貴重な人生経験となります。また、「現地の人々とともに」というJICAボランティアの基本姿勢から、活動開始までに徹底した語学訓練注5）を受けられるのも特筆すべき点です。

派遣国・地域、派遣先機関、活動内容は、表1にまとめたとおりです。現地機関への単独派遣がほとんどで、現地の人々と生活を共にしながら、その機関の一員として活動します。住居は派遣先から提供されるのが一般的で、JICAからは現地で生活する上での最低限の金額が現地生活費として支給されます。

国際交流基金（JF）の派遣プログラム

海外の日本語教育支援のため、長年にわたり「日本語教育の専門家」の派遣を行ってきたのがJFです。近年は、そのほかにキャリアや年齢に応じたさまざまなプログラムができ、選択の幅が広がっています（表1）。派遣国・地域、派遣先機関、業務内容は多岐にわたり注6）、JF海外拠点も派遣先の一つです。

JFの派遣プログラムの特筆すべき点は、参加を通じて日本語教育の専門性を高める機会が多く得られることでしょう。例えば、指導助手は業務の遂行にあたって上級専門家や専門家の指導や支援を受けられます。派遣前研修もまた、海外日本語教育の最新の動向や知見に基づく大変充実した内容となっています。

待遇はプログラムやポジションによって違いますが、共通して派遣前研修、赴任・帰国手続き、定期健診、住居手当等があり、派遣者が安心して業務に臨めるよう支援する体制が整っています。

私の場合

ここで、私の経験をお話ししましょう。私はJICAの青年海外協力隊で、日本語教師のキャリアを本格的にスタートしました。経験がないことを理由に、日本語教師として働きたくても採用されない状況を打破するための、大学院修士課程を休学しての参加でした。

派遣先は、中国の貴州省にある大学でした。当時の中国は大変貧しいところだと言われていて、日本人との接触機会もほとんどなかったのですが、それにも関わらず先生方は日本語が流暢で学生たちも勉強熱心でしたから、本当に驚かされました。

生活や衛生環境は日本とまったく違いましたが、若さゆえか、半年もすればすっかり慣れました。それよりも、時に両国が政治的な緊張関係に陥るなか、学生や現地の人々との信頼関係を築くのにとにかく必死だったように思います。授業

でも「日本語を教える」だけではなく「日本語で伝え合う」ことができないかと、クラス内交換日記などさまざまなことを試みました。悩みや苦しみは絶えずありましたが、本気でぶつかったことで「両国の狭間に立つ仲間」という絆が生まれたのは忘れ難く、自身もその2年で大きく成長したと感じています。

任期満了後に大学院に復学し、修士課程修了後は大学等の非常勤講師のお声がけをいただくようになりました。当時は国内でも中国人学習者が圧倒的に多かったため、中国語ができること、彼らの背景を深く理解したことはキャリア形成に大きく役立ったように思います。そして、2005年にJF関西国際センター（以下、KC）の専門員になりました。実は、大学生のときにインターンとして研修事業をお手伝いしたことがあり、KCは私にとって日本語教育の道を選んだ原点とも言える場所です。KCの専門員になることはまさに私の「夢」でした。思い切って海外に飛び出したからこそ、夢が叶っ

たのだとつくづく思います。

KCでは、各国の外交官や研究者、大学生、日本語教師等を対象とするさまざまな訪日研修のコーディネータを務め、教材開発等も行う中で自身の専門性を高めました。そしてその後、JFの専門家として再び海外に出る機会を得たのです。

派遣先は、タイのコンケン大学でした。教育学部に初めて日本語教育課程を開設した大学で、中学・高校の日本語教員を目指す学生を対象とした教員養成に携わりました。今度は専門家としての派遣ですから、業務は授業担当にとどまりません。教務主任代行の立場での全体統括、ティームティーチングによる若手教員のサポートが主要業務だったほか、各地で教育実習をしている学生たちの受入校を訪ね、当地の高校の日本語教員とのネットワークを築くことも大切なミッションでした。その他、JFバンコク事務所の教師研修の講師や、タイ各地で開催した教師セミナーの講師も務めました。

JFの専門家派遣では派遣先業務を中心としつつも、その

表1　JICA と JF の日本語教師派遣プログラム

	JICA			JF					
	青年海外協力隊	海外協力隊	シニア海外協力隊	日本語パートナーズ	米国若手日本語教員（J-LEAP）	EPA日本語講師	日本語指導助手	日本語専門家	日本語上級専門家
	中南米の日系社会への派遣者は、それぞれ「日系社会青年海外協力隊」「日系社会海外協力隊」「日系社会シニア海外協力隊」と呼ばれる								
期間	通常2年	通常2年	通常2年	1年未満	通常2年	約7カ月	通常2年	通常2年	通常2年
派遣国・地域	アジア、アフリカ、中南米、大洋州、中東、欧州			東南アジア、台湾	米国	インドネシア、フィリピン	アジア、欧州、大洋州	アジア、欧州、中南米、大洋州、アフリカ、中東、北米	アジア、欧州、中南米、大洋州、アフリカ、中東、北米
派遣先機関	初中等教育機関、大学、専門学校、日系日本語学校など			中等教育機関など	初中等教育機関	訪日前日本語予備教育機関	国際交流基金海外拠点、大学など	国際交流基金海外拠点、中等教育機関、大学、各国教育省など	
業務内容	①日本語、日本文化・日本事情に関わる授業の実施、②現地人教師の日本語教授能力向上に向けた支援、③日本文化祭、スピーチコンテスト等のイベントの企画・実施、④教材やカリキュラムの作成・改訂、⑤現地教師育成や研修会の実施など			現地日本語教師のティーチングアシスタント	ティームティーチングをはじめとした派遣機関でのティーチングアシスタント業務および周辺地域の日本語教育や日本文化理解の促進活動に従事	経済連携協定（EPA）に基づき来日を希望する看護師・介護福祉士候補者対象の日本語集中研修（初級～中級）	日本語専門家等の指導の下で、さまざまな日本語教育支援事業に従事	①カリキュラムや教材作成の助言、②現地教師の育成や教師間のネットワークづくりの促進、③海外拠点等の日本語講座の運営・授業など	
年齢	20～45歳	46～69歳	40歳以上	20～69歳	35歳未満	65歳未満	35歳未満	65歳未満	65歳未満
学歴	受入機関からの要請に基づく			派遣国・地域により異なる	大卒以上			日本語教育関連分野で修士号以上	
日本語教育学習歴	日本語教育に関する知識および技能（日本語教師養成講座修了、日本語教育能力検定試験合格、大学の主専攻／副専攻修了など）			不問	(a) 大学で日本語教育を主専攻／副専攻として修了した者、(b) 日本語教育能力検定試験に合格した者、(c) 日本語教師養成講座420時間を修了した者のいずれか			日本語教育関連分野で修士号以上	
日本語教授経験	受入機関からの要請に基づく（筆者注：各案件の資格条件に、実務経験年数が指定されていることが多い。また、シニア案件では一定以上の経験・技能が求められる）			不問	不問だが、ティーチングアシスタントやチューターも含め経験があることが望ましい			2年以上	10年以上

（国際協力機構と国際交流基金のホームページをもとに筆者作成）

地域のネットワーキングなど、より広い視野で目標を設定し、その実現のために取り組むことが求められます。「その国の日本語教育のあり方を、現地の先生方と共に考える」というのは、個人ではなかなかできない経験です。これこそが、JF派遣の醍醐味ではないかと思います。

■ 必要とされる資格・スキル・資質

各プログラムの応募に必要な資格や技能（学歴、日本語教育学習歴、日本語教授経験）は前出の表1にまとめたとおりです[注7]。資質はどうでしょうか。これについては、現地の先生たちの声を参考にしてみましょう。

現地日本語教師への調査から抽出された「『ネイティブ』日本語教師に望まれる資質」（平畑，2014）によると、三つの中核的資質として「教育能力」「人間性」「職務能力」が、そのサブカテゴリーとして「日本語教育の知識と技術」「学習者対応能力」「学術的専門性・学歴」「異文化適応能力」「コミュニケーション能力」「意欲・責任感」「協働能力」「目標設定能力」「役割認識能力」、「現地語能力」があります（表2）[注8]。

現場を知る者としては、納得、共感できるものばかりです。「周囲の人と『対等』、かつ信頼しあえる関係を築いていこうとする姿勢」（コミュニケーション能力）がなければ、どんな優秀な人でもつまずきます。「現地の労働観や同僚の生活状況を理解して、仕事のしかた、進め方を最適化させていく、

ワークスタイルの調整力とも言うべきもの」（協働能力）、「自分はどういう存在として見られているか、どのような行動を期待されているかを認識し、自分のアイデンティティと折り合いをつけ、ふるまいを変えていく力」（役割認識能力）も欠かせません。どのような立場の人でも、思い込みや押しつけではうまくいかないからです。

興味深いのは、ここでの「コミュニケーション能力」や「協働能力」、「役割認識能力」が、自社会においてイメージされるものと少し異なることです。最適化させる、折り合いをつける、ふるまいを変えるといった行動からは、現地の基準で物事を捉え直して受け入れる「柔軟性」、そしてそれに揉まれながらも日々の職務にまい進し、現場を動かす「たくましさ」を感じます。

もちろん、初めからこれらすべてを備えた人などいません。しかし、派遣事業に長く携わったJF職員によると、派遣された多くの人がこういった力を現地で身につけ、帰ってくるのだそうです[注9]。

■ 海外派遣とキャリア形成

プログラムによる長短の違いはありますが、派遣の場合、長くとも2～3年で任期が終わります。現地の生活や業務に慣れ、やっと自分なりに展開できると思った矢先の任期満了かもしれません。現地の人たちと良い関係を築き、顕著な

表2　海外で活動する母語話者日本語教師に望まれる資質

三つの中核的資質		10のサブカテゴリー	
教育能力	◆ 日本語教育を行うのに必要な知識・教育技術・実践能力等にかかわる資質 ◆ 主として教室内で発揮される資質	日本語教育の知識と技術	日本語そのものに関する知識や教授法、教室活動技術などを身につけていること
		学習者対応能力	日本語教育に限らず教育活動全般に必要な、学習者との関係を円滑に進める能力
		学術的専門性・学歴	教壇に立つための資格として求められる、可視化された専門性、あるいは学位の保持等
人間性	◆ 外国の、異文化の中で生きていくための、態度、価値観、心の持ちよう、メンタリティなどを広く含む ◆ 異文化社会で生きる力	異文化適応能力	異文化を理解し、受け入れ、その中で生きていくための、知識、態度、価値観の総体
		コミュニケーション能力	周囲の人と「対等」、かつ信頼しあえる関係を築いていこうとする姿勢、人間関係構築の技術ないしマナーのようなもの
		意欲・責任感	物事に取り組み、最後までまじめにやりとげようとするモチベーションの高さ
職務能力	◆ 教室外で、その組織の一員として働く職業人としての能力 ◆ 自分自身と、自分の仕事を、現地（その土地、その学校、そこの同僚たち）に合わせ、柔軟に動かしていく能力	協働能力	周囲の人と協力し合って働いていくための能力。現地の労働観や同僚の生活状況を理解して、仕事のしかた、進め方を最適化させていく、ワークスタイルの調整力とも言うべきもの
		目標設定能力	現地における日本語教育の意義、目的を考え、仕事の方向付けをする能力
		役割認識能力	その場において自分はどういう存在として見られているか、どのような行動を期待されているかを認識し、自分のアイデンティティと折り合いをつけ、ふるまいを変えていく力
◆ 三つの中核的資質のすべてにかかわる		現地語能力	現地語がわからなければ、教育効果を十分にあげることも、現地の人と人間関係を築くことも、組織の一員として仕事を進めることもできない

（平畑（2014）をもとに筆者作成）

業績をあげていたとしても、任期が来ればそこを離れ、次を探さなければならないのは派遣の宿命とも言えます。

「海外派遣は帰国後の就職に結びつかない」と言う人もいます。ここでの「就職」が何を指すかは検討の余地がありますが、仮に「常勤の日本語教師」としましょう。国内での就職先として一般的なのは日本語学校や大学でしょう。そこに限れば、例えば海外の小学校や中学・高校で日本語を教えた経験は実績とみなされないかもしれません。派遣は希望どおりの機関とは限りませんから、この点を不安に思い、応募を躊躇するケースもあると聞きます。

一方で、キャリアパスの一つとして見るとどうでしょうか。派遣先がどこであれ、その経験を足場にしてしなやかに次を切り拓き、多彩なキャリアを築いている人はたくさんいます（下図）。今後はプログラムをまたいだ人材育成がさらに進むと思われます。派遣への参加は、そのスタート台に立つことでもあるのです。

Aさん： 大学卒業後、JICA 青年海外協力隊に参加。中等教育機関に派遣。続いて J-LEAP でアメリカの中等教育機関へ。帰国後はインターナショナルスクールに勤めるかたわら、大学院で修士号を取得。

Sさん： 修士課程修了後、JICA 青年海外協力隊に参加。中等教育機関に派遣。帰国後は公立高校の英語教員に。その後、JF 専門家派遣に参加し、中等教育機関のアドバイザーを務めている。

Nさん： 修士課程修了後、JF 指導助手プログラムで JF 海外拠点に派遣。専門家のもとで研鑽を積む。帰国後、JF 関西国際センターの専門員に。現在、JF 専門家として再び派遣中。

図　キャリアパスの例

読者のみなさんへのメッセージ

海外に出た人は一回りも二回りも大きくなって帰ってくると言われます。ネイティブ教師という立場でありながら、教室を一歩出れば自分がノンネイティブでマイノリティという社会では、自分の中にある「日本語教師はこうあるべき」という理想もプライドも崩され、挫折を味わうかもしれません。しかし、多くの人がそこから立ち上がり、自身の立ち位置を築いています。

「日本語教育とはこういうものだ」の「こういう」はどこにもありません。その国・地域の歴史の中で、脈々と築き上げられています。たとえ期間限定でも、その一員となり、一緒に笑い、悩み、喜びを分かち合うことは本当に得難い経験です。現地の先生方、学習者たちとの出会いはまさに一期一会だからです。

そして、帰国したときには見える景色が大きく変わっていることに驚くでしょう。毎日教壇に立ち続けた経験しかり、現地語しかり、「柔軟性」と「たくましさ」しかり、得られるものは必ずあります。そしてそれが人生の次のステップにつながります。

日本にいてはできない経験、日本にいれば出会うはずのなかった出会いが、みなさんを待っています。

[注]

注1) いずれも外務省を主務官庁とする独立行政法人。海外の日本語教育を支援する政府機関です。

注2) ただし、応募は日本国籍所持者に限られます。

注3) 日本語教師隊員の派遣開始から約 50 年が経過、累積派遣者数は 1,974 人（うち女性 1,605 人）（2018 年 12 月 31 日現在）。

注4) JICA は 2018 年 9 月に JICA ボランティアの総称を「JICA 海外協力隊」と改め、制度変更を行いました。

注5) 派遣前訓練で 170 時間から 270 時間程度、任地での活動開始前に約 1 カ月の現地語学訓練があります。

注6) JF サイト「世界の日本語教育の現場から（国際交流基金日本語専門家レポート）」「日本語指導助手レポート」では、各派遣先の業務内容や現場の様子が生き生きと伝えられています。

注7) JF サイト「世界で日本語を教えよう！」には、派遣プログラムの全容、各プログラムの詳細、資格要件がわかりやすく記されています。

注8) 抽出された各能力の意味合いは地域によって微妙に異なり、その重要度にも差があります。平畑（2014）の第Ⅲ部では詳細な分析が行われており、各地域の特徴がとてもよく出ているように思います。海外に出る方にはぜひ目を通していただきたい一冊です。

注9) 余談ですが、たとえ海外が初めてでもこれら資質の萌芽が見られる人は必ずいて、面接でまさに「キラリと光るものがある」と感じるのだそうです。

[参考文献]

西山教行・平畑奈美（編著）(2014)『「グローバル人材」再考 ―言語と教育から日本の国際化を考える―』くろしお出版

平畑奈美（2014）『「ネイティブ」とよばれる日本語教師 ―海外で教える母語話者日本語教師の資質を問う―』春風社

② 中国

馬 之濤（ま・しとう）

●プロフィール●
中国広東省生まれ。中国・華南農業大学外国語学院日本語日本文学科講師。研究分野は日本語音韻学、中国語音韻学、方言学。2003年日本に留学。拓殖大学日本語学校、創価大学文学部、早稲田大学文学研究科を経て、2015年博士号取得後、帰国。2015年中国国家優秀私費留学生奨学金、2016年公益財団法人住友財団研究助成、2017年中国教育部人文科学青年研究項目など、奨学金やプロジェクトを獲得。著書には『新聞日語教程』（2018年、華南理工大学出版社、共著）。論文には「中国資料に見える室町時代のハ行子音音価の再検討 ―『日本国考略』を中心に―」『国語国文』（2015年、中央圖書新社）など十数篇ある。

中国の日本語教育の特色

近年、中国の日本語学習者数は減少する傾向が見られると報告されていますが、国際交流基金の2015年の調査によれば、その数は95万人余り、依然として世界1位を占めています。現在でも大学所属の日本語学科（本科、4年制）は500機関余りあり、他にビジネス日本語、観光日本語、実用日本語など、実用性や専門性に重点を置いた日本語の専門学科（専科、3年制）の存在も目立ちます。さらに日本語学科の開設を申請している大学もまだ多数あります。これが実際の日本語学習のニーズを反映しているならば、このような状況は中国の大学における日本語教育がまだ盛んな状態にあることを物語っています。

大学院についていえば、日本語日本文学を研究できる修士課程がおよそ80機関あり、その中でも通訳翻訳を専攻とするところが最近増えつつあります。しかし、博士課程を持つところは十数機関で、需要を満たしているとは言えません。

ある調査によれば、大学の日本語学科の卒業生のうち、専門と関連のない企業に就職した者が全体の21％、日本語と関連する企業に就職した者が約19％で、その他の60％は日本語に加えて他分野の専門能力も要求される企業に就職しています。この状況に応じ、それらの能力を高めるため、日本語以外の第二専攻、例えば同じ大学の経済学、経営学などを履修し、二つの学位を取得する学生も少なくありません。

近年、異文化適応能力を求める企業が増え、大学の国際化ブームが進む中で、各大学の日本語学科は日本の大学と教育の連携を結ぶことを積極的に推進しています。一般的に3、4年生を対象とする長短期の留学制度や、二重学位（ダブルディグリー）を取得できる、いわゆる2+2プログラム[注1]が設置されています。これは中国の大学に入っても日本の大学で学ぶ機会があるという実に魅力的な制度で、今後もさらに充実していくでしょう。

私の仕事

2015年9月の中国の新学年の開始より、私は広東省にある華南農業大学の外国語学院日本語学科で日本語を教え始めました。1年生から4年生までの専攻の学生たちに対し、週に7コマ程度で日本語の文法、音声、読解、聴解、通訳の授業および卒論指導をしたり、第二外国語の日本語の授業を担当したりしてきました。

研究のほうでは、学会発表や論文、研究プロジェクト、それに教科書作りなど、個人またはチームの形で進めています。日本と違うところというと、中国の大学ではクラスごとに担任教員を置くことでしょう。日本語学科の教員なら、日本語学科のクラスの担当になることも多くあります。大学生は18歳以上の成人だとはいえ、学生の生活面から精神面まで目を配ってサポートすることも担任教員の仕事です。

これまでの道のり

私は2015年早稲田大学文学研究科から文学博士の学位を授与されました。偶然にも授与日はちょうど私の誕生日でした。博士号取得を大いに喜ぶとともに、何かの運命も感じました。振り返ると、日本語との付き合いは12年の歳月が経っていました。

26歳のとき、私は留学のために中国の仕事を辞め、日本に渡りました。当時の日本語力は旧日本語能力試験の4級程度で、拓殖大学日本語学校に通っていました。そこで日本語を勉強し、1年半後、文学志望で創価大学文学部日本語日本文学科に進学しました。学部の4年間、日本語学も文学も一通り勉強するとともに、試しに選択科目で韓国語や中国語学も履修していました。そのとき、三つの言葉と母語の広東語の発音に何かかなり似ている部分があるような、いや、発音の対応のルールがあるように感じました。それがきっかけでだんだん音韻学に関連する専門書を読み始め、他大学の音韻学の講義も聴講するようになっていました。

こうして、志望を文学から言語学に変更し、大学院は早稲田大学文学研究科に進学することになり、それから6年の年月をかけ、修士号と博士号を取得しました。その間、隋代に作られた『韻鏡』と出会いました。はるか遠い時代の人も言語音を子細に分析していたことに驚き、さらにその学問に興味がわきました。『韻鏡』は、日本漢字音にも大きな影響を与えた資料で、日本では昔から重宝されてきました。しかし、江戸時代から「韻鏡十年」という諺があるように、『韻鏡』は理解するまで十年もかかると言われるほど難解な資料です。日本語教育と離れた研究分野では就職が難しいと思い、

『韻鏡』そして音韻学を研究するか躊躇もしました。しかし、やりたいことはとりあえずひたすらやってみようと、私は中日の音韻史を博士論文のテーマに選び、研究を進めました。

日本語教育の現場で自身の専門分野が役立つかどうかと言うと、もちろん役立っています。中国の学生の中には方言を操る者が大勢います。例えば、私のいる大学では広東省出身の学生が約8割以上を占めます。中古中国語の一部の特徴を持つ広東語を知っていれば、日本漢字音を理解することに役立ちます。現在、中国人学生向けの日本語教材や研究書の編纂にもかかわっていますが、その際にはますます音韻学の力を感じており、これからはそれをさらに日本語音声教育にも応用したいと考えています。

必要とされる資格・スキル・資質を五つ

●中国の大学で日本語や日本文化を教える場合
①博士号 ②日本語能力 ③研究力 ④教授能力
⑤熱意

②④⑤については、中国においても他の国と特に大差はないと思いますので、ここではポイントを挙げるのみにとどめます。

「①博士号」については、実は修士号が大学教員採用の最低条件です。しかし、現時点でいわゆる「第一類本科」注2)のような大学では博士号を条件としているのは普通です。「第二類本科」や私立大では修士号のみでも就職可能のところはありますが、それだけでは競争力は足りません。この先、すべての大学において博士号が最低条件になる日も遠くないと言われています。なお一部の大学では専門の学歴も条件として求めていて、学部から大学院まで日本語日本文学の学歴を条件とし、たとえ日本で経済学や社会学の博士号を取得していたとしても、日本語学科に勤めることはできません。ちなみに上に述べたように中国国内では日本語日本文学の博士課程を開設している大学はまだ少なく、中国人帰国者に対する国や大学の優遇政策もあるので、日本から帰国した博士号取得者は求められる人材であると言えるでしょう。日本人教員の場合は学士号または修士号を条件とするところが多いです。ただし、大抵は有期契約での採用となります。

「③研究力」についてもひと言うと、当然ながら博士としての研究業績が就職の時点で重要なポイントとして審査されます。大学教員は中国政府設立の研究プロジェクトへの参加やレベルの高い学術誌の論文掲載が要求されるわけです。このような研究業績を義務として課している大学もありますし、これからも増えるでしょう。

中国で働く際のポイント！

一衣帯水と言われている日本と中国は、漢字文化や言語における相互浸透から見ても、その関係は緊密なものです。ただし、いわゆる「歴史問題」において、まだ人の心をすっきりさせないところが現にあります。日本語教育は歴史や政治と関係ないといっても、中国で日本語を教えている以上、この問題は避けて通れないものだと思います。私は友好の立場で学生たちを両国を平和的な関係へと導く人材に育成するように努力することとその姿勢を学生に見せることが大切だと思っています。

読者のみなさんへのメッセージ

日本語教師を目指しているなら、周りに左右されず好きな研究や教育にまっすぐに進む心持ちが重要です。地道な努力は決して裏切ることなく、新しい道を切り開いてくれると思います。

[注]

注1) 中国と日本の大学でそれぞれ2年間勉強することです。

注2) 中国の大学入試は統一試験で点数により三つのレベルが決められます。それぞれを高レベル、中レベル、合格レベルと考えて差し支えありません。高いレベルに達している、つまり高得点の受験生を先に受け入れることができる大学は重点大学で、「第一類本科」と言います。これと同じように、中間レベルの受験生は「第二類本科」の大学が、合格レベルの受験生は私立大を含む「第三類本科」の大学が受け入れることができます。このように大学はランクづけされています。

Coffee break ☕

中国の大学で教えるには、博士号が必須なんだね！
大学院進学を目指して、がんばるぞ！

日本の大学と提携かあ。
海外の大学で働く選択肢もアリ、かな？

ノンネイティブの先生とネイティブの先生が協働してコースを運営する現場は、教師にとっても学びが多いものです。
中国の大学教員のポストは競争率が高いようなので、日々の自己研鑽が大切ですね。

③ 韓国

安 志英 (あん・じょん)

●プロフィール●
韓国・群山大学校東アジア学部日語日文学科助教授。博士（日本文学）。立教大学大学院文学研究科博士後期課程修了。韓国・大邱大学校教育大学院教育学科助教授を経て、現職。『日本近代語法の形成』（2013年、ポゴ社、単著）、「日本文化教育を多様化するための方法と可能性の模索」『日本文化学報』第75輯（2017年、韓国日本文化学会）、「日本近代語法と翻案・翻訳小説」『日本語文学』第81輯（2018年、日本語文学会）、「複合辞「ーからして」の変遷に関する一考察」『日本語文学』第83輯（2018年、日本語文学会）などがある。

韓国の日本語教育の特色

　みなさんもご存じのように、韓国は昔から日本と歴史的かつ文化的に密接な関係を持ってきました。2015年度の国際交流基金の調査によると、日本語学習者数は556,237人で世界第3位です。しかし、学習者数は以前と比べて激減し続けていて、日本語学関係者や日本語学科の卒業生たちは大変な時期を送っています。学習者数が減ったのは韓国政府の教育制度改革によります。2011年の中等教育の教育課程改定において第二外国語が必修科目から外されました。韓国は大学入学試験に大変敏感なので、これはかなり大きな原因になりました。また、少子化による学生数の減少を背景に、政府による大学評価で学生の定員を縮小するようになり、多くの日本語関連学科がなくなったこともその原因の一つだと思います。それに、近年の日韓関係の悪化、2011年の東日本大震災などの影響もあり、日本語教育現場でも危機を感じています。

　それにもかかわらず、日本語の授業を取っている学生と話してみると、日本語を習い始めたきっかけがアニメやJ-POPなどだったという学生や、サブカルチャーを中心に日本語を学習してきてそれに大変詳しい学生が多いことに驚きます。教育制度の変化によって学習者数が減っている一方で、日本語や日本文化に深く興味を持っている学生が増えているという大変おもしろい現象が韓国の日本語教育の現場で起きています。

私の仕事

　私は、2018年3月から韓国の国立群山（グンサン）大学校の東アジア学部日語日文学科で、主に日本語や日本文化を教えています。「日本語作文」「日本語文法」、そして「グローバルコミュニケーション」などの科目を担当しています。

これまでの道のり

　2010年9月、立教大学大学院を修了してから約8年半、日本語および日本学に関する授業を担当し、例えば、日本のドラマや映画のセリフなどを言語学的に分析する「映像日本語」、それから、「日本古典文法」や「日本語の歴史」などの授業を行ってきました。また、2010年の11月からは高麗大学校の日本研究センターというところで、韓国政府が人文学研究を支援するHK（Humanity Korea）事業に参加し、日本語学・日本語教育に関連する教材開発やシンポジウムなどの行事開催に携わりました。韓国と日本をつなげる基盤的な仕事をしてきたと自負しています。

　このような私と日本語との最初の出会いはソウルの同徳（トンドク）女子大学校の日本語日本文学科に入学したときです。それまでまったく日本語を習ったことがなかったため、平仮名から習い、最初はとても難しくて大変でしたが、習えば習うほど興味を感じ、もっと上達を望むようになりました。それで、大学4年生のときには、学校で行っている交換留学のプログラムに申し込み、姉妹校である明海大学に1年間留学しました。日本にいる間、日本語と日本文化に魅了され、本格的に勉強したいと思いました。韓国の高麗大学校大学院の日本語専攻修士課程に進学すると、日本の古典に興味を感じるようになり、伝統劇である狂言の語学的な価値を知り、『『大蔵虎明本狂言集』における順接条件についての一考察」というテーマで修士論文を書きました。古典資料を扱うのに大変苦労しましたが、本格的に日本語史について勉強したいという気持ちが大きくなり、日本留学を決めました。今はグローバル時代で、世界中のあらゆる場所で研究を進めることができると言われているものの、直接資料を手にとって扱うことのできる研究環境に憧れ、立教大学の博士課程に進学したのです。

　このように進学した私は、入学式のとき、自分なりに決め

たことがありました。それは、日本でしかできない、意味のあることをするということでした。具体的に言うと、まずは、いい論文を書き、学問的にも成長すること、そして、日本でしか体験できない日本文化を感得すること、最後に韓国と日本との関係に何か少しでも役立てるようになることでした。そこで、自分の研究分野はもちろん、それ以外の日本文化体験にも時間があるかぎり積極的に参加しました。時には疲れて休みたい気持ちもありましたが、今考えてみると、自分が体験したことを授業で活用することもでき、それらは貴重な宝物となっています。先ほども述べたように、私の専門は「日本語史」で、通時的研究の方法論をとり、日本語の表現の変遷や定着過程に注目した研究を続けてきました。しかし、日本語教育の現場で仕事をしたことをきっかけに、日本語教育をとりまく仕事にも積極的に参加するようになり、その成果として2009年に教材を刊行するにも至り、韓国における日本語教育分野の研究の必要性を実感し始めました。そこで、「外国語としての日本語教育」において、学習者の視点に立った日本語教育を考慮する必要性とともに、韓国人日本語学習者にとって「日本語を学ぶ」ことはどのような意味を持つか、という問題意識から出発し、「韓国日本語教育における文化教育のガイドライン構築のための考察と提言」「韓国の大学における日本文化教育の課題とその可能性」という論文を書きました。今後、より多角的な考察を通し、成果を教材作りやカリキュラムに積極的に導入して、韓国の日本語教育に貢献できるよう努めていきたいと考えています。

必要とされる資格・スキル・資質を五つ

●韓国の大学で日本語や日本文化を教える場合
①博士号 ②日本語能力 ③教育経験
④研究論文 ⑤柔軟性

①～④を見ると、非常に現実的だと思われるかもしれませんが、韓国の大学の教員募集では①～④の基本要件が求められます。しかし、それはあくまでも募集の要件にすぎません。今までの経験から絶対に必要だと言えるのは⑤の「柔軟性」です。柔軟性というものを一言で説明するのは難しいですが、日本語教育の現場では、思いもしなかった場面に遭うことが意外と多いのです。特に韓国の社会は教育制度に合わせた授業の開設が常に求められており、授業の内容や方法が目まぐるしく変わっています。最近では、国際社会で活躍できる人材を育成するために、知識だけではなく、問題解決能力、思考力、コミュニケーション能力などのスキルを身につけさせる傾向が非常に強くなりました。また、既存の学科の枠を乗り越え「融複合」を図っています。もちろん、それを外国語教育へ導入させようとする動きもあります。いわゆる

4次産業革命時代が到来したということでそれも当然なのでしょうが、学生はもちろん先生たちも混乱しています。だからこそ、これから遭遇するかもしれない状況に対応できる柔軟性が一番必要だと思います。

韓国で働く際のポイント！

教える地域の社会的な雰囲気を考えて日本語を教えることではないかと思います。帰国して最初にソウルで5年、慶尚道（キョンサンド）の大邱（テグ）で3年、そして現在、全羅道（チョルラド）の群山（グンサン）で働いていますが、同じ内容を教えても、受ける側の地域性が現れて違う反応があります。ここでもやはり柔軟性を持った教え方が必要になるのです。

読者のみなさんへのメッセージ

みなさんにお願いしたいことは、「日本語や日本の文化を学ぶ楽しさを学生がわかるように気づかせてあげること」「柔軟性を持って日本語教育の道を歩んでほしいこと」です。韓国の大学生は就職のために、成績を気にします。日本語や日本文化の楽しさがわからずに、ただ成績のために授業を取るとやはりつまらなくなります。そのときに助力者になれるのは先生です。学生が興味を持てるような工夫が必要だと思います。そして、「柔軟性」です。私の経験でもこの「柔軟性」が日本語教育と私をつないでくれたと思います。日本語史を専攻したものの、その研究範囲を広げ、恐れながらも日本語教育に足を踏み出したことが今の私をつくってくれたと確信します。これから韓国では日本語教育に携わっていても分野を超える教育を行わなければなりません。柔軟に対応できる人材こそが求められていると思います。

Coffee break

自らが留学生として日本で過ごした経験、大学院生として研究した経験が、今のお仕事に影響を与えているんですね。

サブカルチャーが日本語学習のきっかけ、という人も多いんだー。

国の教育制度が変わると、学習者数が増減したり、カリキュラムの変更を求められたりします。
さまざまな状況に対応できる「柔軟性」、重要ですね。

④ 台湾

羅　曉勤（ら・ぎょうきん）

●プロフィール
台湾の高等教育機関で日本語教師として、日本語教育実践研究者として活動中。所属は台湾・銘傳大学応用日本語学科。台湾協働実践研究会コアメンバーでもある。台湾日本語教育学会、台湾日本語文学会の理事監事も務めている。変動が激しい現在社会の中で、従来の一斉授業や言語技能養成重視の授業方法に疑問を感じ、「思考力、協働力、問題発見・解決力、社会とのつながり」などを重視する教室目標を活動に取り入れて、さまざまな実践を行っている。

台湾の日本語教育の特色

　台湾は親日だとよく言われています。そのことは、「国際交流基金　海外日本語教育調査報告書」を追ってみるとわかるように、人口密度で見ると、台湾の日本語学習者人数は長年世界3位に入っています。そして、学習者の年齢を見ると、幼稚園児から、地域の文化教室に通う老人まで広くいます。台湾における外国語学習者数は、英語に次いで、日本語が多いのです。日本語の学習理由を見てみると、日本文化や、日本への親近感といった理由がある一方、仕事・就職のためだということもあります（国際交流基金, 2015）。正式な教育機関における日本語の教室は五技能（聞く、読む、話す、書く、翻訳・通訳）の熟練者育成だという特徴がまだ強い一方、言語技能の育成だけではなく、「いま・未来」を生きる日本語人材の育成を目指す教室風景も見られます。現在は日本語教育のあり方の模索期・転換期と言ってもいいかもしれません。

　そして、台湾で、日本語を教えるなら、教育機関によって、求められるものが大きく違います。語学塾であれば、特に厳しい条件はありません。日本語能力か日本語教師に関するなんらかの証明を持っていれば、教えられますが、労働条件は良くないのも事実です。語学塾で教えたいならば、個人のクラスを運営する力が大きく関わっています。つまり、学習者数が確保できるなら、働かせてもらえますが、学習者の確保ができなかったら、すぐ職を失ってしまう可能性があります。一方、学校教育機関、つまり、幼稚園や小学校、中学校、高校で教鞭をとるには教員証が必要となっています。また、大学で教えるには、修士号か博士号が求められることとなっていますが、現状では、大学の専任であれば博士号がないとほぼ無理な状態となっています。

私の仕事

　私は、台湾の私立大学の教員なので、学部の授業では日本語の五技能を中心に、大学院の授業では日本語教育研究の関連科目を教えています。さらに、授業以外に、学生の生活・勉学のカウンセリング、そして、教室運営や生活カウンセリングがより上手にできるように、研修会に出席しなければならないことになっています（輔導）。学会の仕事や大学教員としての社会奉仕（服務）、また、自分の研究発表（勤務校の教師評価基準によって違うのですが、私の勤務校なら、年に2本以上）を行うことも義務化されています。

これまでの道のり

　実は、台湾の社会状況を見て、外国語ができると就職しやすいと考えた私は、小さい頃からずっと外国語力を身につけようと考えていました。そこで、台日関係や家の影響もあり、大学で専門として選んだのが日本語でした。ただ、日本語教師を自分のキャリアとして選ぼうとしたのは、大学時代に出会った恩師夫妻の影響です。恩師夫妻の学生への献身ぶりを見て、教師という仕事は、人の一生に影響する、とても夢のある仕事だと思い、教師という道を選んだのです。そして、その恩師夫妻の指導のもとで、当時の日本交流協会奨学金に受かり、大阪大学で日本語教育関連の修士号と博士号を取得しました。博士号取得後、運よくそのまま台湾で大学の仕事に就くことができました。大学での仕事は、主に日本語を専門とする学習者に教えることです。また、大学の他にも、これまでに、中等教育機関、企業や、語学塾、個人レッスンなどの日本語教育も経験してきました。

　前述したように、私は日本での留学経験があります。大阪の大学院に留学する前にも、実は、大学時代に交換留学生として埼玉にある私立大学に1年間、大学卒業後、院を目指して、名古屋大学に研究生として2年間在籍していました。計9年弱、日本に滞在していたことになります。日本での生活経験で一番役立っているのは、当時できた仲間と、その仲間たちと一緒にやってきたことです。例えば、日本語という言語行動をどう読み解くのか、日本語教育のあり方などといった根本的な疑問を考えさせてもらうヒントを多く得られたような気がします。その仲間と築き上げたものは今も勤務校（姉妹校の締結）や自分の実践現場や研究に還元されていると言えましょう。

必要とされる資格・スキル・資質を五つ

●台湾の大学で日本語や日本文化を教える場合
①学位・資格　②レポート作成力・研究能力
③自律性　④聞く力　⑤柔軟性

①②は、基本的かつ必要な条件として、求められていますが、まず、「①学位・資格」は、台湾の高等教育機関で日本語を教えるには、博士号が100％と言っていいほど求められます。また、中等教育機関で正式に教員として教えるには、教育部（日本の文部科学省に相当）が認可した高等教育機関で開講された中等教育教師コース（科目履修および実習課程）を受けてから、教師検定試験に合格することが求められます。一方、語学塾の場合は、日本語母語話者の場合、大学卒業生であれば、基本的に誰でも日本語教師になることができます。もちろん、日本語教師養成講座修了者や日本語教育能力検定試験の合格者などであれば、もっとよいです。日本語非母語話者の場合は、日本語関連学科の出身者や日本語能力試験等で一定のレベルにある者であれば、基本的に誰でもなることができます。

次に「②レポート作成力・研究能力」ですが、中等教育機関で教鞭を執っている者ならば、制度上、教師評価報告はもちろん、勤務先の教育水準を判断する教育評価報告も求められます。自分のためにも、組織のためにも、さまざまな書類やレポートの作成が求められています。よって、高度な証拠収集力やレポート作成力が求められるようになります。もし、高等教育機関に勤務しているなら、教師評価報告、勤務校の教育評価報告の作成以外に、学術に関連する研究能力もかなり要求されるのが現在の台湾の実情です。

そして、最近では、政府から教育現場まで21世紀を生きる人材を育成することを掲げているため、知識の伝授だけではなく、他領域とのコラボレーションで、学習者に、問題解決能力、思考力、コミュニケーション能力などを身につけさせることも求められています。それに応えるために、教師には、さまざまな知識や他領域とのつながりの可能性を自ら探っていく「③自律性」もかなり重要となってきました。

また、学習者への心のケア能力も求められています。ある学生が"問題学生"と見なされている場合、その行為への着目ではなく、いかに学習者に寄り添っていくかが教師の課題となります。ですから、何か生じた際に、できるだけ学習者の気持ちを聞くことが大事だとよく言われています。これが「④聞く力」です。また、学生の気持ちを聞くためには、教師が学習者の言語表現だけではなく、さまざまな言語行動に対しても、柔軟に対応していくことが現場で求められるようにもなってきました。「⑤柔軟性」も重要な資質です。

五つのキーワードには書いていないのですが、日本語教育に携わっていくならば、言うまでもなく、日本語能力がかなり求められるでしょう。したがって、日本語を母語としているか否かに関わらず、日本語能力関連の資格を取得したほうがよいでしょう。私個人としては、外国人向けの日本語能力試験の内容を勉強してみることをお薦めします。そして、実際に試験を受けるように問題を解いてみてください。

台湾で働く際のポイント！

台湾で、語学塾や個人レッスンの日本語教師として働くならば、授業の掛け持ちが嫌でなかったら、かなりの機会があり、給料もそこそこ入ってくると思います。ただ、仕事の条件などを自分で交渉する力が必要だと考えられます。一方、大学で教えるならば、先ほど言ったように、「授業」「社会奉仕」「学生指導」「研究」の4本柱を固めていく必要があります。

生活習慣や文化的な特徴はある意味非常に親日なので、生活していくのに特に問題がないかもしれませんが、几帳面な方やルールに厳しい方にとっては、かなりイライラする場面に直面することもあるかもしれません。しかし、基本的に生活しやすい環境だと言えましょう。ただ、どこも少子化である今、正式な教育機関の正職に就くのはやや困難な状況かもしれません。特に、大学の仕事に就くのはすごく厳しい状況となっています。その中でも、教育実践の現場はとても楽しくて、実のあることだと感じています。

読者のみなさんへのメッセージ

どこの国も一緒だと思いますが、社会の変動が激しい今、学習者もかなり変わってきています。ですから、日本語教育者として、自分にとっての日本語教育とは何か、自分が勤務している地域においての日本語教育の必要性とは何かを常に考え、現場に臨んだほうがよかろうと助言したいと思います。

教師となって、一番気をつけていることは、学校というフィールドの中で"権力者"にならないということです。そのために重要なのは、自ら常にさまざまな学会や研修会に出ることです。そこで新しい知識を得て、教師としての自分、研究者としての自分、日本語教育者としての自分を振り返ってみることです。そうすることによって、自分の教育現場を見つめることができ、学習者の声を聞くことができるようになるのでしょう。また、学会や研修会に出ることで他の人とつながり、そこから、自分の世界が広がる可能性もあります。ですから、"権力者"にならないように、常に自己を反省し、謙虚でいましょう。一緒に頑張りましょう。

Coffee break

大学の日本語教師養成課程を修了して、台湾の語学塾の日本語教師を目指すというのもいいかも！

日本語教育のあり方が転換期を迎えている点は、各国とも通じるものがありますね。変革に対応できる人材が求められますね。

⑤ 東南アジア

山田 朱美（やまだ・あけみ）

●プロフィール●
金沢大学大学院国際学専攻日本語教育日本文化研究コース修士課程在籍。大学卒業後、電子部品メーカーで本務に加えて外国人エンジニアへの日本語教育に関わったことがきっかけで、働きながら日本語教師養成講座（420時間）を受講。修了後、ホーチミン市工科大学と日本の国立大学とのツイニングプログラムにおけるホーチミン市工科大学での非常勤講師、常勤講師として勤務。帰国後、金沢大学大学院に入学、現在に至る。研究分野は理工系日本語教育。

ベトナムの日本語教育の特色

私は2017年3月までホーチミンの大学で日本語教育に従事してきました。本文は当時の経験に基づいています。

近年のベトナムの日本語教育の特色としては「企業主導」「政府主導」「連携教育」の3点が挙げられます。「企業主導」としては、ITを中心とした日系企業がベトナム人学生に対して日本語教育を展開しています。「政府主導」としては、2008年に「2008-2020年期国家教育システムにおける外国語教育・学習プロジェクト」が立ち上げられ、中学校からの日本語教育が開始されています（国際交流基金，2015）。そして、ベトナムからの技能実習生数は、2013年度には2万2千人弱でしたが、2017年には12万4千人に急増しています。これは技能実習生全体の4割を占める数です。また、2009年には日本・ベトナム経済連携協定（EPA）が締結され、これに伴い2014年からは看護師・介護福祉士候補者の送り出しが始まっています[注1]。「連携教育」としては、日本の大学とベトナムの大学との連携プログラムが理工系や法学などさまざまな分野で数多く実施されています。

私の仕事

私はベトナムの大学と日本の大学の連携教育プログラム（ツイニングプログラム；TP）の日本語教育に従事していました。TPとは、「日本語のできる指導的技術者の育成」を目標として、学部教育の前半（2.5年）は現地で日本語教育および専門基礎教育を行い、後半2年は日本で専門教育を行い、すべてを修了した学生に両大学の学位を授与するというプログラムです。日本語能力がゼロである学生に対して、2年間で日本の大学3年生と一緒に専門授業を受けられるレベルに日本語力を伸ばすことを目標としていました。彼らは電気電子、土木建築の専門授業を受けた後、毎晩18時〜20時15分まで、2年間で約1,000時間の日本語教育を受けることになります。そのため、専門の勉強で疲れた後、日本語を勉強しに来る学生に、楽しいと思ってもらえる授業をすることを心がけました。楽しくないと2年間続けることができないので、教師が学生やベトナムに関心を持って交流して、「どうすれば学生のモチベーションを向上させられるのか」を常に考えてきました。その点において、もともと私は積極的でフレンドリーな性格だったので、明るく冗談好きなベトナム人の気質に合っていたと思います。日本語教師としてだけでなく、「学生のお姉さん」のように日々の悩みごとやうれしかったことに寄り添ってきたことが結果的に語学学習のモチベーション向上につながったと感じています。

教育内容としては、最初の頃、初級は『みんなの日本語』、中級以降はアカデミックジャパニーズの教材を用いて授業を行っていました。しかし、卒業生が日本の大学に進学し、実際に彼らの様子を見聞きする中で、従来のカリキュラムによる日本語学習だけでは十分に大学での学習についていけないことを知りました。そこで、学習者が編入後、日本の大学の授業についていくためにどんな日本語が必要か考え、理工系日本語教育も行うようにカリキュラムを改善しました。具体的には、初級終了後、高校の数学や物理の教科書をテキストとして使って日本語授業を行うことに挑戦しましたが、それが最適な方法であったか疑問が残りました。そのため、現在は理工系のアカデミックジャパニーズの最適な指導方法について大学の修士課程で研究しています。大学院を修了したら、また理工系留学生の日本語教育に携わりたいと思っています。

私はこのプログラムのコーディネーターとして、日本語教育のカリキュラムデザイン、プログラムの立ち上げ・実施、日本や現地の大学との連携調整、合格した学生の送り出し業務や直前研修を担当しました。プロジェクトの立ち上げから関わったので、最初は困難の連続でした。日本語教育のための事務所がない、予算がない、コピー機がない、自分が非常勤のベトナム人日本語教師を探す……というような状況でした。教室の予約をしていたのに鍵がかかっていて入れず、屋外で授業をしたこともありました。また、当時、国立大学の

給料支払いは学期ごとだったので、6カ月給料が入りませんでした。しかし、毎月給料をもらいたがるベトナム人教師のために、自分の財布から給料を先払いしていたこともありました。人事、総務、経理、教務といった何もかもを1人で抱え、何度も挫けそうになりましたが、それでも諦めないで教え続けられたのは、ただ単純に教えることが好きだったからです。そして、日本留学のために一生懸命勉強してくれる学生がいたからです。"教える"というのは教師から学生への一方的なものに見えますが、実は違います。学生から"学ぶ"ことがたくさんあり、学生からの質問が私に気づきを与え、私の日本語教師として、また人としての成長につながりました。

これまでの道のり

大学卒業後、就職した電子部品メーカーで本務に加えて社内の外国人エンジニアへの日本語教育に関わったのが日本語教育の道に入ることになったきっかけです。そこで働きながら、日本語教師養成講座（420時間）を受講しました。講座修了後、明確な目的と強い向上心を持った理系の日本語学習者に対する教育を担いたいと思い、また、もともと海外志向も強かったことから、ベトナムにある日系IT企業でのエンジニアに対する日本語教員に転職しました。その縁で、半年後、ホーチミン市工科大学と日本の国立大学のツイニングプログラムにおける大学1、2年生への日本語教育にも携わることになりました。当初は兼任での非常勤でしたが、途中からホーチミン市工科大学の常勤講師として勤務しました。

必要とされる資格・スキル・資質を五つ

●ベトナムの大学で日本語や日本文化を教える場合
①実務経験　②臨機応変に対応する力
③ベトナム語の知識　④（バイクの）運転免許
⑤コミュニケーション力

「①実務経験」ですが、通常の日本語教師になるために求められることが多い要件[注2]の他に、現在は労働許可証取得のために3年以上の実務経験が必要となっています。また、ビザの取得のための書類についてその都度違う指示を受けるなど、イレギュラーなことが多いので、「②臨機応変に対応する力」が必要です。「③ベトナム語の知識」については、文法や発音を少しでも学んでおくと教育に役立ちます。漢越語と日本語の漢字語との関係、ベトナム人日本語学習者の母語干渉による間違いの傾向などを知っておくといいと思います。また、生活面においては、「④バイクの運転免許」を持っていると現地での移動などにおいて行動範囲が広がると思います。さらに、相手を否定せずに受け入れる力、相手の行動や考えを理解する力などの「⑤コミュニケーション力」も大切です。

ベトナムで働く際のポイント！

指導するにあたって、ベトナム文化と日本文化は違うことを理解することが大切だと感じました。例えば、時間や約束に対する概念が日本人と違うので、その差異にどう対応するかが求められます。学生には、締め切りを守らないことを前提に、早めに提出を呼びかけました。また、予期しないことが起きてもめげないことも重要です。ベトナムは社会発展をはじめとして、さまざまな物事の変化のスピードが速いので、それを楽しむ気持ちが必要です。日本人教師にとっても、文化的にも社会的にも学べることがたくさんあります。特に、すべてにおいて家族ぐるみの付き合いであること（学生の結婚式に何度呼ばれたか数え切れません）や、「先生の日」があるように、先生を敬う気持ちが大きいことなどから、今でも多くの学生とその後の人生においてもつながっていることは教師としての最大の幸せであり喜びです。

読者のみなさんへのメッセージ

ベトナムでの日本語教育においては、日本語教育以前の段階でさまざまな苦労もあるかもしれません。しかし、その分たくさんの方々からの支援をうれしく感じることができます。そして、日本語教育に携わることで、多くの方からの感謝の気持ちをたくさんいただくことができました。このような人とのつながりは私の人生にとってかけがえのないものです。また、日本で先端の技術を学びたいという明確な目的を持つ学生への教育は、私自身にとっても、日々刺激的で、教育への意欲をかき立てられる毎日でした。何でも挑戦する気持ちを忘れずに、そして、学生への愛を忘れずにベトナムでの日本語教育を楽しんでいただければと思います。

[注]
注1）第3章「②看護師・介護福祉士（候補者）の支援」p.56 も参照。
注2）「大学の日本語教師養成課程　主・副専攻修了」「日本語教育能力検定試験合格」「日本語教師養成講座 420 時間修了」のいずれか。

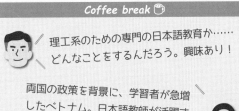

Coffee break

理工系のための専門の日本語教育か……どんなことをするんだろう。興味あり！

両国の政策を背景に、学習者が急増したベトナム。日本語教師が活躍する場も、大学、企業内研修、企業が有する学校、技能実習生の送り出し機関など、さまざまです。

⑥ 南アジア

田栗 春菜 （たぐり・はるな）

●プロフィール●
Nihon technology Pvt. Ltd.（ニホンテクノロジー）常勤講師。大学時代にヒンディー語を専攻し、インド（デリー）にヒンディー語留学をする。帰国後、海外にルーツを持つ子どもの学習支援ボランティアに携わったことで、地域の日本語教育に関心を持つ。大学卒業後、日本語教師養成講座420時間コースを受講。修了後、インターカルト日本語学校での非常勤講師、常勤講師を経て現職。南インドのタミル・ナードゥ州在住。

■ インドの日本語教育の特色

　ここでは、南アジアの中でも、私が日本語教師として働いているインドにフォーカスしてご紹介します。
　2015年度の国際交流基金の「海外日本語教育機関調査」によると、インド全体の日本語学習者数は24,011名とされており、学習者の多くが都市部とその近郊に集中しています。しかし、広大な面積と世界第2位の人口を持つインドは、多様な民族・言語・宗教によって構成されているため、各地域により日本語教育の特色も異なっています。私が現在仕事をしている南インドは、インド全体の中でも日本語教育が盛んな地域です。南インドの日本語教育の特徴として、IT企業などの日本関連企業での研修やITエンジニアの学習者が多いという点があります。日本関連企業への就職、働き始めてからの実務やキャリア・アップを目的として日本語を学習する人が多い傾向がありますが、近年は若い世代を中心に、アニメやマンガなどのポップカルチャーのために日本語を学ぶ人も少しずつ増えてきています。
　最新の動向としては、2017年9月に日印首脳会談が開かれ、今後5年間でインドの100の高等教育機関において日本語の講座を設立し、1,000人の日本語教師を育成することが決定されました。また、2018年7月にインド人技能実習生の送り出しが開始されたこともあり、日本語教育に対するニーズは今後ますます高まり、多様化していくと見られています。

■ 私の仕事

　私は、Nihon Technologyという南インドのチェンナイにある技能実習生送り出し機関で常勤日本語教師をしています。ここでの日本語教師の主な仕事内容は、来日前に日本語を初めて勉強する実習生への日本語の授業、日本語能力試験の対策、文化・マナー指導などです。日本に行って働きながら技能の習得をする技能実習生を対象としているため、一般的な文法や会話の指導に加えて、来日後に必要な生活語彙・職場語彙の指導、日本で生活するための日本文化やマナーの指導も行っています。
　私の所属する機関の実習生は20代の若者が中心で、彼らの多くは日本での実習修了後は帰国して自分の事業を始めることなどを目的としていますが、一方でその後も日本での就労を望む人も少なくないのが現状です。

■ これまでの道のり

　大学でヒンディー語を専攻していたので、学部在学中にインドのデリーに留学しました。帰国後、その経験が何かに活かせないかと考えていた際、海外にルーツを持つ子どもの日本語・教科の学習支援ボランティアという存在を知り、参加することにしました。学習支援を行う中で、彼／彼女たちが抱える問題について知り、彼らを含めた日本の地域社会で生活する人に対する日本語教育に強い関心を持つようになりました。このボランティア教室での子どもたちとの出会いが、私が日本語教育の道に進むきっかけとなりました。
　大学卒業後は日本語教育の現場経験が積みたいと思い、420時間教師養成講座の受講を経て、インターカルト日本語学校で非常勤教師として仕事を始めました。大学卒業後、大学院進学も一度考えましたが、周りの友人の多くが就職する中、自分も早く働いて収入を得たいと思い、まず日本語教師としての仕事を始めてみることにしました。この学校では、非常勤教師として2年、その後専任教師となり4年、さまざまな業務を行いました。幸いなことに、多国籍で多様な学習目的を持った学習者を受け入れる環境だったため、進学や将来の就職を目指す留学生、旅行目的の短期滞在者、日本の会社で働くビジネスパーソン、結婚を機に来日した人、学校の近隣に住む子育て中のお母さんたちなど、さまざまな学習者と接することができました。ここで学んだことは、日本語学習の目的は学習する人によって実に異なっていて、それぞ

れに求められる「日本語教育」というものがまったく異なるということです。そのため、それぞれの学習者から「何を勉強したいのか」「何が必要なのか」というニーズを引き出し、「どんな日本語教育を、どうやって行うべきか」を考えて実践する力が養われたように感じます。また、こうした多様な学習者との出会いを通して、来日目的は何であれ、すべての人が「日本の地域社会に生きる人」であるという感覚を持つようになりました。

約6年の勤務後、次の環境としてインドの技能実習生送り出し機関を選んだのは、技能実習生の現場を学びたいと思ったためです。日本での就労を目的として来日し各地域で暮らす外国人の増加が予想される中、彼らとホスト社会をつなぐための日本語教育とはどんなものなのか、彼らはどんな思いを持って来日するのかを自分の目で確かめたいと思い、今の環境に身を置くことにしました。現在、目の前の実習生たちにとって必要な日本語が何なのかを考え奮闘する日々ですが、熱心に目を輝かせながら日本語を学ぶ彼らとの授業は本当に楽しく、毎日新しい発見をもらっています。

必要とされる資格・スキル・資質を五つ

●インドの技能実習生の研修を行う機関で働く場合
①日本語学校などで一般に応募要件とされる3要件のいずれかを満たしていること
②技能実習制度に関して学ぼうとする姿勢
③英語、現地語
④柔軟性
⑤インドで生活していくタフネス

就職の際多くの機関で求められるのは、①の「大学または大学院において日本語教育に関する課程を履修して修了」「日本語教育能力検定試験合格」「学士の学位を有し、かつ、日本語教育に関する研修として適当と認められるものを420単位時間以上受講し修了」という3要件です。②～⑤に関しては必須ではありませんが、技能実習生という対象の特性上、その制度の動向に関して常にアンテナを張っておく必要はあると思います。また、現地で生活するための簡単な英語力、日本語教授に活かすための学習者の母語（タミル語・ヒンディー語など）に関する簡単な知識もあるといいと思います。日本と生活習慣の大きく異なるインドという国では、「④柔軟性」や「⑤タフネス」も重要です。

インドで働く際のポイント！

先にも述べたように、インドは多様な民族・言語・宗教によって構成されているため、同じ「インド人」であっても異なる言語・宗教を持つ人が一つの教室内に混在しています。私が教えている実習生の多くはタミル語を母語とするヒンドゥー教徒ですが、ヒンディー語やその他のインドの言語を母語とする人もいますし、イスラム教やキリスト教を信仰する人も一緒に学習しています。そのため、例えば新しい日本語の語彙を一つ教えるにしても、タミル語の語彙に置き換えるのではなく、教室内のすべての実習生がわかる表現を使うよう心がけています。また、食習慣や祭りの習慣も宗教によって異なるため、授業で扱う話題にも注意を払うことが大切です。多様な学習者それぞれに配慮することは難しくもありますが、それこそがインドという国で教える醍醐味と言えるかもしれません。

読者のみなさんへのメッセージ

日本語教育業界に就職・転職する際、特に大学卒業後は、この業界に入ることへの不安があるかと思います。私も、自分が進路選択をする際に他の職種を経験せず日本語教育の道に進むことに不安を感じていた一人です。正直に言うと、就職後も同世代の他職種の友人を見てうらやましく思ったこともあります。ただ、日本社会における日本語教育の重要性が年々高まるのを肌で感じる今、早くこの業界に入って本当に良かったと心から思っています。

多くの問題点を有する技能実習制度という制度の是非に関してここで述べることはしませんが、国として制度を継続していく以上、この制度のもと来日して就労する人たちが日本で安心・安全に生活を営んでいくための日本語教育には大きな意義があるはずです。日本語教師という仕事は、多様な背景を持って来日し生活する海外ルーツの人とホスト社会をつなぎ、その効果を直接的に感じることができる仕事だと思います。これからの日本社会を生きる人のために今必要な日本語教育がどんなものなのか、ぜひ一緒に考えていきましょう。

Coffee break

外国語の力は必須じゃないみたいだけど、身につけておくと、可能性が広がるね。

社会人としての経験も生かせるかも？技能実習制度について調べてみよう。

ますます増加が見込まれる技能実習生。安心・安全な日本での暮らしのために、日本語教育が果たす役割は大きいはずです。日本語教育者の拡充が求められる分野でしょう。

⑦ オセアニア

トムソン 木下 千尋 (とむそん・きのした・ちひろ)

●プロフィール●
学習院大学卒、米国アリゾナ州立大学、教育学修士、博士取得。シンガポール国立大学を経て、現在、豪州ニューサウスウェールズ大学 (UNSW, Sydney) 人文社会学部日本研究課程教授。研究分野は日本語教育。編著に『外国語学習の実践コミュニティ —参加する学びを作る仕掛け—』(2017年、ココ出版)『人とつながり、世界とつながる日本語教育』(2016年、くろしお出版)『学習者主体の日本語教育』(2009年、ココ出版) ほか、論文も多数。UNSW 最優秀指導教官学長賞 (2017年)、日本国外務大臣表彰 (2016年)、豪州政府学生への貢献表彰 (2012年) ほか、表彰多数。豪州日本研究学会元会長。日本語教育グローバルネット元議長。

■ オーストラリアの日本語教育の特色

オーストラリアと聞くとコアラとカンガルー、あるいはワインとオージービーフを思い浮かべる方が多いかと思いますが、実はオーストラリアは日本語教育大国なのです。国際交流基金の2015年調査によると、オーストラリアは日本語学習者数が約35万7千人で、中国、インドネシア、韓国に次いで世界で4番目に日本語学習者が多い国です。オーストラリアは人口が2千4百万人ですから、人口比にすると、オーストラリア人の67人に1人が日本語を学習していることになります。これはおそらく世界1位だと思われます。そして、このような状態が20年以上も続いているので、オーストラリアで日本語学習体験のある人の数は膨大です。さらに特筆すべきは、オーストラリアが英語圏の国だということです。英語圏でこれだけ熱心に日本語教育を進めてくれている国は他にありません。

この35万7千人の学習者の97％が日本の小学校1年から高校3年に当たる初・中等校で日本語を学習しています。初・中等校では、10人に1人の子どもが日本語を学習していることになり、オーストラリアの学校では日本語がフランス語やイタリア語を抜いて第一学習外国語です。しかし、その内容は初級止まりの場合が圧倒的に多く、少数の中等校やバイリンガル校で中級まで進む学習者が見られる程度です。

日本語は大学の受験選択科目の一つです。初・中等校でなんらかの基礎を得て、大学に進学してくる学習者が多くいて、大学で力をつけて、さらに交換留学などを経て、非常に優秀な成果を出す学習者も見られます。

学習者の学習動機はさまざまです。他国と同様、漫画、アニメ、日本のアイドルなどをきっかけに日本語に興味を持つ学習者も多いですが、学習者の興味は年々多様化していて、和菓子作り、ファッション、プロレス、武士道など、かなり特化した理由も見られます。

■ 私の仕事

今は、ニューサウスウェールズ大学 (UNSW) というシドニーにある総合大学で日本研究課程の教授職についていて、主に日本語初級の講義と大学院生の指導を担当しています。UNSW はオーストラリアの Go8 というエリート大学の1校で、世界ランキングも50位程度で、優秀な学生が集まってきます。教えやすい職場と言えると思います。

大学の教授、特に当学のような研究大学の教授の職務の中、学生指導が占める割合は多くても半分程度で、研究やその発信、自分の領域の学会業務、また、大学の委員会などの業務、さらに外の世界とつながる社会貢献などの比重が高くなります。この原稿を執筆中の今も、学部生の授業は週3時間だけです。しかし、今月を例にとっても、海外の学会で発表が2回、投稿論文2本、依頼論文1本、大学内の他学部の教授昇進会議の審査委員、他大学の教授昇進の外部審査員、総領事館の依頼で教育省に提出する書類の作成、中等校の先生方を対象としたワークショップなど、教える以外の仕事で時間が消えていきます。

■ これまでの道のり

私は日本の大学を卒業して企業に就職しましたが、周りの女性社員が10年勤めても私と同じ仕事をしているのを見て、何とかしなければと思いました。人や社会に貢献でき、それまで勉強していた英語を使える職業ということで、日本語教師を選び、養成講座を受けましたが、納得できず、アメリカの大学院に留学することにしました。1980年代のことです。もうずいぶん前のことですから、アメリカの日本語教育も今ほど発達しておらず、専門家も少なく、大学院生のときに、大学の新しい日本語プログラムの立ち上げ、また、コ

ミュニティ・カレッジや、高校の日本語プログラムの立ち上げに関わりました。そのためにコミュニティ・カレッジと高校の教員免許も取りました。

いろいろなことをしていたので時間がかかったのですが、1989年に教育学博士を取得し、シンガポール国立大学(NUS)に専任講師として就職しました。NUSでは、優秀な同僚に恵まれ、また、シンガポールは言語教育という学術分野の研究が進んでいたので、仕事をしながら、多くのことを身につけました。初めて論文を書いて採択されたのもシンガポールにいるときです。NUSには4年勤めましたが、同僚が先に移っていたUNSWに空きがあるということで、応募し、オーストラリアに移動しました。

何が役に立ったか

日本での職場経験は、今の自分が大学外の皆さんとお付き合いしていく上で大変役に立っていると感じます。企業のトップの方たち、政府の要人と接する機会も多々あり、日本で社会人としての自分を確立していたことが良かったのだと思います。アメリカでの大学院生生活は日本語教育の研究者としての基礎をつけてくれました。英語での勉学は苦痛でしたが、それはしっかり私の骨と身になっていると思います。そして、日本を外から見る視点を得ました。シンガポールでの経験は、今まで日本とアメリカしか見えていなかった自分にアジアという軸を与えてくれました。この経験から、オーストラリアでの自分のアイデンティティが「日本人」だけというよりは「アジア人」になったのではないかと思います。

求められている人材は？

オーストラリアは、先に述べたように、小・中等校の学習者が多く、したがって、日本語教師の需要も小・中等校の先生が一番多くなります。学校の先生になるには教員免許が必要で、たいてい大学の学部で教育学を専攻し、中等校の場合は教えられる教科を二つ持つ必要があります。すなわち、日本語を専攻するだけでは足りず、もう1教科、例えば第二言語としての英語、フランス語、あるいは数学などを専攻しなくてはなりません。また、日本人だからといって日本語が教えられるわけではなく、「日本語」科目の単位を一定数以上取る必要があります。日本語ネイティブの場合、大学の普通の日本語コースには入れてもらえないので、どこで単位を取るかが難しい問題になります。日本の大学で「日本語」と名前がつくコースで単位を取っていれば、それを単位に認定してもらえる可能性もあります。すでに学部の学位を持っている場合は、大学院で資格を得ることもできます。

また、オーストラリアの教員免許は州ごとに発行されるので、ニューサウスウェールズ州の免許は他州に行くと使えません。注意が必要です。

大学で職を得るには、博士号取得が必須です。博士号はスタート地点で、さらに発表論文や、研究費獲得などの業績がある方が有利です。

大学でも、小・中等校でも、英語力は非常に大事です。学校では職場でのコミュニケーションに加えて親御さんたちとのコミュニケーションに英語が必要ですし、大学では、研究や大学業務に毎日英語を使います。

必要とされる資格・スキル・資質

資格、スキルについては上に書きましたので、資質について述べます。まず、物事を測る物差しをいくつも持っていることです。オーストラリアは多民族多文化国家です。私の所属している人文社会学部の教職員だけを見ても、数十カ国から来た人々が一緒に仕事をしています。日本で通用した物差しが、こちらで通用するとは限りません。また、私が「まあいいやの精神」と呼んでいる、少し緩めの気持ちで物事に接することも大切でしょう。だからといって、仕事はどうでもいいということではありません。やるべきことには熱意を持って立ち向かってください。

読者のみなさんへのメッセージ

一度しかない人生です。やりたいと思ったことはチャレンジしてみてください。失敗しても必ず次につながりますし、やり続ければ、最初はうまくいかないことも、だんだん良くなります。オーストラリアはチャレンジ精神を持った人に適した環境だと思います。

Coffee break

日本語教師の活躍の場は、世界中にあるんだ！ 研究力を身につけて、博士号を取得するぞ。

オーストラリアは初等・中等教育で日本語教育が盛んなんだ。

日本語教育大国、オーストラリア。学習者が多いだけでなく、多民族多文化国家の言語教育として、研究や教材開発が熱心に行われてきた歴史があります。

⑧ ヨーロッパ

櫻井 直子 (さくらい・なおこ)

●プロフィール●
ルーヴェン大学（ベルギー）専任講師。ベルギー日本語教師会設立会長、現会長。1980年代より日本語教育に携わり、1989年より現職。研究分野は日本語教育。主な著書に『日本語教師のためのCEFR』（2016年、くろしお出版、共著）、「言語教育機関におけるCEFR文脈化の意義 —ベルギー成人教育機関での実践例から—」細川英雄・西山教行（編）『複言語・複文化主義とは何か —ヨーロッパの理念・状況から日本における受容・文脈化へ—』（2010年、くろしお出版）、「ベルギー人・オランダ人のジョーク —相互関係のバロメーター」定延利之（編）『限界芸術「面白い話」による音声言語・オラリティの研究』（2018年、ひつじ書房、共著）がある。

ベルギーの日本語教育の特色

　ヨーロッパの外国語教育は第二次大戦後、各国間の相互理解を目指し、欧州評議会を中心に始まりました。当時、各国語と古典語（ラテン・ギリシャ語）が学習の中心でしたが、現代語の学習への移行が進められ、まず70年代後半にコミュニカティブアプローチが、2000年初頭に行動中心アプローチによる外国語教育が提唱され、日本語もほかの言語と共に指導されるようになってきました。ここでは、ベルギーの日本語教育を例に説明します。

　ベルギーはフランス・ドイツ・オランダと北海に囲まれた小国です。人口は1,000万人強で東京都より少し少なく、面積が3万km²で関東地方より少し狭いです。このような小国でありながら、ベルギーにはフランス語・オランダ語・ドイツ語と公用語が三つあります。さらに、欧州連合、北大西洋条約機構の本部が置かれていることなどから外国人も多く、リンガフランカ[注1]として英語が使用される場面も多く見られます。このような多言語環境にいるベルギー人の多くは、子どもの頃から日常的に複数の言語を用いる環境にいます。さらにベルギーは政治形態に連邦制を採っており、オランダ語圏である北部フランダース地域と、フランス語圏である南部ワロン地域（この東部にドイツ語併用地区がある）にそれぞれ教育省があり、その地域の教育は各教育省が所管し責務を負っており、言語学習の教育方針も地域によって異なっています。

　以上のような特徴を持つベルギーでの日本語教育は、1958年にオランダ語圏フランダース地域から始まり、北部を中心に発展しました。その後、80年代はビジネスへの関心から、また2000年に入ってからはポップカルチャーへの興味の高まりからベルギー全体に日本語学習者が増えていきました。2015年国際交流基金の調査によると、学習者は1,191人で、学習者の40％が高等教育機関での学習となっています。

　ベルギーの日本語教育の特色は、欧州評議会から2001年に出版された『言語のための欧州共通参照枠（CEFR）』が教育の指針として用いられていることです。

　特に、フランダース地域では2001年に早くもCEFRに基づく言語教育ガイドラインを出し、公立のすべての言語コースはこのガイドラインに沿ったカリキュラムを策定することが決定され実施されました。その結果、従来、西洋言語とは一線を画した言語として扱われていた日本語がすべての言語と同格に見なされることになり、次第にベルギーにおける日本語教育が一つの地位を獲得していきました。現在、学習者が中等教育の生徒から定年退職をした成人まで幅広くなり、それに伴って学習者の動機や社会参加の場面を考えた授業構築を進めている機関が多くなってきています。

私の仕事

　私は、1989年9月からベルギーのルーヴェン市にあるルーヴェン大学文学部地域言語研究日本学科で日本語教育と日本語教師養成に従事しています。担当科目の一例を挙げると、学士課程では初級の会話や中上級の文法、読解、作文など、修士課程では学術日本語や文学分析の科目などで、教師養成では日本語教授法と実習の一部の指導に当たっています。

これまでの道のり

　私は、大学卒業後一般企業に勤務していましたが、外国と外国語への興味、人と人を結ぶことへの関心から勉強をし直し日本語を教え始めました。80年代、日本の教育現場ではヨーロッパ発信のコミュニカティブアプローチが多く採用されており、先生方と「この文法事項を使った場面は何か」「どんな教材・教具があれば教室で現実感を出せるか」と夜遅くまで話し合い、家に戻ってから、教案や教材を作るという毎日でした。

　その後、縁あってベルギーに来ることになり、職場でお世話になっていた方のご高配で、1989年9月からルーヴェン大学で教え始めることになりました。教え始めた頃は、日本での経験を頼りに持参した教科書や参考書を参考に、練習問題や絵パネルなどの教具を作成して授業をしていました。しかし、そこで気づいたのは、目の前にいる学生たちは日本で教えていたアジアの学生とは志向が異なっていることでした。会話の穴埋め問題も、手作り教具を使った口頭練習も指示すれば熱心にしてくれますが、目の輝きが日本での学習者たちと違っていました。そこである日、「この文型を使って自由に会話を作ってください」と言ったところ、私では到底思いつかない「オチ」があるおもしろいものが次々と現れま

した。型にはめず、自由さを与えることで教師の期待以上の力を発揮した学生たち。私は、授業は学習者のものであり、「先生が教えたいことを教えるのではなく、学習者が求めていること、学習者がしたいことがまずあり、そこから組み立てていくのだ」ということを学生たちから気づかされました。

毎日が気づきの孤軍奮闘の中、教師自身が社会、他の教師とつながることの必要性を感じ日本語教師仲間とベルギー日本語教師会を1997年に設立し会長となりました。ここでの交流は日本語教師を続けていく原動力になりましたし、同じ職場の同僚とは共通の問題意識を持つきっかけとなりました。現在も非日本語母語話者の先生たちとお互いの強みを生かしながら、教科書を作成しています。この教師会は2017年に20周年を迎え、第100回日本語教育勉強会を開き、奇しくもその年に外務大臣表彰を受賞しました。

これらのこれまで行ってきた活動から、私は教師として肝に銘じておくことは次の三つだと考えるようになりました。一つめは、毎日の授業に流されるのではなく、自分の言語教育観を持ち、なぜこの項目を教えるのか、なぜこの活動をするのかを考えながら授業に当たること、二つめは、その教育観に囚われすぎて凝り固まらないように常にこれでいいのか、他の方法がないのかと自分に問い続けること、三つめは、そのために他の先生の教育観とその実践にしっかり耳を傾けることです。

必要とされる資格・スキル・資質

正規雇用の場合、大学では修士、公立語学学校では学士が必要とされます。また、機関によっては、日本語教師になるために求められることが多い要件[注2]やそこの公用語の証明書が必要となることもあります。

もし、オランダ語やフランス語ができない場合は、英語で生活や仕事に必要なことが伝えられる能力があるといいでしょう。さらに、学習者の幅が広がりニーズも多様化しているので、それに臨機応変に対応できる柔軟な考え方も大切だと思います。

ベルギーで働く際のポイント！

ベルギーではCEFRを参照してコースデザインが構築されているので、CEFRの理念や言語教育観を知っておくことは重要ですし、可能であれば、その考え方に基づいた授業を経験しているといいでしょう。

CEFRは、複言語主義という考え方に基づいて作られ、言語教育の到達目標は、母語話者のように話せることではなく、個人が持つすべての言語・文化の能力や知識を使って社会で課題を実現できることとしています。例えば、英語の論文が読めるが話せないという場合もその人はバイ（マルチ）リンガルと考えます。そして、このような個人の複数の言語や文化からなる能力を複言語・複文化能力と呼び、すべて、その人の社会参加を支える重要なレパートリーとみなします。例えると、扇形に持っているトランプのカードのようなものです。必要に応じてある言語・ある文化を示す1枚、あるいは複数のカードを用いてコミュニケーションをしているのです。

ベルギーは公用語や外国語が併用され、複数の言語が重層的に存在する社会です。ベルギーで教える場合、学習者は、そのような社会で複言語能力を駆使している言語使用者だという意識を持っていることは必要だと思います。

読者のみなさんへのメッセージ

日本語教師の役割は、日本語の知識を伝えたり間違えない学生を育成したりすることより、間違いをたくさんしながら自ら学んでいく学習者に寄り添い、伴走者として支援していくことだと考えています。そして、その異なる個性を持つ学習者に伴走者として向かい合うには、教師自身も複言語・複文化能力を伸ばし、幅広い視野と柔軟な考え方を持つことが大切なのではないかと思います。

「ベルギーで働く際のポイント！」で、複言語・複文化能力を説明する際に用いた扇形のトランプの比喩は、一人の教師の持っている教育アプローチや教授法にも通じます。今、教室で目の前にいる学習者たちの教師は、世界中でその授業を担当している先生一人だけです。その学習者に最適で有効な授業を、手持ちのカードから選び組み合わせながら、あるいは、新たな考え方を加えながら、つくり出し挑戦していきましょう。そして、なにより、是非、日本語教育の楽しさを学習者と一緒に味わってください。

［注］

注1）「異なる言語を使用する人同士が意思疎通を図るための言語」のこと。

注2）「大学の日本語教師養成課程　主・副専攻修了」「日本語教育能力検定試験合格」など。

Coffee break

「CEFRに基づく言語教育」が、ベルギーやヨーロッパの日本語教育の特徴と言えそうですね。

複言語主義についてもっと知りたいな。調べてみよう。

言葉が人と人、人と社会の懸け橋になると考えると、ヨーロッパの言語教育の動向が理解しやすくなるでしょう。

⑨ 北米

當作 靖彦 (とうさく・やすひこ)

●プロフィール●
カリフォルニア大学サンディエゴ校グローバル政策・戦略研究大学院教授、大学院外国語プログラムディレクター。同大学言語学部博士課程修了。哲学博士。専門は第二言語習得理論、外国語教授法、言語能力評価。全米日本語教育学会会長、Joint National Committee on Languages理事、日本語教育グローバルアーティキュレーションプロジェクト総括責任者、コンピュータを使った日本語教育学会会長などを歴任。初級・中級レベルの日本語教科書 "Yookoso!" や『ドラえもんのどこでも日本語』をはじめ、外国語教育、日本語教育に関する著書多数。2015年日本語教育学会学会賞受賞。

米国の日本語教育の特色

米国では限られた大学での日本研究の専門家を目指す学生のための日本語教育が中心であったのが、1980年代の日本の経済発展がきっかけとなり、日本語学習ブームが起こり、初等・中等・高等レベルで日本語を教える学校が一気に増えました。その後も、アニメ、ポップカルチャーに興味を持つ若者が日本語を学習し、かつては「学習機会の少ない外国語」の一つであった日本語は、その学習者数がスペイン語、フランス語、ドイツ語、イタリア語に続く主要な外国語となりました。現在米国全体で17万人ほどが日本語を学習しています。一番学習者が多い中等レベルは学習者数の増加が頭打ちになっていますが、高等レベルではまだまだ学習者が増えています。私は現在カリフォルニア大学サンディエゴ校の大学院で国際関係、国際政治、国際ビジネスを専攻する学生に日本語を教えています。外国語教育は米国のみならず、世界中のどこでも弱い存在であり、外国語教育は影が薄くなりがちです。その中でも日本語はさらに力が弱く、一人の力ではなかなか存続し続けるのが難しいもので、みんなで力を合わせて、質をよくし、存在感を高めていかなければなりません。将来米国で日本語教育が続いていくためには、みんなで協力して質を高める活動をしていかないといけないと強く感じています。

これまでの道のり

私は今から40年前に米国に言語学の大学院生として来ました。すぐにティーチングアシスタント（TA）として学部の学生にスペイン語を教え始めました。日本の文法・語彙暗記中心の外国語教育に慣れた私にはコミュニケーション能力発展中心の米国の外国語教育は新鮮でした。外国語教授法などの知識がない私には、このTAの仕事は私の日本語教育の重要な基礎になりました。スペイン語を3年教えたところで、日本経済が急成長を遂げ、日本が経済大国となり、米国で日本語ブームが起こります。日本語教師が早急に必要となり、日本語ができれば日本語の職が見つかるような時代でした。私もその後2年日本語を教えることになります。といっても、大学院では日本語ができる日本人は私だけで、大学院生でありながら、また、日本語教育の経験もまったくないのに、日本語のプログラムを自分一人で作らないといけない状況でした。この2年間の経験が自分の日本語教育の原点でした。

印象に残る人

私は自分の現在があるのは、自分の外国語教師としてのキャリアの初期の上司がとても良かったからだと思います。まず、大学院で私に日本語を教えさせてくれたときの学部長は第二言語習得理論、英語教授法の専門家でしたが、私が好きなようにカリキュラムをデザインさせてくれ、教えさせてくれました。それが最高の教師トレーニングとなりました。私が大学院の博士課程を終えたときは、日本語ブームのピーク時で、職がたくさんオファーされました。その中の一つを選び、就職したのですが、その学部の学部長が中国文学・文化の専門家で、1年生、2年生のクラスは私の好きなようにデザインさせてくれました。3年生、4年生を教える日本文学の先生からは1年生、2年生のクラスで使う教科書をあらかじめ指定されていたのですが、どうしても気に入らず、大学院を卒業して就職するまでの一夏で1年生、2年生の私家版教科書を書き上げました。日本文学の先生はそれに難色を示したのですが、学部長が私家版教科書を使うことを認めてくれて、それで教え始めることができました。それを使い続け、内容を改善し、後ほど正式に日本語教科書として出版することができました。私は日本語教育に関していえば、若い頃はチャレンジ精神に富み、いろいろ新しいことを試し

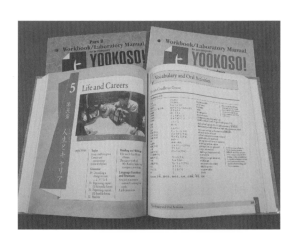

てみたかったのですが、二人の学部長がそのすべての実行を支援してくれました。日本語教師としてのトレーニングもなく日本語教師になり、日本語教師としての能力を開発していく重要な時期にこの二人の学部長に恵まれたことは本当に幸せだと思います。

必要な能力・スキルを向上させるために

若い日本語の先生たちを育てていくためには、自分がどんなに年を取っても、若い人たちのモデルにならなければならないと常に思っています。若い先生たちに新しいことにチャレンジしてもらうためには、自分も常に新しいことをトライしてみる教師にならなければならないと思い、さまざまな論文、研究雑誌を読み、学会やワークショップに参加し、常に言語教育の新しい考えを吸収し、良いものは自分で実行し、その結果を分析することを忘れないようにしたいと心がけています。

私の教えている大学院の性格上、私の日本語のクラスでは、日本で今起こっていること、いわゆる時事問題を扱うようにしていますが、毎日日本の政治、経済、社会、スポーツ、芸能、産業界などで何が起こっているかを追うようにしています。私のクラスのゴールの一つは日本語を使って、グローバル社会、ローカル社会に貢献できる学生を創出することですが、そのためには、21世紀の社会を生きるのに必要な知識、能力、資質を身につける必要があります。学生にこれらの知識、能力、資質を身につけた21世紀型人間になってもらうためには、私自身がそのような知識、能力、資質を持った21世紀型教師になって、学生のモデルになることが必要だと思っています。そのためにも、好奇心、創造性、協力力などを身につけた教師になろうと努力しています。私が教えているプログラムでは、単に文法と語彙が教えられる人ではなく、広い能力、知識、資質を持った21世紀型の教師を求めています。

求められている人材は？

米国では、初等・中等レベルと高等レベルで日本語教師になる資格は異なります。ここでは紙数の関係で、高等レベルの日本語教師になるための資格についてお話します。高等レベルでも、いわゆる教授・准教授・助教授というタイトルがつくテニュア・トラック[注]の仕事に就く場合とテニュアがない講師のタイトルの仕事に就く場合では要求される条件が違います。テニュア・トラックの仕事の場合、①博士（アメリカの大学が望ましい）、②日本語、日本文学、日本文化などの分野の研究能力、③母語話者レベル、あるいはそれに相当するレベルの日本語能力、④米国での日本語教育経験（少なくともTAとしての）が最低必要です。講師の仕事の場合には、博士、あるいは修士が必要です。研究能力は求められない場合がほとんどですが、高い教育能力が求められます。

アメリカで効果的に教える場合には、教える教科の内容に関する知識のみならず、教室管理能力やアメリカの教育文化の知識、経験が特に重要になると思います。アメリカの大学で教えようと思うならば、就職市場をよく研究し、準備を進めることが不可欠だと思います。

読者のみなさんへのメッセージ

私が日本語教育に足を踏み入れた「日本語ブーム」が始まった頃は、こちらから求めなくても日本の会社に就職したい、日本とビジネスをしたいという学生が自然と集まったものでした。日本の経済発展が終わり、バブルがはじけた後も、日本のポップカルチャーブームで日本に興味を持つ若者が多く、日本語の授業を取る学生が増え続けました。しかし、現在は日本のポップカルチャーブームも下火となり、日本語の学習者を米国で確保し続けるのはそう簡単ではありません。日本の世界における地位が下がる中、日本語ができるようになるという目的だけで日本語教育を推し進めていくことはできない時代が来ています。日本語能力を身につけることを通して、21世紀を生きることができる人間をつくることがこれからの日本語教育の重要な役割になると思います。そのような日本語教育ができるようになるためには、広い視野から日本、日本語、日本文化を眺め、それを学生に伝えていくことができる能力を持った日本語教師がこれからますます必要になってくると思います。

[注]

注）「テニュア」とは、期間の定めのない労働契約、終身雇用資格のこと。

Coffee break

アメリカの大学で働くなら、アメリカの大学院に進学することを視野に入れて、進路を考えなきゃ……。

常により良い教育方法を目指して、学び続けることが大切なんですね。

年代ごとにニーズが大きく変化してきたアメリカの日本語教育。今後は、「21世紀型スキル」がキーワードの一つになりそうですね。

⑩ 中南米

渡辺 久洋 (わたなべ・ひさひろ)

●プロフィール●
大学卒業後、大阪市にあるこじんまりとした専門学校に1年間通い、日本語教師養成講座420時間コースを修了。翌年から2年間、JICA日系社会青年ボランティアの日本語教師として、ブラジル国サンパウロ州ミランドポリス市第一アリアンサ移住地に派遣され、当地日本人会付属の日本語学校で活動する。任期を終えし帰国してから3ヵ月後、再び来伯し、同州ピラール・ド・スール市の日本人会に付属するピラール・ド・スール日本語学校に勤めはじめ、現在に至る。

ブラジルの日本語教育の特色

世界最大の日系社会(約190万人)があるブラジル。2018年にブラジル日本移民110周年を迎えました。ブラジルは経済的な関係や利害を抜きにした世界有数の親日国です。その重要かつ決定的な要因は日本移民の存在です。勤勉、誠実といった日本人としての国民性、また、移住者が行ってきた功績は、国民に評価され、この国の社会の発展に大きく貢献し、移民国家のこの国の形成に大きく寄与しています。

このような背景を持つブラジルでの日本語教育は大きく二つに分けられます。一つは、主に成人や非日系人を対象とする、外国語・異文化としての日本語の教育です。これは世界の多くの国で行われている日本語教育だと言えます。そして、もう一つは、移住当初から日系社会で行われてきたもので、主に日系子弟を対象に、母語・子弟教育として行われてきた日本語教育(継承日本語教育)です。しかし現在では、子弟の大半が日系3～5世、混血となって、家庭で日本語を使用することがほぼなくなりました。また、日本語学校には日系人だけでなく非日系人の生徒も珍しくありません。よって、日本語の指導にあたっては、母語・継承語としてではなく、外国語としての指導法が必要とされています。それでも、依然として他国の日本語教育と決定的に違う特徴があります。それは、「対象が主に青少年」であり、「ほとんどが公的学習機関ではなく、各地に点在する日本人会が運営する日本語学校(あるいは日系1世や2世が自宅で行う私塾)で行っている日本語教育」という点です。それはもはや継承日本語教育ではありませんが(議論の余地はあると思いますが)、かといって、単なる語学学校としての日本語教育でもありません。

後者の日本語教育は、「日本語や日本文化を教えるとともに、それを通じて生徒の人格形成をはかる教育」であり、その活動の根幹は、「日本語力向上」と「人間教育」です。ですので、日本語の指導だけではなく、礼儀やしつけといったことなども期待されており、週末を中心にさまざまな行事も行っています。

私の仕事

私が勤務する日本語学校は、ブラジル各地に300余り存在する日本人会の一つであるピラール・ド・スール文化体育協会(文協)が運営する学校で、主に日系子弟の子どもたちに対する教育を行っていますが、非日系の子どもも同じように通っています。学習者は月曜日から金曜日まで毎日通っており(かつては日系社会のどの日本語学校もそうでしたが、時代の流れで現在では非常に珍しい)、1日当たりの授業時間は2時間。半日授業のブラジル学校との関係で、午前に通う生徒と午後に通う生徒のクラスがあります。4～6才の幼稚園と、日本語能力別の最大9のクラスがあり、常時50～60人の子どもたちが通っています。金曜日は文化活動の日で、全員で毛筆や絵画、工作、折り紙、調理実習、発表会の練習、合奏、合唱、学校の大掃除などさまざまな活動を行っており、また、当校の大きな特色として、週に2時間体育の授業を行っています。また、もう一つの特徴は部活動があることで、陸上部とソーラン部と太鼓部が週に1、2日活動しています。週末は、「母の日・父の日発表会」「敬老会」「運動会」「牛の丸焼き会」といった学校行事や文協会行事、また「林間学校」「お話学習発表会」「作文コンクール」「青空スポーツ教室」といった地区(近隣の町の日本語学校8校で構成)行事を行っています。

私を含め当校の日本語教師の職務は上述の授業や行事の指導にあたることであり、それに加え私は、放課後に「陸上部」「ソーラン部」の指導も行っています。

これまでの道のり

私は高校まで、将来のことを考えることなく、部活動や仲間と過ごす日々を楽しみ、とても充実した学生時代を過ごしてきました。その結果、大学受験の時期に途方に暮れてしま

いました。国語が苦手だったため文系を選択肢から外し、理系の中からやりたくないことを除外していった結果、工学系の学科を選択しました。しかし、このような経緯で入学したため、大学4年生で研究テーマを与えられた際、わずか2日目にして「これは違う。自分には無理だ。性格的に自分が今後人生で関わっていけるものではない」と、直観的かつ決定的に感じました。我慢してこの種の職業に就いてもきっと数年で辞めるであろうと妙な自信もありました。「じゃあ、何がしたいのか？　どんな仕事がしたいのか？」と、このとき、ようやく人生で初めて仕事に対して正面から向き合い、真剣に考えることとなりました。

しかし、その頃、興味ある仕事など何一つ持ち合わせていませんでした。ある日、本屋で『海外で仕事をする』という本が目に入りました。そこで"日本語教師"という仕事を知って興味がわき、次に『日本語教師になるため』という本を見つけ、この職業について理解に努めた結果、日本語教師という仕事に対する想いが非常に強くなりました。と同時に、「長い人生を考えると、夢や願望は我慢し、それなりに安定した職に就くほうが賢明ではないか」という不安もあり、悩みに悩み続け、頭の中で堂々巡りを繰り返す日々を約10カ月過ごしました。そして、青空が澄み渡る2月のある朝、目を覚ますと、「日本語教師をしよう」という思いが突如はっきりと現れ、迷いが完全に消えていました。

大学卒業後、日本語教師養成講座を1年間受講し、翌年、幸運にもJICA日系社会青年ボランティアというプログラムに合格し、ブラジルのアリアンサという日系移住地に2年間派遣されました。同地の要請では、指導対象は小学生から高校生でしたが、活動中現地からの要望で20～70才ぐらいの成人クラスや0～6才の幼児クラスの授業も行いました。

当時の私は日本語教師として世界中を駆け巡る人生を思い描いていたのですが、2年間のブラジル生活では何か物足りず、「達成感・満足感が得られるまでもう少しブラジルにいよう」と思い、任期終了後すぐにブラジルに戻り、現在15年以上が経ちました。

必要とされる資格・スキル・資質を五つ

①適応力　②コミュニケーション力　③観察力
④やる気／元気　⑤（衰えない）向上心

当地では日系社会の中で暮らしたり、関わったりすることになります。どんな仕事や社会でも最も重要な要素の1つに人間関係があるかと思いますが、日本社会でもブラジル社会でもないこの日系社会で、割と密な人間関係を厭わず、楽しめることが最も重要な資質かもしれません。

当地の日本語学校についていえば、生徒は主に児童であり、勉強をやる気がある生徒は多くなく、準備どおりの授業はなかなかできません。また、大半の学校は単式クラスではなく、複式クラス、あるいは個別指導に近く、皆さんがイメージする日本語教育とは様子がかなり異なると思います。そこで、「日本（某国）ではこうだった」と自分の見識を常識・正しいと思い込み、当地の現場を批判して自身のやり方を押し付けるのではなく、「その現場で効果のあるやり方・求められていること・必要と思うこと」を自ら考えて行うことが大切であり、そのために、しっかりと現場を受け入れ、観察し、柔軟に対応しようとする心構えが必要です。

読者のみなさんへのメッセージ

ブラジルで古くから日系人が数世代に渡って続けてきた日本語教育は、一般にはあまり知られていないと思いますが、これも日本語教育の立派な一つの形です。

そして、これからどのようになっていくか前例も道筋もない世界です。名もなきたくさんの先人教師たちが築き上げつないできてくれた「今」の日本語教育。私たちは、さらに積み上げつないでいき、「未来」の日本語教育につながる歴史を作り上げているところです。

子どもたちの将来に大きな影響を与える非常に責任のある仕事だと思います。正直、裕福な生活は望めません。しかし、とても意義があり、おもしろく、やりがいがあり、すばらしい仕事だと私は思います。

何事も初めから決めつけず、常に強い意志と喜びと感謝の気持ちを持ち、「今、目の前にあること」に自分なりに一生懸命向き合い努力し続けていれば、いろんな縁が生まれ、つながっていき、予想していなかった「新たな道」がきっと現れてきます。安易に流されることなく、自分自身で未来をつくっていってください。

Coffee break

青少年への日本語教育が多いんだ。日本語以外の指導もあって大変そうだけど、やりがいがありそう！

JICAなどの派遣プログラムに応募してみるのもいいかも。

母語・継承語教育として長い歴史を持つブラジルの日本語教育。
子どもたちの未来を築く、責任ある仕事ですね。

Column 1

文 = 西野 藍

日本語の大規模テストと評価

日本語能力試験の受験者数は右肩上がり

日本語のテストの中でも最もよく知られているのが日本語能力試験（Japanese Language Proficiency Test; 以下 JLPT）でしょう。これは、日本語を母語としない人の日本語能力を測定し認定する世界最大規模の試験です。2017 年、その年間応募者総数が初めて 100 万人を突破しました。1984 年の開始当初の応募者数は全世界で約 8,000 人、5 年前の 2012 年でも約 65 万人でしたから、近年の増加ぶりは目を見張るものがあります[注1]。

JLPT は N5（基本的な日本語をある程度理解することができる）から N1（幅広い場面で使われる日本語を理解することができる）までの 5 レベルで、「課題遂行のための言語コミュニケーション能力」を「言語知識」「読解」「聴解」の三つの科目から測定します。実は、この JLPT 受験者の約 3 分の 2 は海外受験者です。今では 85 の国・地域、249 の都市で受験できます（2018 年現在）から、海外の教師や学習者にとっても身近な存在と言えるでしょう[注2]。

日本語の大規模テストの開発

日本語の大規模テストには、JLPT のほか、「日本留学試験」「BJT ビジネス日本語能力テスト」「J-CAT」「J.TEST 実用日本語検定」「日本語 NAT-TEST」などがあります。それぞれ目標言語使用領域（就業／学業／生活など）、形式（Paper Based Test ／ Computer Based Test など）、年間実施回数などが違い、目的や状況に合わせて受験できます。

口頭運用能力を測定するテストとしては「ACTFL-OPI（Oral Proficiency Interview）」がよく知られていますが、近年は「JF 日本語教育スタンダード準拠ロールプレイテスト」「JOPT（Japanese Oral Proficiency Test）」などのインタビューテストの開発も進んでいます。

受験者が増えたということは、受験者の「層」も広がったと考えてよいでしょう。学習目的が多様化すれば、試験のニーズも多様化します。近い将来、日本で働く外国の方々が増えるとすると、より特化した日本語能力の測定

をという社会的要請が高まる可能性もあります。これらテストの開発や作題を行う人材の育成は急務の課題ですが、それを担うのは誰でしょうか。日本語教育に携わる私たち一人ひとりが、自分のこととして考えるべき時期に来ているように思います。

テスティングと評価

自分は「教師」を目指しているから大規模テストの話は関係がないと思う人もいるかもしれません。しかし、テスト作成技能を身につける重要性は教育現場でも同様です。小規模のクラスルームテストであっても常に何を測ろうとしているのか、そのために適切な課題や形式を用いているか等の観点で見直す必要があり、それは大規模テストの作題とまったく同じことだからです。

さらに、理論も含め、テスティングについて知ることは「自分たちは何を評価しようとしているのか」「自分たちが考える日本語能力とは何か」を問い直すきっかけを教育現場に与えてくれます。その過程で評価の新しい潮流、例えば、CEFR（第 1 章「⑧ヨーロッパ」p.26 参照）や JF 日本語教育スタンダード、21 世紀型スキル（第 1 章「⑨北米」p.28、三宅（2014）参照）などについて考えることもあるでしょう。テストや評価と向き合うことは、実践をより豊かにすることでもあるのです。

[注]

注 1) 2018 年の応募者数は約 116 万人で、さらに増加しています。（国際交流基金「世界最大規模の日本語試験『日本語能力試験（JLPT）』2018 年の年間受験応募者は 116 万 8,016 人──東南・南アジアの伸び顕著、海外での応募者増で対前年比 14％増」（PRESS RELEASE No.2018-024）2018 年 11 月 29 日より）

注 2) JLPT 公式サイト「図で見る日本語能力試験」

[参考資料]

国際交流基金・日本国際教育支援協会（2009）『新しい「日本語能力試験」ガイドブック』

野口裕之・大隅敦子（2014）『テスティングの基礎理論』研究社

三宅なほみ（監訳）（2014）『21 世紀型スキル ─学びと評価の新たなかたちー』北大路書房

李在鎬（編）（2015）『日本語教育のための言語テストガイドブック』くろしお出版

第2章

日本で日本語を教える

① 日本語学校
② 大学
③ 政府系団体
④ フリーランス

Column**2** 増加する在留外国人

① 日本語学校

金子 史朗 (かねこ・しろう)

●プロフィール●
大学卒業後、日本語教師養成講座に通い、1992年から日本語教師の仕事を始める。以来、国内外の日本語学校、日本語教師養成講座で非常勤講師、専任講師、教務主任を務める。また、国立国語研究所の非常勤研究員や日本語教育学会、日本語教育振興協会での委員も経験。現在は、友ランゲージグループ校の教頭としてより良い学校づくりを目指し、教務の立場からグループ内四つの日本語学校の運営に携わっている。著作に『日本語授業の進め方生中継』(2018年、アルク、単著)、『マンガで学ぶ日本語会話術』(2006年、アルク、共著)、『チャレンジ日本語〈聴読解〉』(2004年、国書刊行会、共著)がある。

私の仕事

日本語学校の仕事は、大きく事務と教務に分けられますが、ここでは教務の話をします。

教務には非常勤講師、専任講師、教務主任がいて、日本語の授業や進路指導などを行っています。非常勤講師は、時間講師として専ら授業を担当しています。学校によっては進路指導を担当することもあります。専任講師の仕事は多岐にわたります。日々の業務では、授業以外に学校で使用するテストや教具教材の作成、改訂、整理のほか各クラスの状況の把握、クラス数の多い学校ではクラス間でのスケジュールの調整なども行います。また、カリキュラムの改訂、新コースの設定などの大きいことから遠足やパーティーなど学校行事の企画と運営、日本語能力試験の申し込みといった季節的な仕事や備品、図書の購入まで学校運営の大部分に関わっています。さらにクラス内や学習者に問題が起きた場合は、担任や事務局員と連携し、解決にあたります。この専任講師の中心となるのが教務主任です。教務主任は、教務に関わることをすべて把握し、事務や経営者と協力連携し、学校を動かしていく「要」と言うべき存在です。

多くの日本語学校が日本での進学を目指した学習者を受け入れているので、進学指導を主とする進路指導も大切な仕事です。進学に関しては、学習者の希望や状況を把握した上で、その学習者に合うと思われる進学先を提案することから始まり、出願や受験のサポートなど、学習者の希望が叶えられるよう伴走していきます。進学ではなく就職を希望する学習者もいます。就職の場合、各自の能力や希望と会社の条件が合うかどうかが最も大事です。教員が提案する場合もありますが、自分で就職先が探せるように探し方を教えたり、就職セミナーの情報を与えたりすることも多いです。

これらの他に、学校外の仕事になりますが、出版社から教材作成の仕事をいただくこともあります。日本語学校は初級から上級までのレベルの学生がいて、日々さまざまな授業が行われている場です。そのような環境であるため、教えるためのツールである教材に対してさまざまなニーズが生まれます。それらのニーズに応えるため、現場で生じた課題を克服するため、効果的な実践を共有するために教材を作成する、ということが求められます。教材を作成した後は、その教材についての理解を深め、より効果的に使ってもらうために講習会をするということもあります。教室で行われた実践や授業の中で生じた課題を共有することは、その学校だけではなく、日本語教育業界全体にとって意味のあることなので、しょっちゅうあるものではありませんが、このような仕事はとても意味のあるものだと思っています。

これまでの道のり

私が初めて日本語教師という仕事を知ったのは、高校1年生のときに見た新聞記事でした。そこには「留学生受入れ10万人計画」を実施するにあたって日本語教師が1万人必要になる、と書いてありました。当時私は、誰であれ外国に行くなら渡航前にその国の言葉の「こんにちは」と「ありがとう」ぐらいは覚えて行くのが礼儀だと思っていたので、来日する留学生にはせめて「こんにちは」と「ありがとう」は学んできてほしいものだ、と考えました。そして、「誰が教えるの?」→「俺が教えよう!」→「どこで教える?」→「アジアだな」→「アジアならどこ?」→「東南アジアだな」→「東南アジアのどこ?」→「インドネシアだな」というインスピレーションだけの自問自答を経て、「インドネシアに行って日本語を教える」という将来像が描かれました。

ただの思いつきと自分でも思っていましたが、進路選択をする段階になってもその思いは消えず、インドネシア語の「こんにちは」と「ありがとう」が学べる大学に進学しました。海外で教えるなら修士を取っておいたほうがいいという指導教官の助言に従い、大学院を受験しましたが不合格。いち早く日本語教育の現場に立ちたかった私は、卒業後、日本語教師養成講座に入りました。その養成講座は日本語学校の付属機関だったのですが、なんとその日本語学校はインドネシア校を持っていたのです。インドネシア勤務を希望して採用された私は、6カ月間非常勤講師として東京で働いた後、インドネシアに赴任したのでした。1年半海外生活を経験した後、東京の学校に専任講師として勤務しました。子どもが生まれるタイミングで退職し、非常勤講師として複数の学校で教えました。このときに日本語教師養成講座の講師も務めたのですが、これは自分にとっても大変勉強になるいい経験になりました。その後、「新規に日本語学校を立ち上げるから

一緒にやらないか」という誘いを受け、学校立ち上げに教務主任として関わりました。この学校は開校から13年後に閉校してしまったのですが、ここでは文字どおり一から学校を創っていくこと、オリジナル教材の作成、教師採用、教師研修、学生募集、学校事務、そして学校を閉じることなど、さまざまなことを経験することができました。また、日本語教育学会や日本語教育振興協会での委員会活動、出版物となる教材の作成への参画など、日本語教師としての活動が広がった時期でもありました。この日本語学校は、専門学校を運営する学校法人内にある学校だったため、閉校になった後は、1年間同学園内の専門学校の事務局に管理職として勤務しました。この期間は日本語教育から遠ざかっていた1年間でしたが、労務管理や法令、組織運営など今まであまり関わってこなかったものを学んだり、関わってきたことでもより大きいスケールで考え直したりするとてもいい機会になったと思っています。ただ、日本語教育から完全に離れる気はなかったので、日本語を教える現場に復帰する道を探っていたところ、現在の勤務校から声がかかり、今に至っています。

印象に残っている出来事

ジャカルタの日本語学校で教えていたとき、私のクラスに双子の高校生の女の子がいました。その子たちが先生に見てほしいものがあるというので、何かと思ったら、『ひらがなタイムズ』の文通相手募集欄に投稿する作文でした。『ひらがなタイムズ』とは、すべての記事が日本語と英語で書かれている在日外国人向けの雑誌で、語学の学習に使う人も多い雑誌です[注]。ジャカルタでは唯一、高級ショッピングセンターにある紀伊国屋書店で手に入るのですが、値段は日本での価格の2倍程度になるので、高校生にとっては高価なものだったに違いありません。二人で数カ月お小遣いを貯めて買ったとのことでした。

「こんにちは！ 私たちはインドネシア人の双子の高校生です。」という書き出しで始まるその作文は、習った文型を最大限に使い、日本語を学んでいる世界中の人と友達になりたいという気持ちが伝わってくる微笑ましい文章でした。この作文を『ひらがなタイムズ』に送りたいからチェックしてほしいということなので、私はできるだけ原文の雰囲気を損なわないように気をつけて添削をしました。その後、大学受験準備のため二人は日本語学校には通ってこなくなったのですが、数カ月後彼女たちから突然電話がきました。「先生！ 私たちの作文が『ひらがなタイムズ』に載りました。そして、手紙が35通も来ました！」という喜びの電話でした。スペインに住む30歳の男性、アメリカに住む同い年の女の子、福岡に住むイタリア人など35人の人が彼女たちとの文通を希望してくれたのです。「私たちは二人で全員に手紙を書きます！ ありがとうございました！」と興奮して話す彼女た

ちの声が今でも耳に残っています。そしてそのとき、私は「この仕事（日本語教師）を生業にしよう」と思ったのをはっきり覚えています。自分が教えた日本語を使って、学生が世界を広げた瞬間を見られたことは、思いつきで日本語教師を始めた私にこの仕事のすばらしさや充実感を実感させる大きな出来事になりました。

この出来事から21年後、私は今の職場の出張でジャカルタに行きました。数時間空き時間ができたので、かつて私が働いていた学校のある所へ行ってみました。売りに出されたと聞いていた学校の建物は買い手がつかないのか、空き家のままでした。近くにあったパサール（市場）が廃墟になっていたり、道路がきれいに整備されていたり、20余年の時の流れを感じました。懐かしさと驚きを感じながら町を歩いているうちに、次々とその頃のことが思い出され、なぜか最後に「よし、頑張ろう！」という気持ちになりました。"日本語教師は、学習者が自分の世界を広げることの手伝いをできる仕事"ということに気づき、この仕事を続ける決心をした私でしたが、私自身がジャカルタで自分の世界を広げ、その後の人生の方向を定めることができたのだということを改めて認識したからかと思っています。ジャカルタで出会った双子の高校生、そして21年後に訪れたジャカルタで感じたことは、大変印象に残っています。

必要な能力・スキルを向上させるために

日本語学校の学習者の多くは、卒業後、進学や就職をするので、学習者を次のステージに送り出すことは日本語学校の教員の使命の一つと言えます。より新しく確かな情報を学習者に提供できるよう、進学先の情報のみならず世の中の時勢、時流など情報に対する感度を高め、常にアンテナを張るようにしています。

また、私はこれまで、頼まれた仕事は基本的に断らない、という姿勢でやってきました。それは、新しい仕事に取り組むことが自分を成長させてくれると考えているからです。今までしたことのない仕事であれば、そのために新しいことを勉強できますし、仕事を完了させられたら、自分自身の可能性の広がりを実感できるでしょう。また、成長するためにはちょっと背伸びしてみることも大事かな、と思っています。今の自分の力でできることをきっちり仕上げるのもいいのですが、時には"ちょっと無理め"の仕事に挑戦してみるのも自分の仕事力を向上させるのには有効だと思っています。もちろん、仕事を完了させるためには最大限の努力をしなければなりませんが、そうすることで、新たな人との出会いがあったり、今までとは違う視点で物事が見られるようになったり、思った以上にいろいろなものが得られ、そして、それがまた次の仕事につながり、ということを今まで体験してきました。ですから私、基本的に仕事、断りません。

求められている人材は?

日本語を知識として教える授業をするだけではなく、学習者に日本語を使わせ、他者とつながっていく授業をしたり、学習者に頭を使わせ、知的な活動を日本語で行うことを促せる人材が求められていくと思います。というのは、IT機器の発達と普及により、日本語を勉強したい人の学習方法も変わってきたからです。オンライン講座でレッスンができ、YouTubeで聞きたい授業が無料で聞ける時代、お金を払って通う学校がどんな価値を提供できるかというのは、日本語学校の存在意義に関わることだと思っています。デジタル機器を通しての空間とは違う「教室」の強み、それは生身の人と人がリアルタイムにコミュニケーションすることに他なりません。そのことを意識して、学習者の成長を促す教室活動を考え、行える人が求められています。

また、学習者に対してしっかり注意できることは大事なことだと考えています。日本語学校の学習者は、多くが日本語学校で日本生活をスタートさせます。来日して日が浅く、日本社会のルールを知らなかったり、習慣に慣れていなかったりということはよくありますし、つい自国にいるときと同じように振舞ってしまい、周囲とトラブルになるということもあります。また、日本語学校は10代後半から20代前半の若者が多いので、中には留学に来たことで得た自由を謳歌しすぎてしまう(?)ことも見られます。そのようなとき、感情的になることなく、学習者のわかる言葉で論理的に非を指摘し、正すよう話すことが求められます。学習者の持つ文化を否定することなく、その学習者が日本社会の中でうまくやっていけるよう導ける、視野の広さと伝えるスキルを持った人材は、日本語学校で求められる人材だと思います。

必要とされる資格・スキル・資質を五つ

日本語学校の教壇に立つための資格に関しては、序章「あなたはどのタイプ?」(p.6)を参照していただくことにして、ここではスキルと資質について考え、次の五つを挙げてみました。

①日本語教育に関する知識 ②異文化に対する知識
③受容性 ④柔軟性 ⑤寛容性

「①日本語教育に関する知識」はプロとして日本語を教えるには当然必要なものだと思います。日本語学校ではティームティーチングといって一つのクラスを複数の教員で担当するのが普通です。ミーティングや日々の引継ぎを行い、クラスの様子や学習の進捗状況を確認し、進度を調整したり必要な学習を追加したりといったことをしていきます。そのとき、講師の間では日本語教育界での専門用語が話されるので、①の知識がないと話に入れなくなってしまうでしょう。

「②異文化に対する知識」は学習者の行動や発想を理解する手助けになるものとして持っていたほうがいいでしょう。学習者が間違えたとき、なぜそのような間違えをしたのかを考えることは大事なことです。単なる言葉の間違えではなく、その奥の発想、その基盤となる文化が起因していることもあります。インドネシアで教えていたとき、使役形の練習として野球チームのコーチが選手を走らせている絵を見せて、

「コーチは選手を走らせます」という文を言ってもらおうとしました。選手を指して「この人たちは誰ですか？」と聞いたら学習者たちは「泥棒」と答えました。当時のインドネシアでは野球が一般的ではない上、走っている大人は泥棒だという発想があったのでした。そのような文化においては、私が用意した絵は不適当だったと反省したことがあります。

③④⑤はそれぞれ共通している部分もあります。さまざまな文化背景を持ち、日本語力や在日期間もまちまちな学習者が集う日本語学校では、日々さまざまなことが起きます。もちろんうれしいこともありますが、どちらかというと驚かされることのほうが多いように思います。そのようなときに、いちいち腹を立てるのではなく、まずは受け入れ、最善の方法を考え、おおらかに対応する、ということが必要だと思います。もちろん学習者がトラブルを起こした場合は、きちんと注意しなければなりませんが、そのときも信頼関係が必要です。受容的な態度は信頼関係をつくる第一歩なので、「③受容性」を挙げました。「④柔軟性」は、学習者の多様性や状況の変化に対応するために必要です。学習者やクラスの状況に応じて、進度や学習事項の調整が行われることはよくあることなので、「これしかしない（できない）」というのではなく、柔軟に対応できることが求められます。「⑤寛容性」は不完全さに対しておおらかであることです。学習者は皆、成長の途中段階にあるので、表現や行動に不完全さや曖昧さがあるのは当然のことです。今このときは、どこまできっちりできていなければならないのか、ということを判断し学習者に求め、あとは寛容に対応する、ということができると、教師も学習者も楽になるのではないかと思います。

このお仕事で生活できますか？

通勤できる範囲内（当校の所在地は東京都新宿区）に部屋を借り、一人暮らしをするという想定で考えてみます。

非常勤講師の場合、ほとんどが時給制なので、相当時給が高いか、担当する授業時間を多くしないと難しいでしょう。授業時間を多くすると、その分1回1回の授業の準備の時間が減り、十分な準備をして授業に臨めなくなってしまうので、現実的にはそんなに多くの授業を担当することはできないと思います。また、夏休みや冬休みなどの長期休みがあると、授業がない分収入が減ってしまうということもあるので、その点でも不安定と言えます。

専任講師の場合、月給制で社会保険なども整っていることが多いので、贅沢なことはできないかもしれませんが、一人暮らしは可能かと思います。

教務主任になると、基本給に加えて役職手当がつくようになり、手取りの給料は上がるので、より安定した生活ができるでしょう。

読者のみなさんへのメッセージ

日本語学校は、海外から学びに来た留学生を来日するところから次のステージに送り出すまで、日本語学習の支援や日本生活のためのサポートをすることで学習者に寄り添い、導いていくところです。初めはほとんど話せなかった人が徐々に日本語を身につけ、自己表現できるようになる、日本社会の中での生き方を見つけ、自己実現を果たす、など学習者の成長を間近で見ることができます。そして、成長する学習者に伴走していた私たちも、彼・彼女らから多くのことを教えられ、成長していきます。「教えること」「学ぶこと」「成長すること」が常に目に見える現場、それが日本語学校ではないかと思っています。

日本語を教えるのに役に立たない知識、経験はないと私は常々思っています。いつ、どこかで仕入れた知識もどんな経験も、すべて役に立つし、すべて活かせるものだと考えています。ですから、日本語教師は全身でぶつかっていける仕事です。いつから始めてもいいです。そのときに自分の持っているものをすべて使って、留学生の成長を支え、自分自身も成長する楽しみを味わってみませんか。

[注]

注）『ひらがなタイムズ（Hir@gana Times）』ウェブサイト

Coffee break

日本語学校の先生のキャリアパスって、大学で日本語教育を学ぶほかにも、日本語教師養成講座を受講したり、検定試験に合格する道もあるんだね。

ひとり暮らしをしたいから、日本語学校で働くなら、専任講師を目指したいな。

日本語学校の業務は多岐にわたり、働き方／雇用形態もさまざまです。学校ごとに、学習者やコース、教え方に特色もあります。採用のための合同説明会なども開催されていますので、興味のある方は参加してみてはいかがでしょうか。

② 大学

栁田 直美 (やなぎだ・なおみ)

●プロフィール●
一橋大学国際教育交流センター准教授。博士（言語学）。筑波大学大学院博士課程地域研究研究科修了。吉林大学外国語学院外国人専門家、早稲田大学日本語教育研究センターインストラクター、関西学院大学日本語教育センター常勤講師、一橋大学国際教育センター専任講師を経て、現職。主な論文に「非母語話者との接触場面において母語話者の情報やり方略に接触経験が及ぼす影響 ―母語話者への日本語教育支援を目指して―」（『日本語教育』145 号、pp.49-60）、主な著書に『接触場面における母語話者のコミュニケーション方略 ―情報やりとり方略の学習に着目して―』（2015 年、ココ出版、単著）がある。

▎私の仕事

みなさんは大学で学ぶ留学生について、どのようなイメージを持っていますか。

私の仕事の説明に入る前に、まず、大学で学ぶ留学生について簡単に紹介したいと思います。

日本学生支援機構の調査によれば、平成 30 年 5 月 1 日現在の留学生数は 298,980 人で、前年比 31,938 人（12.0%）増となっています。「大学で日本語を教える」といった場合、対象となるのは大学院、大学（学部）、短期大学などですが、全留学生数のうち、大学院 50,184 人、大学（学部）84,857 人、短期大学 2,439 人となっています。

大学で学ぶ留学生には、いくつかの分類があります。

まず、留学生の身分別に分類すると、日本人学生と同じように学ぶ正規留学生（学部生・大学院生）と、非正規留学生がいます。非正規留学生には、母国の大学で学びながら一定期間日本に留学する短期留学生、大学院進学を目指している研究生（研究留学生）などが含まれます。近年では交換留学が盛んになっており、短期留学生も増加しています。

次に、留学の費用面からの分類ですが、留学の費用を日本政府が負担する「国費留学生」、外国政府が負担する「外国政府派遣留学生」、自費でまかなう「私費留学生」がいます。国費留学生は全留学生のうち約 3.2%、外国政府派遣留学生は約 1.2%、私費留学生は約 96%で[注1]、留学生の多くは私費留学生です。

留学生の出身地域の内訳をみると、アジア 93.4%、欧州 3.4%、北米 1.1%、アフリカ 0.8%などとなっており、アジアからの留学生が圧倒的です。出身国では中国 38.4%、ベトナム 24.2%、ネパール 8.1%、韓国 5.7%と続き[注2]、近年、ベトナムやネパールが急増しています。

日本語のレベルはひらがな・カタカナも初めてというゼロレベルから、大学・大学院で日本人と肩を並べて専門を学ぶ超上級まで多種多様です。

大学で日本語を教える教師は、日々、このような留学生たちを目の前にしているのです。

ではそろそろ本題に移りましょう。大学で日本語を教える教員と仕事の内容をご紹介します。

2017 年の文化庁の調査によると、大学・短期大学で日本語を教える機関を持つのは全国で 472 あるそうです。大学で教える場合、職種としては大きく常勤教員と非常勤教員の二つに分かれます。常勤教員は 1,276 人、非常勤教員は 3,188 人で、非常勤教員の数が常勤教員の数の約 2.5 倍になっています。

一般的に、常勤教員は日本語の授業だけでなく、日本語コースのコーディネーションや日本語プログラムの統括、留学生受け入れに関する業務、その他大学の業務等を行います。最近では、任期の定めのない専任教員と 3 年や 5 年など任期の定めのある任期付教員が協力して日本語プログラムを運営する形態をとる大学も増えています。非常勤教員は基本的に日本語の授業を受け持つことが業務の中心です。

一般的に日本の大学では 1 年を 2 期に分け、前期と後期に各 15 週ほど授業を行います。授業時間は 90 分のところが多いようです。1 週間に複数授業があるコースもあります

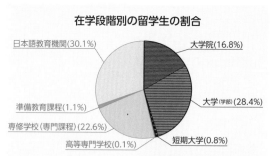

在学段階別の留学生の割合

- 日本語教育機関(30.1%)
- 大学院(16.8%)
- 大学(学部)(28.4%)
- 短期大学(0.8%)
- 高等専門学校(0.1%)
- 専修学校(専門課程)(22.6%)
- 準備教育課程(1.1%)

（日本学生支援機構（2019）をもとに作成）

出身国（地域）別留学生数（上位 20 国／地域）

国(地域)名	留学生数	構成比	国(地域)名	留学生数	構成比
中国	114,950人	38.4%	モンゴル	3,124人	1.0%
ベトナム	72,354人	24.2%	マレーシア	3,094人	1.0%
ネパール	24,331人	8.1%	アメリカ合衆国	2,932人	1.0%
韓国	17,012人	5.7%	フィリピン	2,389人	0.8%
台湾	9,524人	3.2%	ウズベキスタン	2,132人	0.7%
スリランカ	8,329人	2.8%	インド	1,607人	0.5%
インドネシア	6,277人	2.1%	フランス	1,493人	0.5%
ミャンマー	5,928人	2.0%	ドイツ	924人	0.3%
タイ	3,962人	1.3%	カンボジア	913人	0.3%
バングラデシュ	3,640人	1.2%	ロシア	771人	0.3%

（日本学生支援機構（2019）をもとに作成）

し、週1回開講の授業もあります。レベル別、技能別に授業が開講されている大学では、学生が日本語レベルや興味関心に合わせて授業を選択します。開講されているコースや授業は各大学さまざまで、特色のあるプログラムが提供されていますので、興味のある大学のホームページをのぞいてみてください。

私の場合は、大学の専任教員という立場で、初級から上級の授業、コースコーディネーション、プログラム統括、留学生受け入れに関する業務を行っています。また、その他の大学の業務、大学院での日本語教員養成、研究指導、および自身の研究などを行っています。

これまでの道のり

私は高校生の頃から日本語教師になりたいと思っていて、日本語教員養成課程のある大学に入学しました。大学では日本語を学ぶ留学生と交流する機会が多かったこともあり、大学で日本語を教えたいと思うようになりました。指導教員に相談すると、「大学で日本語を教えたいのであれば修士号は必ず取っておきなさい」と言われ、あまり自分は研究には向いていないと思っていたのですが、大学院に進学することにしました。

ですが、修士課程を修了し、修士号を取ったからといって、すぐに日本の大学に就職できたわけではありませんでした。日本の大学に勤める場合は、日本語教育歴と研究業績が必要だったからです。

そのため、教育歴を積むために国内だけでなく海外の大学の仕事も探したところ、中国東北部の大学に就職が決まり、3年間、日本語学科でお世話になりました。担当科目は学部1年生から4年生までの会話、作文、日本事情などで、その他にはスピーチコンテストや作文コンテストの指導などがありました。日本語教育や学生のことだけを考え、自分なりに試行錯誤を重ねたこの3年間は、自分の日本語教育の基礎になっています。また、外国で暮らすことの大変さ、楽しさを経験したおかげで、今、留学生の気持ちが多少なりとも理解できているのではないかと思います。

一方、当時、先輩の先生に「1年に1回は発表して、1本は論文を書いておいたほうがいいですよ」と言われました。修士論文が終わって気が抜けていた私は「そんなものかな……」と思いましたが、先輩のペースにつられて中国での学会発表や論文投稿などを続けました。

帰国が近づき、日本での就職活動を始めましたが、応募をしても常勤職は書類選考で不合格ばかりでした。そんなときに大学時代の先生からご連絡をいただき、二つの大学で非常勤講師として採用していただけることになりました。帰国後は週12コマ、初級から上級、ティームティーチングもあり、1人で担当する科目もあり、という生活が始まりました。非

常勤先ではティームティーチングのコースが多く、先輩の先生方からたくさんのことを学びましたが、私の非常勤講師生活は茨城、神奈川、東京と移動が多く、毎日関東を縦断している状態でした。

その頃、大学の専任職を得るためには博士号が必要だということをようやく意識するようになりました。非常勤講師をしながらも学会発表や論文投稿などは続けていましたが、きちんと研究業績を積みたいと思い、非常勤講師の授業数を減らして大学の非常勤研究員として勤めることにしました。そこでは、研究プロジェクトの業務のかたわら、自分の研究を進めていましたが、並行して常勤職の就職活動も行っていました。

就職活動の結果、なんとか大学の任期付の常勤職を得ることができました。そこには初級から上級レベルのティームティーチングを行うコースがありました。私は初級後半レベルのコースコーディネーションを任されたのですが、そのコースは18クラス同時開講、関わる教員約30名、学生数が100名を超えるというコースで、正直、最初は冗談かと思いました。業務内容はシラバスの作成、授業担当の教員との連絡、教材の作成・管理、テストの作成、など多岐にわたりましたが、私はそこで教員との信頼関係が不可欠であることや大局的に物事を見て判断することの重要性などを学びました。職場の同僚たちはそれぞれに教育実践や研究に対する興味関心が異なり、自分の教師としての幅、研究者としての幅も大きく広がったと思います。

私はこの時期に、博士課程には進学せず、働きながら博士論文を書くことを決めました。博士課程に進学しないで博士号を取得すると「論文博士」となりますが、これはあまり一般的ではありません。私はいずれ博士課程に進学しようと思っていましたが、大学時代の指導教員が「あなたがやる気なら面倒を見ます」と言ってくださり、決意を固めました。

数年後、関西の大学の任期付の常勤職に応募し、採用が決まりました。関東から関西への引っ越しで生活環境だけでなく、大学の規模、業務内容、教育の方針や進め方なども変わりました。同じ大学といっても各大学、本当に多様でおもしろいなあと思いました。関西弁を話す留学生も私にとっては新鮮でした。

そして、ここで生まれて初めて研究費をいただきました。研究者としての環境を整えていただいたことは、この時期に同時に博士論文の執筆に取り組んでいた私にとって、研究の力強い後押しになりました。

その後、現在の職場に任期の定めのない専任教員として採用されました。ここでは、これまで経験してきた業務に加え、日本語プログラム全体の統括、留学生受け入れに関する業務、大学の業務、大学院での日本語教員養成や研究指導などを行うことになりました。

印象に残っている出来事

大学時代、地域の日本語教室でボランティア教師をしていたときに出会った会社勤めの日系ブラジル人の若い男性。彼が私の人生を決めたと言っても過言ではありません。ある日の授業後、彼が言った一言を今でも鮮明に覚えています。

「先生の日本語はわかるけど、会社の人の日本語はぜんぜんわからない。」

当時、私はどのように外国人に日本語を教えるか、どうすれば授業がうまくいくか、を考えていました。でも、日本語を教える目的は日本語の先生とコミュニケーションをとれるようにすることではありません。日本語の授業でうまくふるまえるようにすることでもありません。日本語の授業で学んだことが外の世界でどう生かされるか、そのことが重要なはずです。でも私は、どう教えるか、どうすれば授業がうまくいくかばかりを考えていて、学習者が教室外で何を感じ、どんな日本語を必要としているのかという視点がすっぽり抜けていました。

また、彼が日本語教室で聞く日本語とふだんの生活で聞く日本語が違うのだということにも気づかされました。彼の言葉から、外国人に歩み寄ろうとしない日本人の態度が透けて見え、日本人も外国人を受け入れる側として何かすべきなのではないか、その一つとして言語的な歩み寄りも必要なのではないか、と思うようになりました。

彼の一言は、今の私の日本語教育に対する考え方の指針であり、私の研究の指針でもあります。私の「日本語教育を通じて学習者の教室外での自己実現に貢献したい」という思いの原点であると同時に、「外国人と日本人が日本語で円滑にコミュニケーションをするために日本人側は何ができるか」を明らかにすることは、約20年間、ずっと変わらず私の研究テーマであり続けています。

必要な能力・スキルを向上させるために

大学で日本語を教える人に必要な能力について、私は四つあると思っています。

まず、「①適応力」。大学という場は実に多様です。教育の方針や教育実践もさまざまですし、それぞれの現場で求められる能力やスキルも異なります。教員も個性豊かで、一人ひとりが自分の考えを持っています。ですから、自分の考えに固執せず、さまざまな考え方を受け入れ、柔軟に対応できる力が必要です。

次に、「②対話力」。学生の学ぶ環境、日本語コース、プログラムを作り上げるとき、そして学生と向き合うときに必要な力です。他人と協力すること、時には反対を恐れずに徹底的に議論すること、真摯に相手に向き合うことは、多文化の中で仕事をするときに何よりも大事な力だと思います。

そして、「③実践力」。大学教員には、初級から上級、サバイバルジャパニーズからアカデミックジャパニーズなど、多様な授業を教える力はもちろん、ティームティーチングで他の教員と協力してコースを運営する力も一人で授業を設計・実践する力も求められます。また、一人の自立した大人として学生に接し、彼らの自己実現に貢献するためにどうしたらいいかを常に考えられることが重要だと思います。

最後に、「④発信力」。これは、自分の実践や研究を外に発信していく力です。「大学で日本語を教える」という章にもかかわらず、これまで何度も研究について述べてきました。なぜ日本語を教えることと関係のないことが書かれているのかと不思議に思った方もいるでしょう。それは、大学に採用されるためには、教育歴だけでなく研究業績が必須の条件になっているところが多いからなのです。非常勤教員も任期付教員も専任教員も、その経歴に見合った研究業績が求められることが一般的です。大学は教育機関であると同時に研究機関でもあります。ですから、大学教員は教育者であると同時に研究者であることも求められているのです。

大学教員には小学校、中学校、高校の先生のような教員免許は必要ありません。求められる条件はありますが、この免許を取ったから、この資格を取ったから大学に採用される、ということはないのです。だからこそ、大学には多様な人材が存在するのだと思います。少なくとも、多様であることが保障されている場であると思います。そして、そのような大学の中でも、留学生が学ぶ場所はさらに多様な場であるはずです。そのため、その場で教える人には、自らの変化を恐れず、その変化を楽しむ「①適応力」や、多様性を尊重し、多様な人々と対話ができる「②対話力」が求められるのだと思います。そのような態度は、自分自身が殻に閉じこもらず、積極的に多様な場を経験しようとすることで得られるのではないでしょうか。

そして、「①適応力」と「②対話力」は、「③実践力」と「④発信力」を上げるうえでも重要な力だと思います。「③実践力」を上げるためには、他の教育実践を自分の教育実践に柔軟に取り入れたり、教師どうしの対話から生まれる相互作用によって、自身の教育実践を改善していくことが不可欠です。ずっと同じ授業を繰り返すだけでは、教育実践力の向上はあ

りえません。研究や教育実践の「④発信力」を上げるためにも、常に学び、変化する姿勢と他者との対話は不可欠ですし、他者との対話を行うことこそが、研究や実践の発信力を高めることになると思います。

求められている人材は？

求められているスキルは「③実践力」と「④発信力」ですが、今は、それらとともに「①適応力」と「②対話力」が備わっている人材が求められていると思います。一昔前までの一部の大学教員には「①適応力」と「②対話力」は必ずしも求められていなかったかもしれません。しかし、大学を取り巻く環境が変化し、大学自体も変化する中で、特にティームティーチングを行う教育現場では「①適応力」と「②対話力」を備え、そのうえで「③実践力」と「④発信力」を持つ人材が求められているのではないかと思います。

必要とされる資格・スキル・資質を五つ

①修士号／博士号　②教育業績　③研究業績
④外国語能力　⑤外国在住経験

先ほど述べたように、大学教員には教員免許はありません。そのため、上に挙げた五つはあったほうが採用に有利である、あるいは五つのうちどれかは求められる条件である、というものです。この他にも大学によって求める条件があるかもしれません。

専任教員の場合は修士号だけでなく博士号の取得が条件になっているところも多くなってきていますし、大学のグローバル化に伴って外国語能力についても「英語で授業ができること」などを求めるところもあります。任期付の教員の場合、修士号は必須の条件といってもいいかもしれません。非常勤教員も修士号が条件のところが多いようです。また、専任教員、任期付教員、非常勤教員のいずれであっても経歴に応じた教育歴や研究業績が求められます。

教員公募の情報は、科学技術振興機構が運営するJREC-IN Portal[注3]などでも公開されていますので、検索してみてください。

このお仕事で生活できますか？

非常勤教員、任期付教員、専任教員によって異なります。非常勤教員は一般的に複数の授業、複数の大学を掛け持ちしないと生計が成り立たないことが多いです。任期付教員、専任教員になれば、その仕事だけで生活が維持できますが、任期付教員の場合は、任期が切れると収入源が断たれるため、任期が切れる前に次の仕事を探さなければならないという不安定な状況があります。

読者のみなさんへのメッセージ

大学という自由で多様な場所は刺激的であり、さまざまな背景を持った社会に出る一歩手前の学生たちと共に悩み、考えることで、自分自身も変化し続けられるのではないかと思います。変化を恐れず、教育実践や研究で追求したいもの、挑戦したいこと、考え続けたいことがある方、それを発信することで、みんなで日本語教育の世界を少しずつ広げていきませんか。

[注]

注1) 大学だけでなく、高等専門学校（高専）、専修学校等に在籍する留学生も含めた割合です。

注2) 大学だけでなく、高等専門学校（高専）、専修学校等に在籍する留学生も含めた割合です。

注3) 科学技術振興機構　JREC-IN Portal

[参考資料]
文化庁（2017）『平成29年度国内の日本語教育の概要』

日本学生支援機構（2019）『平成30年度外国人留学生在籍状況調査結果』

Coffee break

ひとくちに「大学教員」と言っても雇用条件はいろいろなのね。

教育業績と研究業績、どちらも問われるんだね。研究のことも考えて、進学する大学や学部を考えてみようかな。

大学教員に求められる仕事はますます多様化しています。「適応力」や「実践力」とともに、ブレない、尽きない探究心が大切そうですね。日本語ノンネイティブの大学教員も活躍していますよ。

③ 政府系団体

布尾 勝一郎（ぬのお・かついちろう）・菊岡 由夏（きくおか・ゆか）

●プロフィール●
布尾勝一郎●大阪府生まれ。佐賀大学国際交流推進センター准教授。財団法人海外技術者研修協会（AOTS）においてEPA看護師・介護福祉士候補者に対する日本語教育関連の業務を経験。主な著書に『迷走する外国人看護・介護人材の受け入れ』（2016年、ひつじ書房、単著）がある。将来の夢は安宿のオーナー。インドネシアが候補地。
菊岡由夏●愛知県生まれ。国際交流基金日本語国際センター専任講師。青年海外協力隊（ブータン王国）を皮切りに、日本語学校や高校、大学の日本語教育に関わってきた。国際交流基金で海外の非母語話者日本語教師の方々に出会い、彼らの存在をもっと国内の日本語教育関係者に知ってもらいたいと奮闘中。

私の仕事[注1)]

日本語教育に関わりを持つ政府系の団体には、経済産業省と関係が深い「一般財団法人海外産業人材育成協会 (The Association for Overseas Technical Cooperation and Sustainable Partnerships: AOTS)」、外務省所管の独立行政法人である「国際交流基金 (The Japan Foundation: JF)」「国際協力機構 (Japan International Cooperation Agency: JICA)」などがあります。ここでは、海外産業人材育成協会（以下、「AOTS」）と国際交流基金（以下、「JF」）での日本語教育に関する仕事を紹介します。

まずAOTSでは、主な事業として、日本の企業が海外の子会社等で働く現地人材を日本に受入れて研修を行う技術研修を経済産業省所管の国庫補助金事業として実施しています。その一環として、日本の企業で実地研修を受ける研修生に対し、AOTSの研修センターで、6週間や13週間の日本語研修を行っています。日本語教育の業界では、『みんなの日本語』（スリーエーネットワーク）の前身である『新日本語の基礎』や『新日本語の中級』を作成した団体として知られているかもしれません。日本で技術を学ぶ技術研修生のための日本語教育の「老舗」です（よく勘違いされますが、最近よく報道されている「外国人技能実習制度」とは異なります。技能実習生が雇用契約を結んだ労働者であるのに対し、AOTSが対象としているのは技術を学ぶ研修生であり労働者ではありません）。その他、業務は多岐にわたります。

私（布尾）は2008年にそのAOTS[注2)]に日本語教育専門職契約職員として採用され、経済連携協定（EPA）に基づく看護師・介護福祉士候補者（以下、「候補者」）の受入れに伴う日本語研修の担当者として、3年間勤務しました。そのときの経験をもとに、以下記します。日本語研修を担当していたといっても、授業を担当する講師ではなく、コーディネーターのような仕事でした。候補者を受入れる病院・専門学校のニーズ調査や、カリキュラム開発、教材作成補助（『専門日本語入門』、eラーニング教材）、研修の進捗管理、講師採用・講師研修、試験作成、試験開発、官庁への報告書作成、研修終了後の聞き取り調査など、日本語研修に関する一連の業務のほか、官庁における入札業務など、なかなか通常目に触れない業務にも携わりました。さらに、2010年には、インドネシアのバンドンで、候補者の日本語研修の統括役を務めました。日本からの派遣講師とインドネシア人講師との間のコーディネート業務および日本語研修全般の管理を行う一方で、候補者の学習相談に乗るなど、総合的に関わる機会を得ました。

このように、AOTSでは日本と海外諸国の相互の経済発展に寄与するための産業人材に対する日本語教育を行っています。一方、JFは日本と海外の国際文化交流の促進につながる人材育成のための日本語教育を行っています。主に海外の日本語教育支援を行っており、日本語教育界の「海外担当」といったところです。

JFの日本語教育支援事業もAOTS同様、多岐にわたりますが、その事業は大きく以下の四つに分けられます。

①教えるための支援：日本国内および海外での教師研修の実施や海外の日本語教育現場への専門家派遣[注3)]
②学ぶための支援：日本国内での、外交官や研究者、大学生などを対象とした研修の実施、海外での日本語講座開設、日本語教材やe-learningシステムの開発
③日本語能力試験（Japanese-Language Proficiency Test: JLPT）の開発と海外での実施
④日本語教育に関する情報提供

これらの日本語教育支援事業のうち、日本国内での日本語教育に関する業務を担うのが、「日本語国際センター（埼玉県）」「関西国際センター（大阪府）」とJF本部に属する「試験センター（東京都）」です。いずれもJFの機関ですが、業務内容も、どのような人材を必要としているかも、センターによって異なります。「日本語国際センター」は主に教師研修や教材開発、「関西センター」は日本語研修やeラーニング開発を行っています。また、「試験センター」では、JLPTの開発を行っており、「日本語を教える」こととはまた一味違う「テスト開発」の仕事もJFにはあります。以下で、私（菊岡）が所属する日本語国際センター（以下、「NC」とする）のことを中心にご紹介します。

NCは、①教えるための支援のうち、海外で日本語を教える日本語教師、中でも日本語を母語としない「非母語話者日本語教師」を主な対象とした研修を行っています。2015年度海外日本語教育機関調査[注4]によれば、海外では130カ国と7つの地域で6万4,108人の教師が日本語を教えています。私たちが中学校や高校で英語を学んだ状況を想像すればわかりやすいと思いますが、6万4,108人の教師の多くが非母語話者の日本語教師なのです。NCで行われる研修は、若手の日本語教師の基礎力向上を目指した「基礎研修（6カ月）」、日本語能力の向上に焦点を当てた「日本語研修（1カ月半)」、日本語教授技術のさらなる向上を目指す「教授法研修（1カ月半)」など、目的、内容、研修期間は多岐にわたりますが、いずれも「日本語教師」を対象としていること、そして、教師研修であることから「日本語教授法」の授業時間数が多いことが特徴です。「日本語教育」というよりも、「日本語教師教育」の側面が強いと言えます。

NCには、専任講師と呼ばれる日本語教育の専門家が30名ほど在籍しています。専任講師は、こうした研修の枠組み策定から、カリキュラム、シラバス作成、教材の選定や作成、そして授業の実施などを担当します。研修を通した海外日本語教師支援の仕事は、自分が教えたことが相手に伝わるだけではなく、その人が教える海外の日本語教育現場へも伝わっていくという広がりのある仕事です。「NCの研修で教えてもらったことを自分の学校でやってみました！」という報告を受けたときは、喜びもひとしおです。

また、NCでは、海外の日本語教育環境の充実のために、教材や日本語教育ツールを開発しています。NCで作成した代表的なものとしては、コースデザインや評価のための目安を提供するツールである「JF日本語教育スタンダード（以下、「JFS」)」が挙げられます。JFSは、近年すっかりおなじみとなったCEFR（ヨーロッパ言語共通参照枠）の、日本語版と言ってもよいものです。CEFRに基づいたA1～C2までの六つのレベルで日本語の熟達度を示したり、日本語を用いたコミュニケーション活動を「JFスタンダードの木」と呼ばれる図にまとめたりしています。また、JFSに基づいた日本語コースブック『まるごと 日本のことばと文化』（A1～B1)、JFSに準拠し口頭でのやり取りの力を測る「JF日本語教育スタンダード準拠ロールプレイテスト」、スマホアプリの「エリンと挑戦！ にほんごテスト」なども作成しています。

なお、AOTSやJF、NCの仕事についてもっと詳しく知りたいという方はぜひウェブサイトをご覧ください[注5]。

これまでの道のり

ここでは、私（布尾）が日本語教育の業界に足を踏み入れたいきさつを記します。

大学を休学して海外でバックパッカー暮らしをしたりしながら6年かけて卒業した後、新聞社で経済記者として数年間働きました。会社を辞めてしまい、またバックパッカー暮らしに。メキシコでスペイン語を学びがてら長期滞在していた折、現地の大学生と互いの言語を教え合う交換レッスンをする中で、教材を見ながら四苦八苦して教えたのが、日本語教育との出会いでした。ここで関心を持ったのも何かの縁、いつまでも海外でブラブラしているのもどうかと思い、本格的に取り組もうと決意しました。

周囲からの助言もあり、帰国して日本語教育について学べる大学院に入学し、休学してインドネシアのジャカルタにある私立大学で日本語を教えることになりました。急展開です。特にインドネシアに住みたいと思っていたわけではないのですが、たまたま日本語講師の募集があったので、知人のすすめもあり、思い切って面接を受けに行きました。後に聞いたところによると、他にも有力な応募者がいたそうですが、日本語教育経験がほとんどない私（布尾）が採用されたのは、真っ先に面接を受けにジャカルタへ飛ぶ積極性が買われたからのようです。

結果として、インドネシアは住めば都で、日本語教師の先輩にも恵まれ、教案作成の相談に乗ってもらいながら、充実した3年間を過ごすことができました。

振り返ってみれば、大学院で勉強したことと、インドネシアでの経験が、EPA候補者への日本語教育を担当するうえで、大いに役立ったことになります。また、海外経験が、その後の就職につながったことも確実です。あのとき、思い切って一歩を踏み出してよかった、と今でも思います。

ある日のスケジュール

7:00	子どもを学校に送り出す
8:00	早めに出勤
9:00	メールや社内連絡の処理／今日の授業の準備
10:00	
11:00	日本語教授法の授業
12:00	
13:00	ランチタイム
14:00	研修の担当者間で打ち合わせ
15:00	デスクで仕事（授業準備や打ち合わせなど）
16:00	専任講師連絡会（専任講師全員の会議）
17:00	翌日の授業の準備など
18:00	退社
19:00	子どもを学童にお迎えに行く
20:00	プライベートタイム
21:00	

印象に残っている出来事

　AOTS での仕事で印象に残っているのは、候補者受入れ初年度のドタバタです。2008 年 8 月 7 日午前、私（布尾）が入職してちょうど 1 週間目、インドネシア人候補者一期生のうち 205 人が成田空港に降り立ちました。日本にとっては初めての、外国人医療福祉従事者の大規模な受入れだったため、世間の注目を浴びる中での来日でした。彼女らを出迎えるため、前夜から泊まりがけで空港に出向いたことを今でも覚えています。万が一のことがあっては困る、ということで緊張感のある出迎えでした。その日から試行錯誤の日々が始まりました。EPA は日本とフィリピンとの交渉が先行しており、フィリピンから第一号の候補者が来ると想定されていたので、インドネシア人向けの教材は作成中、という有様でした。また、制度の初年度だったため、候補者の中には、必要な情報を与えられないまま来日している人も多くいたりして、大変な状況でした。

　二つ目は、バンドンでの長期研修です。事務所の立ち上げから、バンドンで協力してくださったインドネシア教育大学の先生方とのチーム作り、無断で田舎へ帰ってしまった学生への対応、日本の本部との連絡など、多忙を極めましたが、講師のみなさんと食べ歩き飲み歩きを楽しんだり、苦しくも楽しい日々を過ごしました。

　医療福祉人材の受入れに伴う日本語教育という「国策」にこのような形で関わることができたことを、幸運だったと思っています。

必要な能力・スキルを向上させるために

　私（菊岡）が NC に着任してから、特に意識して行うようになったことは、少し意外なことかもしれませんが、「日本を学ぶ」ことです。具体的には、メディアで話題の場所に直接足を運ぶ、日本の文化、芸術、技術を実際に体験する、話題の本を読む、人気のテレビ番組を見るなどです。一見遊んでいるように見えますが、「生きた日本語」を教えるために、「日本の今」や日本語をとりまく社会や文化に対するアンテナを張っておくことはとても大切なことです。改めて意識してみると、思いの外自分が「見たこと」「経験したこと」のない「日本」がたくさんあることに気づきます。研修の参加者には、「日本マニア」のような日本好きも少なくありませんし、小さい頃から日本に憧れを持ってきた、という人も多くいます。「日本人だから」「日本に住んでいるから」だけでは彼らの興味関心に向き合う授業はできませんし、自分自身も「日本」を楽しみながら、スキルアップもできるのですから一石二鳥です。「もう知っている」と思わずに新たな目で体験してみると、それが思わぬ授業のアイディアにつながると思います。

求められている人材は？

　ここで紹介した二つの団体は、海外の日本企業や日本語教育機関など、「海外」の現場に強く結びついています。現場には、それぞれの国や地域ごとの事情があります。また、働き方や日本語の教え方に対するビリーフも異なるでしょう。そのため、「海外の事情」を理解し、それを踏まえて研修デザインをすることは、効果的な研修を実施する上でとても重要になります。こうした「海外の事情に対する理解」と「海外の事情に応じて柔軟に対応する力」は、どちらの団体でも求められる素養だと思います。

　また、NC の仕事で大切にされていることの一つに、仕事をする際の「協働」の姿勢があります。そもそも社会で生きるために必要なこととも言えますが、NC では、一つの研修をチームで担当することが多く、研修運営の際に、他の専任講師と相談の上で物事を進めていくことから特に重視されています。チームで一つのものを作り上げるためには、自分の考えを押し通すのではなく、時に自分とは異なる考えを尊重しそれらを受入れたり、相手の意見を踏まえた上で異なる意見を伝えたりしながら進めていかなければなりません。「協働」には大変なこともありますが、周りの人との議論を通して、自分が思いもつかなかったことに気づくことも多く、それがよりよい研修の実現につながっていると感じています。

必要とされる資格・スキル・資質を五つ

　私（布尾）の経験から、自戒も込めて記しますが、以下の五つを挙げたいと思います。

> ①日本語教育の基礎的な知識
> ②臨機応変に新しい状況を受け入れる姿勢
> ③どこへでもすぐ出向くフットワーク
> ④人を頼る力　⑤外国語（第二言語）能力

　①は当然として、初めての試みには失敗もたくさんありますし、国策にはつきものの（書くのがはばかられる）理不尽なこともよくありますので、②は必要でしょう。特に日本語教育は、異文化との関わりがある仕事ですのでなおさらです。また、③のフットワークはどの職場でも重宝されたのではないかと、自分では思っています。初めてインドネシアで職を得たときもそうでしたが、AOTS でも、国内出張をはじめ、「バンドンへ行ってほしい」と言われたときに、すぐに対応できたことも、得がたい経験に結びつきました。④は、力の及ばないことは人に聞く、人に頼る、ということです。だれしも、自分だけでできることは限られていますので、図々しくなりましょう、という意味も込めています。⑤については、私（布尾）の場合は、インドネシア在住経験があり、インドネシア語をある程度読んだり話したりすることができました

ので、それを教材の訳語のチェックや、候補者の相談に応じる際に活かすことができました。

次に、NCの専任講師として働くために必要な資格・スキル・資質として、以下の①〜⑤を挙げます。

①日本語教育または日本語に関する修士号
②3年以上の日本語教育歴
③海外での日本語教育経験
④日本語教師教育・教材作成の知識、技能、経験
⑤協働の姿勢

①と②は最新の公募の「応募資格」に明記されている条件です。「③海外での日本語教育経験」は、必須とは書かれていませんが、実質「必須」と言えます。その理由としては、前ページの「求められている人材は？」に書いた「海外の事情に対する理解」と「海外の事情に柔軟に対応する力」を高めるために有効であることが挙げられます。また、海外では、現地の非母語話者日本語教師と共に仕事をする機会も多く、NCで重視されている「協働」の姿勢を育成するチャンスでもあります。NCで働いてみたいと考えている方はぜひ一度海外の日本語教育現場を見に、飛び出してみてください。④は、私たちの業務に直結する知識、技術です。NCはすでに書いたように教師研修を主としています。そのため、自分がうまく日本語を教えられる、うまく教材が作れる、ということだけではなく、どうしたらうまく教えられるのか、どうしたらいい教材が作れるのかという第三者的視点から日本語教育を語れることが理想的です。しかし、これはとても難しいことですので、まずは教師教育や日本語教授法、教材開発に関する知識を増やすことから始めてもいいと思います。最後に、「⑤協働の姿勢」は公募の文言には出ないことですが、「求められている人材は？」で書いたように、私たちNCの専任講師がとても大切にしていることです。

このお仕事で生活できますか？

はい、できます。給料は、各団体の内規に則って決められています。JFの場合、日本語教育専門員（専任講師）[注6]は、職員と異なる技能や役割の職種であるため、職員の給与体系とは異なりますが、「日本語教師」としては、安定したお給料がもらえる仕事だと思います。

読者のみなさんへのメッセージ

政府系機関の醍醐味は、さまざまな側面で、「国策」に関わることができる、ということです。もちろん、国策といっても、新規事業ばかりではなく、「長い歴史のあるルーチンワーク」やいわゆる「お役所仕事」も多いですが、より規模の大きなことに関われるので、やりがいを感じられることも多いと思います。政府系機関に関わることで、国の政策や予算などの仕組みについて知ることができる、という副産物もあります（政府の動向に翻弄されたりもしますので、良くも悪くも、ですが……）。

外国人受入れがますます増加し、日本語教育の重要性が認識されつつある現状を考えると、さまざまな機会で職を得るチャンスも増えることは確実です。読者のみなさんも、機会があったら飛び込んでみてもよいのではないでしょうか。

[注]

注1) 本稿は、布尾と菊岡が共同で執筆を担当しましたが、特にどちらかの立場や経験を書く部分では、その執筆を担当した者の名前を明記しました。

注2) 当時の団体名は「財団法人海外技術者研修協会」、略称は現在と同様、AOTSでした。

注3) 「派遣事業」は、第1章「①海外派遣プログラム」で詳しく説明されています。

注4) 海外日本語教育機関調査については、JFのウェブサイト（右記ページ）をご参照ください。

注5) 各団体・機関のウェブサイト

　　AOTS　　　　　JF　　　　　NC

注6) JFの規定では「日本語教育専門員」とされる。NCでは「専任講師」とされてきた。

Coffee break

海外の現場とつながる仕事。
興味があるなー。

政府系団体の専門家を目指すなら、海外で日本語を教える経験をしておいたほうがよさそうですね。

国の政策や制度に沿った事業を日本語教育の分野で支えるお仕事です。学習者に直接教えるだけでなく、国内外の日本語を学ぶ・教える環境の整備をし、間接的に日本語教育の現場を支える専門家でもあります。

④ フリーランス

長崎 清美 （ながさき・きよみ）

●プロフィール●
鉄鋼メーカー勤務を経て、1992年より日本語教育に従事。日本語学校、専門学校、大学などで日本語教師として外国人留学生向けの日本語クラスを担当。その後、青年海外協力隊でケニアに赴任し、帰国後は、好奇心のおもむくまま、日本語教師養成、外国人児童向け教材開発プロジェクト、また、大学の研究室など、さらに「広く浅く」日本語と外国人に関する仕事を行う。現在は、ビジネスパーソンへの日本語研修、留学生の就職活動サポートなどを中心に、東奔西走中（実際は、右往左往中）。プライベートでは、90歳に近づいた父親と外国人配偶者との異文化交流を傍観中。

私の仕事

「フリーランス」とは、一つの会社に所属せず、複数の会社と仕事ごとに契約をして仕事をする働き方のことです。最近では、ドラマに「フリーランスの医者」などが登場しますので、耳なじみのある言葉になっているのではないでしょうか。

日本語教師の仕事でいうと、一つの日本語学校や大学の専任講師ではなく、いろいろな学校の非常勤講師を掛け持ちしたり、企業でのレッスンを研修ごとに契約している人は、このカテゴリーになるのだと思います。しかしながら、以前はこの呼び方を使っている人は少なかったような気がします。私自身、かつては、「〇〇校非常勤講師」という肩書をいくつも並べたりしていたのですが、企業レッスンをしている会社名を一つひとつ書き出すこともできず、なんとなく不便に感じていました。そんな頃に「フリーランス日本語教師」と名乗っていらっしゃる方に出会い、この名称が気に入ってしまいました。

さて、現在、私は二つの大学と一つの専門学校、また、いくつかの企業や団体と契約を結んでいます。学校の場合は、1年、あるいは半年、つまり学年や学期単位で契約を結びますが、企業や団体での仕事は、基本的に仕事単位で契約を結んでいます。

先ほどから、「企業」と書いていますが、みなさんの中には、日本語教師がどうして会社で仕事をするのかと思っている方もいるのではないかと思います。現在、日本で多くの外国人が働いていることはご存じだと思いますが、こうした外国人を雇っている会社でも、社員に対する日本語教育が必要とされています。

大学や専門学校では、留学生の日本語科目を担当しています。最近担当しているクラスの多くは「ビジネス日本語」クラスです。卒業後、日本語を使って仕事をしたいと思っている学生向けに、日本人といい人間関係をつくるための日本語習得を目標にしたクラスを担当しています。時には、「就職対策講座」として、エントリーシートの書き方、自己アピールのしかた、模擬面接など、就活に特化した特別クラスを担当することもあります。

企業レッスンの内容はさまざまです。日本に来たばかりで生活のために日本語が必要な人、ある程度の日本語レベルはあるけれども、まだ仕事をするには不足している人たちへのブラッシュアップ、時には、生活でも仕事でもまったく日本語を必要としていないけれども、日本での生活を楽しむために日本語を学ぶエグゼクティブへのレッスンなども担当することがあります。レッスンの形態もさまざまでプライベートレッスンもあれば、グループレッスンもあります。また、最近増えてきているものに、入社前研修として、来日前の内定者に対してスカイプなどを使ってレッスンをすることもあります。学校での授業は普通は日中行われることが多いと思うのですが、こうしたレッスンは相手の都合に合わせて行いますので、就業時間前の早朝や昼休み、就業時間後の夜や、週末に行うこともあります。スカイプなどで海外にいる方に教える場合は時差がありますので、深夜にレッスンをすることもよくあります。

直接日本語を教えるのではなく、研修全体をコーディネートする仕事もあります。企業の方と相談しながらプログラムを作り、学習者のレベルチェックや講師の手配など、研修全体を見ていくという仕事です。

他にも、現役の日本語教師や学校関係者に、ビジネス日本語の教え方や、就活に向けてどんな力を伸ばせばいいのかといった講座を担当することもあります。

まだまだ書ききれない仕事がたくさんあります。このように「ひと言では言えない」のが、私の仕事です。

これまでの道のり

短期大学を卒業後、鉄鋼メーカーに就職し、いわゆる「バブル期のOL」として、約7年を過ごしました。その間、さまざまな経験をしましたが、特に、新入社員研修に関わったことで、人と直接かかわる仕事のおもしろさ、人が成長する姿を見ることの喜びを知りました。その頃、新聞の片隅に「日本語教師養成講座」の小さな広告を見つけました。勤務していた会社にまったく不満はありませんでしたし、「日本語教師」という仕事がどういうものなのかもよくわかりませんでしたが、ちょうど自分の部署に新入社員が入り、仕事を引き継げる状況にあったことから、なんとなく新しいことをやってみたくなり、退職を決めました。

退職後、民間の日本語教師養成講座に通い、日本語教育能力検定試験に合格しました。その後、併設の日本語学校で非常勤講師、そして専任講師として日本語教師としてのキャリアを積むことができました。この時期、学校では、急成長していた韓国の大手企業の研修を受注し、数か月にわたる研修のコーディネーターとして貴重な経験ができました。

　日本語学校で充実した毎日を過ごしていたのですが、またしても、私の「なんとなくやりたい病」が発症しました。私は短期大学卒業で仕事を始めましたので、なんとなく4年制大学卒業という学歴がほしいと思っていました。ちょうど学校での業務が日本語だけにとどまらず多岐にわたってきたこともあり、このあたりでもう一度日本語教育について学び直そうと思い、学校を退職し、大学に編入しました。

　大学では、言語文化学科に在籍し、対照言語学のゼミに所属しました。この大学の社会人編入学の第1期生だったので、学内に大人の学生は少なく、入学式には父兄席に案内されたりしました。若い学生時代は、少しでも少ない単位で卒業しようと考えていましたが、学費の重みが感じられるようになってからの学生時代は、同じ学費で少しでも多くの授業を履修しようと時間割を組みました。日本語教師養成講座では、直接日本語指導に役立つ授業をたくさん受講しましたが、大学ではもっと広い視野から日本語教育を見ることができました。仕事を始めてからは「すぐに役立つ」ことに目を奪われていましたが、「あとからゆっくり役立つ」ことをたくさん勉強できた3年間でした。

　卒業後、JICA（独立行政法人国際協力機構）の青年海外協力隊に参加し、日本語教師としてアフリカのケニアに赴任しました。日本語教師を目指す方の何割かは「海外で生活する手段」など、日本語を教えることで海外とつながりたいと考えている方も多いと思うのですが、私の場合は、いわゆる海外志向はまったくありませんでした。そんな私を動かしたのは、卒論指導をしてくださった教授からの「親御さんがあなたの助けを必要としないうちに、海外で教えてみるのもいい経験になるわよ」のひと言でした。

　帰国後は、協力隊参加前に学んでいた大学の教授に声をかけていただき、自分が卒業した学科の研究室に事務助手として勤務する機会を得ました。ここでの仕事は、先生と学生の橋渡しや先生方のサポートでしたが、数年前まで学生として接していた先生方と、今後は同じ職場で働くというのはなかなかおもしろい経験でした。大学では、直接日本語を教えることはありませんでしたが、日本語教育の第一人者である先生方と一緒に仕事をさせていただきながら、たくさんのすばらしいお話をうかがうことができました。この4年間は私の財産です。

　大学との4年の契約終了後、何をしようかと考えている頃、地域の日本語教室でお世話になっていた方からお話をいただき、在日外国人児童向けの教材を作るプロジェクトに入れていただきました。子どもの日本語は私にとってはまったくの新しい分野でした。このプロジェクトを通して、外国人集住地域の小学校などを訪問する機会を得、大人と子どもの置かれている状況はまったく違うという当たり前のことを実感しました。この教材作成は、企業と大学との共同プロジェクトでしたが、両者の仕事のしかたには大きな違いがあり、さまざまな問題に直面しました。自分自身に子どもの日本語教育の知識が不足していたこともあり、今思い出しても苦い思い出の多いプロジェクトでした。

　残念ながら、このプロジェクトの途中で、親が介護を必要とする状況になり、私はこの仕事を離れることになりました。親の介護は終わりの見えないものです。明日終わるのかもしれないし、10年続くのかもしれません。それで、私は今までのようなフルタイムでの仕事ではなく、仕事単位で契約を結ぶ、フリーランスとして働き始めることにしたのです。

　こうして振り返ってみると、私は、自分でこれがしたいと思って進んできたというよりは、その場の状況や出会った方たちとのご縁で、吹いてきた風になんとなく乗って今まで来てしまったようです。

ある日のスケジュール

- 4:00
- 5:00　起床
- 6:00　日本企業の内定者へのレッスン（時差のある国の方とスカイプで）
- 7:00
- 8:00　出発までメール返信など
　　　　移動
- 9:00
- 10:00　企業の研修担当者と打ち合わせ
- 11:00
- 12:00　移動・昼食
- 13:00
- 14:00
- 15:00　大学で留学生にビジネス日本語などの授業
- 16:00
- 17:00　移動
- 18:00　企業研修講師ミーティング
- 19:00
- 20:00　帰宅・父が作ったごはんを食べる
- 21:00
- 22:00
- 23:00　日本企業の内定者へのレッスン（時差のある国の方とスカイプで）
- 0:00
- 1:00　明日の授業準備をしながら、深い眠りに…（この日もベッドへの道は遠かった…）
- 2:00
- 3:00

印象に残っている出来事

日本語を教え始めて四半世紀になりますので、いろいろ印象深い出来事がありましたが、公私ともに忘れられないのは、ケニアでの2年間になると思います。

協力隊に参加したときの私は自信満々でした。日本語学校でも何年か経験を積んでいましたし、同僚となったケニア人の日本語教師の日本語レベルはいわゆる初級終了程度だったので、自分のほうがきっといい授業ができると思い込んでいたのです。

しかし、授業が始まってしばらくして、私のクラスの学生より、ケニア人の先生の学生のほうがずっと日本語が上達していることに気づきました。それで、私はその秘密を探ろうと、ケニア人の先生のクラスを見学させてもらいました。そこでは、先生がテキストの問題の答えを一つひとつ板書し、指導書に書かれている学習のポイントまで丁寧に書いて示していました。そして、学生はそれをすべてノートに書き写していました。そのとき、私は、自分のクラスの学生がほとんどノートをとっていないことに気づきました。また、私の授業の進め方も、このような板書はほとんどせず、やり取りをしながら進めていくというスタイルで、自分ではコミュニケーション重視の進んだ教え方をしていると思っていました。

その後、わかったのですが、当時のケニアの小中学校では、先生が1冊の教科書を持って板書をし、学生たちはそれを写して自分の教科書を作って勉強するというスタイルが多かったようです。私が教えていたのは、その上の学校でしたが、急に今までの学習スタイルを変えられるわけもなく、皆、一生懸命に板書を写して勉強していたのです。つまり、私の授業は楽しく話したりはしているものの、板書がない、つまり学ばなければならないものはないと思われていたようなのです。

少し経験があるから、日本人だからというだけで自信満々になり、目の前の学習者がどんな学習スタイルを求めているのかに思いも及ばなかったことを深く反省しました。ケニア人の先生に対しても、最初は「私が教えてあげなきゃ」という傲慢な気持ちだったのですが、次第に「ケニア人の学生に理解してもらうにはどう教えるといいのか」を教えてもらうようになりました。「郷に入っては郷のようすをまず観察」を学びました。

もう一つの新しい気づきは、私がいかに「物」に頼っていたのかということです。ケニア赴任時、私はたくさんの自作教材をフロッピーディスクに入れて持っていきました。しかし、当時のケニアは、私がいた首都ナイロビでも非常に停電が多く、パソコンからデータを取り出せない、取り出せたとしても印刷できないということが何度もありました。また、マグネット付きのフラッシュカードや絵カードも、普通の黒板では使えませんし、その黒板さえ、ツルツルすべってしまいはっきり字を書くことが難しいものが多くありました。日本ではこうした経験がありませんでしたから、「物」なしで授業をすることが不安でたまりませんでした。しかし、やらねばならないのです！　こうした経験を経て、「物」には頼れないこともある、とにかく「あるものでやる」という技（？）を身につけました。

必要な能力・スキルを向上させるために

「お仕事があればやらせていただく」というのが基本スタンスですから、どんな人に日本語を教えることになるのか予想がつきません。会社員、主婦、芸能人、スポーツ選手などさまざまです。つまり、どんな経験もどんな雑学も、引き出しに入れておけば必ず役に立つ日が来ると思っています。

もともと好奇心旺盛な性格ではありますが、機会があればいろいろな場所に顔を出しています。誘っていただいたら、断らないのが信条です。今までの道のりも風に吹かれてきたわけですから、新しい風（お誘い）があれば、それに乗ってみることで何か新しい出会いがあるのではないかと思っています。

また、フリーランスで仕事をしていると、一つの学校にいたときのように、同僚の先生たちと情報交換をする機会が少なくなってしまいます。そこで、日本語教育の研究会や勉強会にもなるべく参加したいと思っています。好奇心は旺盛なものの、人見知りなところもあるのですが、こうした会に参加したときは、勇気を出して、隣に座った方などに自己紹介をするようにしています。新しい知識だけでなく、新しい人との出会いがこの仕事をする上での財産になっています。

求められている人材は？

まず、自分を「教師」ではなく「一社会人」として考えられる人だと思います。フリーランスで仕事をしていると、学習者である外国人だけではなく、企業の人事や研修部門の方などと仕事をすることになります。その方たちにとって、日本語教師も出入りの業者の一人です。学校ではいわゆる「先生扱い」をされることも多い職業ですが、こうした考えは通じません。お店の人が何かを売っているのと同じように、私たちは「日本語を教える」というサービスを売っているだけなのだということを意識しておくことは重要だと思います。

また、さまざまな状況に臨機応変に対応できる人が求められていると思います。企業レッスンの場合、スケジュールの変更、学習内容の変更などはよくあります。また、一日のうちに、朝は学生、昼は主婦、夜は社会人と教える相手も変わりますから、頭の切り替え、気持ちの切り替えもしなければなりません。

必要とされる資格・スキル・資質を五つ

フリーランスは、「個人事業主」です。つまり、会社であれば、いくつかの部署に分かれている仕事を一人ですることになります。それで、以下の五つを挙げてみました。

> ①企画力　②営業力　③整理整頓能力
> ④財産管理能力　⑤健康管理能力

仕事は「企画」から始まります。どんなレッスンをするのか、テキストは何を使って、この回数でどんなレベルに到達できるのか、シラバス作成には「①企画力」が必要とされます。しかし、いい企画ができても、それを上手に説明し、相手に納得してもらわなければなりません。このとき必要なのが「②営業力」です。押したり引いたりしながら、交渉を進めていく必要があります。

フリーランスのオフィスは自宅になる場合が多いです。企業や学校と交わした契約書、レッスンの記録など、いかに上手に整理整頓しておくかによって、仕事の効率に差が出てきます。また、フリーランスは個人事業主ですから、年末には確定申告の必要があります。必要経費としての支出をきちんと管理し帳簿をつけていきます。また、仕事単位での契約ですので、来年どれだけ仕事が入ってくるのか見通しを立てるのはなかなか難しいです。もし、仕事が減った場合どうするのかも考えておかなければなりません。

最後に、最も重要なことです。フリーランスには「保障」がありません。病気になって仕事ができなくなれば、収入はなくなってしまいます。そのために、健康でいることは、何よりも大切なことです。病気で授業に穴をあければ信用を失い、次の仕事は来ないかもしれないのです。

このお仕事で生活できますか？

給料は一定していません。私はこの仕事だけで生計を立てていますので、収入が不安定だと安心して生活ができません。それで、1年、あるいは半年単位で契約ができる学校での仕事と、比較的短い期間での仕事となる企業レッスンの割合を考えるようにしています。

企業レッスンは、非常にやりがいがあるのですが、仕事の量は世界情勢に大きく左右されます。例えば、911やリーマンショック、また大きな地震などによって、予定されていた仕事がなくなってしまったことがありました。それでなくても、先の見通しが立ちにくいので、企業レッスンだけでやっていくのには不安があります。

もちろん、企業レッスンだけで生計を立てている方もいらっしゃいます。しかし、私にはそれだけの営業力がないというのが正直なところです。

読者のみなさんへのメッセージ

私の家族は、私の今の働き方には少し不満を感じています。仕事とプライベートの境目がわかりにくく、家族には「いつも仕事をしている」ように見えているようです。実は、日中、移動の時間を利用して、ゆっくり買い物をしたり、友人とランチをしたりすることもあるのですが、早朝うちを出て、夜遅くまでパソコンの前に座っている姿だけを見ていると、そう感じるのかもしれません。

フリーランスは個人事業主ですから、すべてを決めるのは自分自身、すべての責任は自分にあります。「フリーランス」という働き方、私は気に入っています。

Coffee break ☕

スケジュール管理がカギになりそう！
プライベートレッスン、やってみたいな。

いろいろな現場で教えられるのが魅力的ですね！　家族のライフステージに合わせて仕事ができるのもいいかも。

複数の学校や現場で日本語を教えるフリーランス日本語教師。その活躍の場は、企業内研修やオンラインレッスンと、ますます広がっているようです。
個人事業主として、さまざまな管理能力が必要なんですね。

Column 2

文＝義永美央子

増加する在留外国人

日本語教育の歴史

世界のグローバル化に伴って、お金やモノだけでなく、人も国境を越えて移動するのが当たり前の時代になりました。法務省によると、2018年6月末現在の日本の在留外国人数は263万7,251人で、過去最高を更新しています（下図参照）。

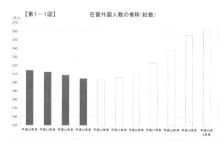

（出典：法務省「平成30年6月末現在における在留外国人数について（速報値）」）

日本語教育の歴史は戦国・安土桃山時代から1895年までの第一期「外国人による日本語学習の時代」、日清戦争による台湾併合から1945年の第二次世界大戦終結までの第二期「植民地統治・侵略政策の一環としての日本語（国語）教育」の時代、そして1945年以降、現在に至る第三期「日本の経済成長が生んだ日本語教育」の時代の3期に分けられると言われています（関，1997; 本田ほか，2019）。

1945年以降の日本語教育について詳しくみると、1960年代頃までは、第二期に軍国主義的侵略政策の一環として日本語教育が行われていたことへの反省と警戒感から、日本語教育が組織的に実施されることはほとんどありませんでした。国費留学生の招致制度開始が1954年、開発途上国援助を目的として設置された国際機構であるコロンボ・プランによる日本語教師の派遣が1960年に始まり、この頃から日本語教育の取り組みが少しずつ進むようになります（本田ほか，2019）。1972年の日中国交正常化の後には日本へ帰国する中国残留邦人（第二次世界大戦の後、日本へ帰る機会を失い中国で暮らしてきた日本人の方々）および、その家族の方々、ベトナム戦争の際には戦争を逃れて難民（ボート・ピープル）として日本に来た方々を対象とした日本語教育が行われるようになりました。1983年には中曽根首相（当時）により「留学生10万人計画」が提唱されましたが、この計画は2003年に目標を達成し、現在は2008年に発表された「留学生30万人計画」のもとに留学生の受入れが行われています。

さらに、バブル経済期の人手不足を背景に1990年に「出入国管理及び難民認定法」（入管法）が改正され、在留資格が拡充整備されたのに伴い、3世までの日系人とその家族は「日本人の配偶者等」または「定住者」として就労制限なく日本で生活できるようになりました。これによって、ブラジルやペルーなど南米の国々から日系人の方々が多く来日し、日本各地に集住地域ができるようになりました。これらの方々への日本語教育は、主に「地域の日本語教育」としてボランティアの日本語教育者が担っています（第3章「①地域の生活者の支援」p.52、第5章「⑤小さな活動がつなぐ人と人」p.104参照）。

外国人受入れのさらなる拡大へ

さらに、少子高齢化に伴う人手不足などを背景として、2019年3月現在、出入国管理法などの見直しが進んでいます。今回の改正のポイントは、「特定技能1号・2号」という新たな在留資格を設け、「高度な人材」だけでなく単純労働者も含めた外国人の方々に対し、一定の基準を満たせば期間の制限なく日本で就労し、生活することを認めるということです。この改正が日本社会に与える影響についてはさまざまな議論がありますが、実際に働くのは生身の人間であり、就労が長期化すれば、結婚し子どもが生まれ、家族が増えていくことも当然考えられます。こうした家族も含めた方々に対する生活のサポートや日本語教育が、今後日本社会の大きな課題になることは間違いないでしょう。

［参考資料］
関正昭（1997）『日本語教育史研究序説』スリーエーネットワーク
本田弘之・岩田一成・義永美央子・渡部倫子（2019）『日本語教育学の歩き方 ―初学者のための研究ガイド―改訂版』大阪大学出版会

第3章

外国につながる人々を支援する

① 地域の生活者の支援
② 看護師・介護福祉士（候補者）の支援
③ 外国につながる子どもたちの支援（学校）
④ 外国につながる子どもたちの支援（NPO）
⑤ 大学における留学生の支援

Column3 日本語教育の推進に関する法律

① 地域の生活者の支援

大泉 貴広（おおいずみ・たかひろ）

●プロフィール●
公益財団法人宮城県国際化協会総括マネージャー。広島大学教育学部在学時に地域の日本語教室で日本語学習支援のボランティア活動に携わる。オーストラリアの初等・中等教育機関で日本語教育に従事したのち、シドニー大学日本研究科修士課程修了。㈶ひろしま国際センター研修部に日本語講師として勤めたのち、㈶宮城県国際交流協会（現（公財）宮城県国際化協会）に勤務。地域日本語教育推進事業、外国籍児童生徒支援事業、技能実習生と地域との関係づくり促進事業の企画・運営などを担当している。

私の仕事

法務省の統計によると、2018年6月末現在の日本国内の在留外国人数は約263万人となっており、ここ数年は、新たなデータが公表されるごとに、過去最多を更新し続けています。

このことは、国内の多くの地域で定住化する外国人が増えているということを意味していて、そうした多様な文化背景を持った人たちが共に支え合う多文化共生の地域づくりを進めていくことが課題となっています。

多文化共生の地域づくりの取り組みは、自治体、国際交流協会、NPOなどのさまざまな主体によって行われていますが[注1]、私の勤めている公益財団法人宮城県国際化協会（MIA）は、宮城県の外郭団体として、本県の多文化共生推進のための各種事業に取り組んでいます。

日本語学習機会の提供や通訳者の派遣といったコミュニケーション支援、多言語での相談対応や防災研修といった生活支援、啓発的なイベントの開催や外国人の社会参画の後押しといった多文化共生社会の下地づくりなど、多様な事業を行っていますが、ここでは主に日本語学習支援関連の事業についてご紹介します。

まず、主催の日本語教室を開設して、外国人の日本語学習を直接的に支援しています。シラバスやカリキュラムを作成したり、実際に教えたりするのは委嘱した方々にお願いしていて、私たち職員は、学習者の募集や開講時のオリエンテーション、生活情報講座の企画、会話ボランティアのアレンジなど、主に教室活動以外の部分を担当しています。教室に通えない学習希望者には、マンツーマンでサポートするボランティアの紹介を行っています。

また、県全体の日本語学習環境の整備も大切な役割の一つです。具体的には、日本語教室未設置の地域における立ち上げ支援や、既設の教室での支援体制の強化を目的とした支援者育成講座を実施しているほか、教室間のネットワークづくりのための連絡会議を開催しています。

他にも、スキルアップのための研修会を開催したり、相談に応じたり、メーリングリストで関連情報を提供したりという形で支援者のサポートを行うことで、外国人の日本語学習を間接的にお手伝いしています。

上述した事業の中で私が現在担当しているのは、主に県内の日本語教室のサポートに関するもので、研修や会議の企画・運営を行っていますが、ここで、多文化化が進む地域における日本語教室の役割について考えてみたいと思います。

地域の日本語教室は、特に宮城のような外国人の散在地域においては、そこに暮らす外国人にとって、とても大切な場所になっています。日本語能力を高めるだけでなく、暮らしに関するさまざまな情報を得る場であり、地域の人や他の団体とのつながりを得る場にもなっています。そして、日本語教室のこうした機能は外国人の社会参画を後押ししているとも言えます。もともと地域の日本語教室で学んでいて、現在は当協会の相談員や「通訳サポーター」として活躍している人、学校で非常勤講師として働いている人、介護施設で働いている人がたくさんいます。また、普段はあまり意識されませんが、大きな災害などの非常時には、日本語教室は外国人にとってのセーフティネットとしても機能する場です。これについては後述します。

加えて、日本人側にとっても、日本語教室は異文化に触れる貴重な場であり、言葉や文化背景が異なる人々とのコミュニケーションのとり方や地域の国際化について理解を深める場として機能しています。つまり、地域の日本語教室は、外国人、日本人、どちら側の視点で見ても、多文化共生の地域づくりの大切な実践の場となっていて、そこに関わっている現在の仕事に、私自身も大きな意義を感じています。

また、日本語学習支援以外でも、外国につながる子どもたちの支援や、近年、増加を続けている技能実習生と地域とのつながりづくり、県内の市町村国際交流協会の連携促進の事業なども現在担当しています。

これまでの道のり

大学では日本語教育を学びました。在学中のボランティア活動と、海外での教育実習の経験がその後の進路に影響を与えたと思います。前者は、公民館などで外国人の日本語学習のサポートをするというもので、国も世代も異なる人たちとやり取りをする中で、異文化に触れる楽しさと、多様な価値観を知ることの大切さを実感しました。

ニュージーランドで行われた教育実習では、すでに海外で

の社会経験がある学生や、卒業後は日本に長期滞在する予定だという学生と多く出会いました。それまでは国内で就職することを漠然と考えていたのですが、異文化の中に身を置くという「寄り道」をしてもいいかも、と思い直し、海外で日本語を教える道を志すことにしたのです。

卒業後は、オーストラリアの私立学校において、寄宿舎で小・中学生の面倒を見つつ学校で日本語を教えるという職を得ました。授業は毎回苦労の連続で、特に幼稚園や小学校低学年の子どもに、どうすれば無理なく日本語や日本文化に親しんでもらえるのか、毎回悩みつつ教材作りに励みました。

いったん帰国して、次は国際交流基金の派遣プログラム（第1章「①海外派遣プログラム」p. 10参照）で再びオーストラリアへ渡り、公立の中等教育機関で日本語を教えました。派遣先の学校は勉強熱心な生徒が多く、大学入試の対策も求められたので、州のシラバスに則した模擬試験の作成やスピーキング試験の対策などにも力を入れました。

2年の派遣期間が終わってから、日本語教育を仕事としていくには、やはり学位が必要だろうと考え、オーストラリアの大学院に進学。寮とキャンパスの往復に終始する日々でしたが、学部生に非常勤で教える機会にも恵まれました。

修士号取得後、日本に戻り、公的機関で留学生や研修生に日本語を教える仕事に就きました。国内の、いわゆる「組織」で働くのは初めてだったので、今の仕事につながる大変貴重な経験をしたと考えています。

日本語を教えるという仕事は、相手（学習者）の反応がダイレクトに伝わってきて、非常にやりがいのあるものではありましたが、次第に国際交流に広く関わることに関心が向いていきました。これはオーストラリアで生活していたことが影響しています。オーストラリアは、いわゆる「多文化主義」を国の政策として掲げていて、多様な文化を持つ人の存在は、勤務していた学校、暮らしていた地域でも決して珍しくはありませんでした。もちろん、中には人種差別的な態度を示す人もいましたが、全体的に「異文化」に対して寛容な人が多く、社会における多種多様な文化の存在をごく当たり前のこと受け止めていて、そういう風通しの良さを新鮮かつ心地良く感じたものです。日本も在住外国人が増える中で、異文化に対してより開かれた社会、多様性を自然に受け入れられる社会になったほうがいいのでは、と考えるようになり、「地域の国際化」に携わる仕事に興味を持ち始めていたところ、縁あって現在の仕事に就くことになったのです。

印象に残っている出来事

2011年3月の東日本大震災の経験は、決して忘れられないものです。多言語での相談対応、沿岸部を巡回しての情報収集と被災外国人への対応、被災体験を振り返るための集いの開催など、さまざまな取り組みを行いました。そうした活動を通して学んだことや気づいたことは多々あるのですが、ここでは地域の日本語教室の果たした役割について述べます。

発災後、日本語教室の会場となっていた施設が避難所になったり、移動が困難になったりして、ほとんどの教室が休止せざるを得なかったのですが、そうした中でも、日本人支援者の皆さんは、学習者のために奔走していました。

まず、どの教室でも行っていたのが、学習者の安否確認です。避難所を尋ねてまわったり、自宅を訪問したりと、さまざまな方法で学習者の様子を確認していました。また、さまざまな情報や物資が支援者から学習者に提供されました。私たちの多言語相談などの情報も伝えてもらいましたし、避難所にいる学習者に個別にニーズを聴き取って、物資を調達している教室もありました。それから、罹災証明書の申請、義援金や仮設住宅の申し込みを一緒にしたり、ご主人を亡くされた方の労災の申請を手伝ったりなど、物資の提供以外にも、生活再建のために学習者に寄り添ってサポートしている方もいました。少し状況が落ち着くと、皆で集まる場が必要だということで、学習者の自宅を巡回しつつ移動教室を行うところ、支援者の自宅に学習者を招いて被災体験を語り合う会を開くところもありました。

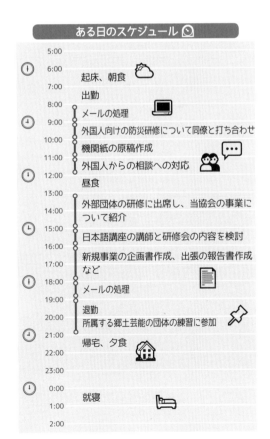

ある日のスケジュール

5:00	
6:00	起床、朝食
7:00	出勤
8:00	メールの処理
9:00	外国人向けの防災研修について同僚と打ち合わせ
10:00	機関紙の原稿作成
11:00	外国人からの相談への対応
12:00	昼食
13:00	
14:00	外部団体の研修に出席し、当協会の事業について紹介
15:00	日本語講座の講師と研修会の内容を検討
16:00	新規事業の企画書作成、出張の報告書作成など
17:00	
18:00	メールの処理
19:00	退勤
20:00	所属する郷土芸能の団体の練習に参加
21:00	帰宅、夕食
22:00	
23:00	
0:00	就寝
1:00	
2:00	

このような各教室の献身的な取り組みを見聞きし、本当に心を打たれましたし、日本語教室がその地域に暮らす外国人にとって大切な場所であることを改めて認識するとともに、有事の際の「セーフティネット」になる場所なのだ、ということに気づかされました。

日本語教室がそこに暮らす外国人にとってのセーフティネット、つまり、何かあったときに頼れる存在、安心・安全を提供する存在になり得るのは、普段の活動を通して信頼関係が築かれているからこそです。東日本大震災での私たちの経験を他地域の方々に伝えるときに、そして、これから地域の日本語教室で活動することを希望している人たちに話すときには、このことをしっかり伝えるようにしていますし、だからこそ、まずは教室に参加している人たち同士が良い人間関係をつくることを心がけてほしい、とお願いしています[注2]。

必要な能力・スキルを向上させるために

地域の「現場」の実態を知ることは、この仕事をする上でとても大切です。地域社会に存在する課題を的確に把握し、その解決または事態の改善を目指すことの繰り返しが、今の仕事の中心ですが、それには現場では何が起きていて、自分たちに何が求められているのかを知ることが先決です。ですので、さまざまなイベントや集まりなどに積極的に参加すること、または地域の多文化化の最前線で活動している人たちの話をまめに聞くことを心がけ、情報収集しつつ、自分たちの足元で今何が起きているのかタイムリーに把握するよう努めています。また、「現場」に出向くことは新たな人的ネットワークをつくることにもつながります。

それから、時々立ち止まって自分の仕事を振り返るのも有用です。

研修などの場で、自分たちの取り組みについて報告する機会が与えられることがあります。報告内容をまとめていると、その取り組みの目的・成果・課題を捉え直すだけでなく、取り組んできたプロセスの背後にある、自身の仕事への向き合い方や社会のあり方に対する「ビリーフ」のようなものが見えてきて、自己分析につながることがあります。そのような振り返りの作業をしていると、至らなさを自覚させられることも往々にしてあるのですが、自らの能力・スキルを客観視するとともに、そもそも「どんな社会のあり方を目指してこの仕事に臨んでいるのか」を問い直し、日々の仕事に向き合う意識を向上させる良い機会になると考えています。

求められている人材は？

「聴く力・説明する力のある人」：相手が何を伝えようとしているのか、なぜ今それを伝えようとしているのかといった背景を探りつつ、時には辛抱強く人の話を聴ける人。逆に自分が伝える側になった場合は、相手により理解してもらいやすい形で、話したり、書いたりできる人。

「共感しつつも冷静に物事を捉える人」：困りごとを抱えた外国人に対応する場合、または他者と協働で何かに取り組む場合など、相手の気持ちや思いに共感・共鳴しつつも、それに飲み込まれずに、問題の解決、または目標の達成のために必要なことを、客観的かつ俯瞰的に考えて動ける人。

「地域の国際化、および、そこにある課題の解決に関心がある人」：言うまでもなく、このことに興味・関心があって、関連する課題の解決への意欲があることは必須です。課題解決のためには、そのための課題の分析や事業を企画する力、外部の人材や組織との連携・協働を進める力も必要ですが、それは経験を重ねて身につくものなので、まずはその前提として「関心と意欲」があることが基本です。

必要とされる資格・スキル・資質

「求められている人材は？」と重なる部分があるので、ここでは客観的に捉えられるものについて述べます。

①組織で働いたことのある経験　②語学力
③基本的な事務処理能力

まず、「①組織で働いたことのある経験」ですが、残念ながら新卒の職員を一から育てている余裕がないのが実情なので、職員を募集する際、企業等での社会経験が求められるのが一般的です。

次に、「②語学力」は、外国人の相談に応じることも多いので、日本語と、その地域に暮らす外国人の母語など、なんらかの言語が業務をこなせる程度のレベルでできることが求められます。

最後に、「③基本的な事務処理能力」ですが、一般的なオフィスソフトの操作ができれば十分です。

このお仕事で生活できますか？

常勤の正規職員であれば、生計を立てるぐらいの待遇は得られます。あまり自分の待遇を他人（例えば、学生時代の同級生）と比較しあったことはないのですが、うらやまれるほどのものではなさそうですし、かといって、心配されるほどのものでもなさそうです。

「やりがい搾取」なる単語を耳にするようになった昨今、このようなことを言うのは時代に逆行しているのかもしれませんが、給与以外に得られるものがあり、それが仕事に向き合う強い動機になっているのは確かです。

経済的な成功を人生の最大の目標に掲げている人には向いていませんが、この分野に関心があり、自分の学んだことや経験を活かした職に就きたいという人にとっては、良い選択肢の一つだと言えるのではないでしょうか。

読者のみなさんへのメッセージ

現在、私は、直接的に日本語を教える仕事はしていませんが、日本語教育を学んでいた頃や日本語教師時代に得たこと、考えたことの延長線上に今の仕事があると言えます。多文化共生の地域づくりを進めるにあたって、定住外国人の日本語学習支援は、これからも最も基本的で重要な取り組みの一つであることに変わりはないので、日本語教育の知識・経験を持った人材は引き続き求められると思います。

国際交流協会の仕事に少しでも関心を持った人は、まずは地元の国際交流協会でどんな活動をしているのか調べて、ぜひ参加してみることをお勧めします。交流イベント、セミナー、ボランティアとしての登録・活動など、市民に開かれた各種事業を行っていますので、興味があるものに実際に参加して、自分の暮らす地域の国際化の現状や、それに対してその国際交流協会がどのような取り組みをしているのか、知ることから始めてください。

日本政府は外国人労働者の受入れ拡大の方針を打ち出していて、国内に暮らす外国人の数は増加を続けることが予想されます。多文化共生の地域づくりに関わる人の役割も今後ますます重要になっていくことでしょう。直接的に学習者に「教える」こと以外で多文化共生の地域づくりに携わる「日本語教育者」の仕事に関心を持つ人が増えることを期待しています。

[注]

注1) 全国の多くの都道府県と政令指定都市には、総務省（旧自治省）によって地域の中核的民間国際交流組織として認定された「地域国際化協会」があります。また、それ以外にも市町村単位で設立された国際交流協会があります。事業規模、人員体制はさまざまですが、各団体ともその地域の多文化共生推進のための取り組みを行っています。

注2) 東日本大震災後の日本語教室の取り組み、および、それに関する考察の詳細は、J. F. モリス・公益財団法人宮城県国際化協会・公益財団法人仙台国際交流協会著（2015）『東日本大震災からの学び ―大災害時、県・政令市の地域国際化協会の協働と補完を再考する―』「第四章　自治体、地域日本語教室　それぞれの外国人被災者支援活動《セーフティネットとしての日本語教室の実践…津波被災地からの報告》」をご参照ください。

Coffee break ☕

多文化共生の地域づくりをサポートする「縁の下の力持ち」ですね！

まずは、住んでいる町の国際交流協会を調べてみようっと！　ぼくも参加できるイベントや日本語教室はあるかな？

多文化共生社会の実現のために、日本語教育の知識や経験を生かして、人・場・機関をつないで、コーディネートするお仕事です。
在留外国人数の増加が見込まれる今、ますます重要になるでしょう。

② 看護師・介護福祉士(候補者)の支援

野村 愛 (のむら・あい)

●プロフィール●
現在、首都大学東京 オープンユニバーシティ講師「介護の専門日本語講座2」担当、首都大学東京 客員研究員、国際厚生事業団 日本語指導専門家。東京外国語大学大学院 地域文化研究科博士前期課程日本専攻修了。主な教材に、『介護福祉士新カリキュラム学習ワークブック【やさしい日本語版】①〜⑤』川村よし子(監)・野村愛ほか(編)、2011年、静岡県発行)、「チュウ太のWeb辞書 http://chuta.jp/」(介護語彙の選択・タガログ語訳担当)がある。主な著書に、『外国人看護・介護人材とサスティナビリティ ―持続可能な移民社会と言語政策―』(宮崎里司・西郡仁朗・神村初美・野村愛(編著)、2018年、くろしお出版)がある。

私の仕事

現在、私は経済連携協定(EPA: Economic Partnership Agreement)に基づき来日し、介護施設で就労して2年目の介護福祉士候補者を対象とした「介護の専門日本語講座」を担当しています。

EPAの枠組みでは、外国人介護人材だけでなく看護人材も来日しており、国家試験を受験して合格すると滞在期限なく日本で就労できます。国家試験に合格すると「EPA看護師」「EPA介護福祉士」となりますが、合格するまでは「看護師候補者」「介護福祉士候補者」と呼ばれています。私はこれまで介護福祉士候補者(以下、候補者)の日本語教育に従事してきました。

ところで、皆さんは介護福祉士国家試験を見たことがありますか。次の問題は、第30回の国家試験(2018年1月実施)で出題された問題です。

　　季節や行事と食事の組み合わせとして、最もふさわしいものを1つ選びなさい。
　　1. 節分　　　　→　お節料理
　　2. 桃の節句　　→　柏餅
　　3. 七夕　　　　→　七草粥
　　4. 土用の丑の日 →　うなぎのかば焼き
　　5. 冬至　　　　→　ちまき

日本人にとっては簡単な問題ですね。でも、外国人にとっては、難しい問題です。しかし、候補者は皆、介護施設で働いているため、季節の行事に関する知識があり、授業では正答者が多かったです。中には、「季節により特別な食べ物を施設で利用者に出しているが、食べ物の名前はよく知らなかった。授業のおかげで名前と意味がわかるようになった」という候補者もいました。

「介護」という職種は、高齢者や障がい者等の生活を支援する仕事です。そのため、国家試験では先ほどのような日本の生活文化に関する問題も多く出題されます。その他、介護保険などの法律・制度、糖尿病や認知症などの病気・症状、介護支援技術、介護の歴史など、国家試験の出題範囲は幅広いです。国家試験に合格するためには、これらの介護に関する知識や技術を身につける必要があります。そして、試験問題を正確に読み、答えを導き出さなくてはいけません。候補者はそのための日本語の習得が求められます。

また、当然のことですが、就労している現場では、施設職員、施設の利用者である高齢者や障がい者の方々、ご家族とも、日本語でコミュニケーションを図る必要があります。介護記録や事故報告書などを書いたり、読んだりする必要もあります。つまり、候補者は、業務を遂行するために、「聞く」「話す」「読む」「書く」の総合的な日本語力が必要となります。

EPAの制度に基づいた日本語教育の現場は、大別すると候補者の「就労開始前」と「就労開始後」に分けられます。ここまでの話は、私が関わっている「就労開始後」の日本語教育でした。EPAの制度に言及しながら、どのような日本語教育の現場があるか、もう少し説明したいと思います。

まず、「就労開始前」の日本語教育は、送り出し国での「訪日前日本語研修」と日本国内での「訪日後日本語研修」があります。インドネシア、フィリピンの候補者は、「訪日前日本語研修(6カ月)」「訪日後日本語等研修(6カ月)」を経て、受入れ施設で就労します。入国時に必要な日本語力はN5程度以上です。一方、ベトナムの候補者を対象とした研修は、「訪日前日本語研修(12カ月)」「訪日後日本語等研修(約2.5カ月)」で、入国時に必要な日本語力はN3合格以上となっています。

このように、「就労開始前」の日本語教育の現場には、送り出し国と日本国内がありますが、実施機関は同じではありません。例えば、2017年度の実施機関は、インドネシア、フィリピンの「訪日前日本語研修」は国際交流基金、「訪日後日本語研修」は海外産業人材育成協会(AOTS)でしたが、ベトナムは訪日前・訪日後研修共に、アークアカデミーでした。

次に、「就労開始後」の日本語教育について説明します。EPAの制度では、国家試験を受験することが義務づけられており、合格すれば日本で就労を継続できますが、不合格の場合、帰国しなければなりません。EPAの制度では、看護と介護では異なる点があります。

看護師候補者は、母国の看護資格を取得し、実務経験を有して来日するため、毎年、看護師国家試験を受験することができ、最大3回まで受験が可能です。ただし、看護師候補者は、

国家試験に合格するまでは、日本での看護の資格がないため看護業務はできず、看護補助業務となります。そのため、看護師候補者も受入れ病院もできる限り早く国家試験に合格することを目指します。

一方、介護福祉士候補者は、介護福祉士国家試験の受験要件に、日本の介護現場での実務経験3年が必要となるため、就労を開始してから約3年後に国家試験を受験します。そのため、約3年間、計画的に日本語と介護の専門分野の学習をしていくことが求められます。

看護と介護ともに国家試験合格に向け、候補者に対する公的な学習支援があります。学習教材の配付、通信添削（定期テスト）や集合研修の実施などです。また、受入れ病院や受入れ施設でも、それぞれ学習支援を行っていますが、支援方法は、職員による支援、外部の日本語教師や看護・介護の専門講師による支援、日本語学校や遠隔教育の利用等、さまざまです。

EPAの制度や公的な学習支援等についてもっと詳しく知りたい方は、厚生労働省や国際厚生事業団（JICWELS）のウェブサイト[注]に情報が公開されていますので、ご覧ください。

これまでの道のり

私は、大学でフィリピン語を専攻し、日本語教育のゼミに所属しました。卒業後、技術研修生（現在の技能実習生）の監理団体に就職し、フィリピンから来日した技術研修生に日本語や日本の文化を教えていました。研修場所の一例を挙げると、冷蔵庫やエレベーターの製造工場などで、複数の職種の研修生がいました。そのため、工場見学をさせていただいたり、現場をよく知る職員から話を聞いたりして、日本語研修の内容を検討し、実施しました。

しかし、初めての日本語教育の現場で無力さを感じ、もっと日本語教育の実践や研究する力を養いたいと思い、大学院に進学しました。大学院在学中の2005年に『介護の日本語』（日本フィリピンボランティア協会著）というテキストの作成に協力することになり、初めて介護分野の日本語と出会いました。

大学院修了後、船会社に就職しました。その会社がフィリピンに日本語教育財団を立ち上げることになり、そこで船員研修生、酪農研修生、ケアギバー（介護人材）に対する日本語コースを開講しました。ケアギバー対象の「介護の日本語コース」では、『介護の日本語』のテキストを使用しました。ティームティーチングをしたフィリピン人の先生や受講生のコメントから、フィリピンでは家族が介護をするため介護施設はあまりなく、日本の介護とは異なるため、介護の日本語を学ぶ上で、日本の介護施設や介護業務など、日本で行われている介護の基本的な理解が必要だという気づきが得られました。

当時（2008年）はまだEPAの制度に基づいたフィリピンから日本への候補者の送り出しは始まっていませんでした。しかし、私が所属していた会社では、将来的に候補者が送り出されることを見越し、会社が奨学金を出し、フィリピンで介護の日本語教育を担当できる人材を育成することになりました。「介護の日本語コース」の優秀な修了生を日本に留学させ、日本語学校で日本語力を伸ばすと同時に、介護施設でアルバイトをしながら介護について学ぶという内容でした。そのため、私は、数カ月間、奨学生を受入れる介護施設に頻繁に通い、介護現場で日本語調査を行いました。奨学生が受入れ施設でアルバイトを開始すると、施設の介護責任者と共に利用者への声かけや介護記録の書き方などの日本語指導を行いました。

このような取り組みをしていたため、EPAで候補者を受入れる予定の介護施設から、候補者の日本語レベルチェックの依頼を受けました。また、静岡県の事業で、全国に先駆け「外国人介護職員受入マニュアル」（2010年度）や「"やさしい日本語版"介護福祉士新カリキュラム学習ワークブック」（2011年度）の作成に携わる機会をいただきました。

その後、複数施設で候補者を受入れている社会福祉法人に入職し、外国人介護職員の育成担当となりました。候補者の着任時から国家試験までの学習スキームや、法人内の外国人介護人材育成スキームを構築しました。介護職員と共に学習支援方法を検討し、候補者の支援を行いました。

2012年度に東京都と首都大学東京の連携事業「アジアと日本の将来を担う看護・介護人材の育成事業」が開始され、看護・介護の候補者への学習支援が始まりました。私は2015年度からこの事業で行われていた介護福祉士候補者を対象とした日本語研修を担当してきました。2017年度にこの事業は終了しましたが、受入れ施設からの強い要望で、首都大学東京オープンユニバーシティの「介護の専門日本語講座」で引き継がれることになり、現職に至っています。

印象に残っている出来事

EPAに基づき候補者の受入れが始まった頃の話です。受入れ施設からの依頼で、介護施設に着任した候補者の日本語のレベルチェックをしました。私が出会ったレナさん（仮名）は、候補者として初めて来日し、日本語研修でゼロから日本語を勉強しました。当時、就労開始前の日本語研修は、EPAの協定で定められた「訪日後日本語研修（6カ月）」のみで、レナさんは「いつ日本に来ましたか」「日本の生活はどうですか」など、簡単な日本語の質問に答えるのがやっとでした。

日本語テストの後、レナさんと個別面談をしました。レナさんは涙をぼろぼろ流しながら、「6カ月間、一生懸命日本語を勉強しました。でも、日本語の先生は日本人で、先生が話していることがわかりませんでした。授業についていけませんでした。毎日、夜遅くまで日本語を覚えましたが、私の日本語はまだまだです。これから介護施設で仕事をするのが不安です」と母語で必死に語っていました。

レナさんの話にとても衝撃を受けました。ある程度、本人が自信を持って、受入れ施設の職員や施設利用者の方とコミュニケーションが図れる日本語力を身につけなければ、仕事どころではありませんし、ましてや国家試験受験なんて程遠いと感じました。レナさんの話から、日本語教育の重要性を改めて認識しました。

その後、外務省のEPA担当者と意見交換する機会がありました。レナさんの一件を含めた受入れ現場の混乱状況をお伝えしました。また、介護施設での日本語調査の結果やフィリピンで実施していた日本語コースの時間数と受講者の日本語レベルに関するデータを提示しながら説明し、日本語研修6カ月間では就労するのに十分な日本語を習得するのは困難だという見解を伝えました。この訴えを聞き入れていただけたかわかりませんが、それから数年経ち、訪日前研修が実施されるようになり、「就労開始前」の日本語研修期間も当初の6カ月から現在の12カ月へと延長されました。

候補者の受入れが開始された頃、受入れ施設では、日本語によるコミュニケーションをはじめとしたさまざまな混乱が起きていました。私は、レナさんの一件から、受入れの現場に関わっている中で課題を発見したら、その課題を見過ごすことなく、日本語教育者として現場から問題提起し、課題解決に努めることの大切さを感じました。

必要な能力・スキルを向上させるために

現在、私が担当している「介護の専門日本語講座」では、受講している候補者が就労現場や国家試験で求められる日本語力を伸ばすことが求められています。効果的な日本語教育実践を行うために、介護福祉士国家試験を解いたり、内容や語彙の分析をしたり、介護に関する参考書を読んだり、いろいろなサイトを見ながら授業で使えそうなリソースを探したりしています。また、高齢化率や高齢者や障がい者の虐待など、社会的な話題が国家試験に出題されることもありますので、常にアンテナを張っています。

また、候補者の意見はとても大切なので、授業のコメントシートやコース終了時のアンケートをよく読んで参考にしています。例えば、アンケートに「講座に参加して友達と一緒に勉強できて良かった」という声が多く、「会話練習になった」「他の人の介護技術を知ることができた」「国家試験の問題をグループで理由を話しながら解くとよりよく理解できた」などの理由から、グループ活動が効果的だということがわかりました。そこで、授業の中でグループ活動を重視し、グループでの話し合いがうまくいくように支援をしています。

介護の日本語教育の歴史は浅く、実践報告や研究もまだ多いとは言えないため、日々、試行錯誤しながら実践を行っています。現在の講座は、「国家試験を題材として日本語の4技能のレベルアップを図る」というコンセプトで、例えば、介護職としての適切な対応を問う問題を解いたら、自分だったらどのような対応をするかを話し合い、クラスで意見の共有をしています。このコンセプトや支援方法は、約2年半、同僚と、授業の検討・実践・振り返りを繰り返してきたことで、形となってきました。介護の日本語教育の現場に携わって約10年経ちますが、現場に関わっている同僚と共に、実践を振り返ることがとても重要だと感じています。より良い実践にしていくために、研究会などでも発表し、他の方からの意見や助言を取り入れていくことも心がけています。

求められている人材は？

日本語教育の対象者が看護師・介護福祉士を目指していますので、看護や介護に興味や関心を持てる人が望ましいと思います。目の前の看護師・介護福祉士候補者についてしっかり理解した上で、どのような日本語教育が求められているかを考えながら、日本語教育の実践を担える人材が必要とされていると思います。また、私たちは、看護や介護の知識や技術を教えることはできませんので、看護や介護の専門家と協力体制を築いたり、候補者と共に学んだりできる人が求められます。

必要とされる資格・スキル・資質を五つ

　看護・介護分野の日本語教育ですが、特に看護師資格や介護の資格を取得する必要はないと考えます。これまでの経験から、看護・介護分野の日本語教育に従事するにあたり、必要とされることを挙げてみました。

> ①日本語教育の知識・実践する力　②想像力
> ③コミュニケーション力　④共に学ぶ姿勢
> ⑤寄り添う姿勢

　「①日本語教育の知識・実践する力」ですが、日本語教育の知識は必要です。しかし、知識だけでなく、候補者の今や将来に役に立つ日本語教育を実践していく力も必要です。

　「②想像力」も重要です。候補者は、現場で業務が遂行できる、国家試験に合格するなど、今後の到達目標が明確です。自分が行っている日本語の授業が候補者の仕事・国家試験・生活等のどの部分につながっていくかを想像することが大切だと考えます。例えば、授業で「～てはいけません」を導入するときに、候補者が施設で利用者に対して「これは食べてはいけません」と言っている姿を想像することができれば、導入時に仕事で使用する際の留意点も伝えたほうがよいと判断することができます。

　「③コミュニケーション力」は大変重要だと考えます。なぜなら、看護・介護などの他分野の専門家と協働することもありますし、受入れ施設からの相談・助言などのやり取りをすることもあるからです。日本語教育をあまり知らない相手に対し、候補者の日本語レベルや目標達成に必要な日本語の学習内容等について、理解してもらえるように説明をするためにはコミュニケーション力が必要です。

　また、日本語教育者は、看護師や介護福祉士ではないので、看護・介護の現場を知りませんし、専門の講義はできません。そのため、候補者の持っている知識や現場での経験を引き出し、候補者と「④共に学ぶ姿勢」が大切だと思います。

　最後は、「⑤寄り添う姿勢」です。日本語教育の現場にいると、渡航前後に家族と離れてホームシックになっている候補者、仕事に慣れずストレスを抱えている候補者、国家試験受験が近づき不安になっている候補者、また、外国人職員と初めて一緒に仕事をして戸惑う日本人職員など、困難を感じている人々に出会います。日本語教育者であれば、異文化に関わる人のことを理解することができますので、課題解決や困難な状況を乗り越えられるよう、両者に寄り添い、支援することが求められます。

このお仕事で生活できますか？

　EPAに関わる日本語教育には多様な現場があり、雇用条件もそれぞれですので、「このお仕事で生活できますか」という質問に対しては、「はい」とも「いいえ」とも言えません。例えば、「訪日前日本語研修」で国際交流基金から派遣された場合、住居が提供され報酬も支払われますので、生活はできます。しかし、有期契約となりますので、安定しているとは言えません。訪日前研修と訪日後研修を行き来しながら教えているという方もいるようです。

　また、「就労開始後」の日本語教育についても、候補者の受入れ施設の常勤職員となれば安定するでしょうが、なかなか日本語教育者を常勤職員として雇用するところは多くありません。就労開始後の候補者に対する日本語教育は、業務委託契約や非常勤講師などの雇用形態が多いです。日本語学校や大学などの非常勤講師と掛け持ちをしている方もいます。

読者のみなさんへのメッセージ

　このところ、EPA以外でも、外国人介護人材の受入れに関する法制度が次々と整備されています。技能実習制度に「介護」の職種が追加され、在留資格に「介護」が創設されました。さらに、新たな在留資格「特定技能」が創設され、2019年4月より受入れが始まります。これにより、日本で就労する外国人介護人材がさらに増えることが予想されます。今後、介護の日本語教育を担う人材もますます必要となるでしょう。私は介護の日本語教育の仕事を通して、候補者や受入れ施設の方、他分野の専門家などから、いろいろなことを教えていただけるので、この仕事に出会えて良かったと思っています。皆さんも、介護の日本語教育の世界に足を踏み入れてみませんか。

[注]

注）国際厚生事業団（JICWELS）ウェブサイト

③ 外国につながる子どもたちの支援(学校)

櫻井 千穂（さくらい・ちほ）

●プロフィール●
広島大学大学院教育学研究科准教授（2019年4月より）。博士（言語文化学）。国際協力機構（JICA）の日本語教師（エクアドル赴任）、一般企業勤務ののち、大阪大学大学院言語文化研究科博士後期課程修了。日本学術振興会特別研究員（RPD）、同志社大学日本語・日本文化教育センター准教授を経て、現職。専門は、年少者日本語教育、母語・継承語教育、バイリンガル教育。文部科学省委託事業「外国人児童生徒のためのJSL対話型アセスメントDLA」の開発で〈読む〉を担当。主な著書に『外国にルーツをもつ子どものバイリンガル読書力』（2018年、大阪大学出版会、単著）など。

私の仕事

1990年代以降、学校教育現場では外国につながる子どもたち(注)の数が増え続けています。2016年に文部科学省が行った調査では、日本の公立の小・中・高等学校等に在籍する外国人児童生徒数は8万人を超え、日本語指導が必要とされる子どもたちは外国籍・日本国籍を含め、約4万4千人にのぼったとのことでした。日本の学校カリキュラムは、子どもたちがそもそも日本語を理解し使えること、日本の文化や習慣を持っていることを前提につくられています。ですから、その前提から外れる外国につながる子どもたちは多くの困難に直面することになります。

この課題を解決するために、さまざまな人々が支援に関わっています。学校教員をはじめ、教育委員会委嘱のコーディネーターや指導・支援員、NPOやボランティア団体の人などです。また、支援の方針を決める立場として、学校の管理職や教育委員会の担当指導主事の関わりも大切です。私のように大学の研究者でありながら、間接的に学校での支援に関わっている人もいます。

学校での外国につながる子どもたちの支援は、本来、学校にいる教職員全員が取り組んでいくべき課題ですが、その中心になるのは、主に日本語指導担当教員などです。教職免許状を取得して学校教員になった後、配属先の学校でニーズがあった場合に担当に任命されます。担当教員になりたくて自ら選択した、というケースは現時点では稀で、ある日突然（実際には年度が変わるときなどですが）、担当になるということのほうが多いです。

一般的に、日本語指導が必要な子どもたちは、通常のクラス（在籍学級）に籍をおきながら、必要に応じて国際教室や日本語教室などといった個別・少人数指導のクラスで勉強します。また、在籍学級に支援者が入って、子どもの授業参加の支援をするといった方法もあります。前者を「取り出し授業」、後者を「入り込み授業」などと呼ぶ場合もあります。

日本語指導担当教員になると、この取り出し授業のカリキュラム作りから実際の授業、入り込み授業での支援、また、保護者とのやり取りなど、その子どもの支援全般を担当します。子どもが日本語を使って学校生活を送れるようになること、在籍学級での教科学習に取り組むことができるようにな

ることを目的とした支援が行われます。子どもの日本語のレベルに応じて、例えば、学校生活や日本社会のルールを扱うこともあれば、学校でよく使われるものの名前や生活の場面でよく耳にする表現、発音や文字・表記、文型など日本語に特化した内容を教えることもあります。教科内容と日本語とを一緒に教えることもあります。

教育委員会委嘱のコーディネーターや指導・支援員は、各自治体によりその呼び名や仕事の内容はさまざまです。来日直後の子どもたちが通うための数週間の初期集中の日本語コースがある自治体では、そのコース運営を担当することもありますし、月に1〜数回の割合で複数の学校を巡回しながら、支援にあたるケースもあります。各学校で日本語指導担当教員と協力して、子どもの支援を担当することもあります（日本語指導補助者と呼ばれたりします）。子どもの母語支援者や通訳者として委嘱された場合は、母語を活用した支援や保護者との母語でのやり取り、文書等の翻訳などを任されるケースもあります。

教育委員会などの日本語支援事業を地域のNPOやボランティア団体が受託して、学校での支援にあたるケースもあります。形態はさまざまですが、放課後教室などの形で、個々の子どものニーズに応じた支援が行われることが多いです。

外国につながる子どもの数が少ない自治体や学校では、このような特別な支援体制が設けられていないことも多く、その場合は担任教員や教科担当教員、教頭・校長といった管理職などが空き時間を利用して支援に携わることになります。

教育委員会の担当指導主事は、直接子どもの支援に携わることはほとんどありませんが、個々の子どもにどのような支援をどれくらいつけるかを考え、手配したり、担当教員の研修を企画したりといった間接的な支援を行います。

このように、この分野の支援体制はまだ確立されておらず、それぞれの自治体や担当者がその都度、目の前にいる子どもにとって最善と思える取り組み、予算の範囲内で可能な取り組みを手探りでやっているような状況です。そのため、大学などの研究機関との連携も重要になってきます。

私は、大学で留学生に日本語を教えたり、日本語教育者になる予定の大学生たちに日本語教育に関する授業をしたりするかたわら、外国につながる子どもたちのことばの力の実態

や支援の方法を研究しています。そして、教育委員会や学校の先生たちと連携して、カリキュラムや支援方法を考えたり、この子どもたちの受け入れの心構えを、研修を通して伝えたりする仕事をしています。

この原稿を書いている 2018 年現在は、関西を中心に約 20 の府県や市の教育委員会、国際交流協会等主催の教員・指導者研修に関わっています。支援に初めて携わる先生たちに、受け入れの心構えや日本語を母語とする子どもたちとの違いを話したり、日本語指導担当者としてすでに指導・支援をしている先生たちと一緒にことばの力の評価のしかたや具体的な指導・支援の方法についてワークショップ形式で考えたりといった研修を行っています。

また、学校との連携では、大阪や兵庫、愛知の小中学校で外国につながる子どもたちの教育カリキュラム作りを進めています。例えば、通常の授業の中でやさしい日本語と具体物を使いながら、教科内容と日本語の両方の学習を進める方法（JSL カリキュラム）の指導案を考えたり、日本語力が十分でない子どもたちでも無理なく読書活動に入っていけるような読書プログラムを導入したり、母語の力を伸ばすためのプロジェクト型の母語教育カリキュラムを実践したりしています。学校の先生たちにとって、日本語を母語とする子どもたちへの指導では考える必要がなかったことにも配慮しなければならず、毎日がチャレンジの連続です。しかし、その分、真剣に考えて取り組んだことが子どもたち一人ひとりの笑顔や成長につながったときの喜びはひとしおです。私自身も活気あふれる教育現場からたくさんのエネルギーをもらっています。

これまでの道のり

大学で日本語教育とスペイン語を専攻した後、国際協力機構（JICA）の日本語教師派遣プログラム（第 1 章「①海外派遣プログラム」p.10 参照）に参加し、南米のエクアドルに赴任しました。そして、首都のキトにあるカトリカ大学という大学で日本語を教えたり、日本語科のコーディネートをしたりしていました。距離的にも心理的にも遠い日本を身近に感じられるように、経験も知識も乏しい中で、とにかく思いつくことをすべて実行していきました。例えば、学生を日本へ留学させるために日本の大学との提携を進めたり、日本大使館や在エクアドルの日系企業と協力して、エクアドルに日本文化を広めるためのさまざまな企画を行ったりしました。

帰国後は、日本の経済社会を見ておきたくて、設立されたばかりで社員数が 10 人弱のベンチャー企業に就職しました。たまたま、海外に留学したり、海外で働く人をサポートするといった、海外につながりのある会社でした。社員数が 200 人程度に増加するまでの会社の成長期に在籍していたため、営業から商品開発、新規店舗の出店、広報、人事、マネジメントとさまざまな仕事を体験することができました。今の仕事は、学校現場のニーズを聞いて、その解決方法を提案するといったコンサルタントのような側面が強いですから、分野はまったく違いますが、この会社での経験が大いに役に立っています。

第一子の出産と同時に退職し、子どもが 1 歳になるタイミングで大学院に通い始めました。大学院では、複数言語環境に育つ子どもの言語習得について研究するかたわら、週 2 ～ 3 回、学校現場で南米から来日した母語がスペイン語の子どもたちの支援に携わるようになりました。冒頭に触れた、教育委員会委嘱の支援員の立場です。その後、博士課程に進学し、日本学術振興会の特別研究員を経て、現在の仕事に就きました。博士課程以降は、主に外国につながる子どもの複数言語の読書力について研究しています。彼らが教科学習に必要なことばの力を獲得するには、読書力を伸ばすことが必要不可欠であると言われているからです。子どもたちの読書力を測るのに適した評価ツール（アセスメントツール）がなかったので、大学院での恩師と一緒にそれを開発しながら調査を行ってきました。一対一で対話をしながら読む力を総合的に診断するといった方法ですが、これまでに 1,000 人近い子どもたちにこの評価を実施してきました。余談ですが、このツールは、思いがけない出会いが重なって、文部科学省

ある日のスケジュール

4:00	
5:00	起床・メールの返信
6:00	出勤準備
7:00	
8:00	大学に到着、授業準備
9:00	
10:00	留学生対象の日本語の授業
11:00	
12:00	授業報告・引き継ぎ、昼食
13:00	
14:00	翌日の授業準備、採点など
15:00	
16:00	小・中学校の先生たちとWebミーティング
17:00	
18:00	残務処理
19:00	
20:00	帰宅
21:00	家事、家族との時間
22:00	
23:00	メール処理、原稿執筆など
0:00	就寝
1:00	

（2014）『外国人児童生徒のための JSL 対話型アセスメント DLA』の開発につながっていき、今では多くの学校現場で使われるようになってきました。

印象に残っている出来事

この道のスタートラインでもある修士課程在籍中に出会った、あるペルー国籍の児童 R とその担任の M 先生は、私にとって今でも忘れられない大変大きな存在です。

その出会いは R が 5 年生になる春に訪れました。来日直後の R は、日本語は当然まったくわからず、さまざまな理由から、母語のスペイン語でも、自ら話すことはほとんどない、感情表現の極めて乏しい児童でした。教頭先生からの指示で R を取り出し授業に連れて行こうとする私に対して、M 先生は、「命の大切さに関する授業をするから、取り出さないでほしい」と非常に強い眼差しでおっしゃいました。それが M 先生と私との初めての出会いです。

M 先生にとって R は初めて受け持つ外国につながる児童でしたが、自分のクラスの大切な一員という意識を強くお持ちでした。それから 2 年間、私たちは R の支援方針や授業の内容、日常の些細な出来事について、毎日のように夜中まで電話やメールでやり取りを重ねました。私は R の母語であるスペイン語を使って、R の思考のためのことばの力を伸ばすために、M 先生は R が取り出し授業でスペイン語を使って考えたことを在籍学級の中で日本語で表出できるようにとさまざまな工夫を凝らしました。授業報告の交換日誌は数百枚に及びました。その取り組みの中で R は少しずつ変わっていきました。ことばの力の伸びもですが、外界への興味、授業への参加意欲を持ちはじめ、いつしかクラスに欠かせない大切な一員になっていました。また、R の存在によってクラス全体も変わっていきました。手探りで行う取り組みの一つひとつが良かったか悪かったか、子どもたちを見れば常にすぐわかりました。この出会いから学んだことは山ほどあります。子どもたちの成長とともに、私自身大きく成長させてもらえた経験でした。

必要な能力・スキルを向上させるために

外国につながる子どもの支援に関することであれば、与えられた仕事、依頼された仕事は、基本的に（日程・時間さえ合えば）断らず、全力で取り組むということを心がけています。そのせいでパンクしてしまうこともあるので、良いことかどうかはわからないのですが、おかげで新しい出会いが舞い込んできたり、仕事の幅が広がってきたというのも事実です。最初に述べたとおり、外国につながる子どもの支援の現場では課題が山積しており、その解決方法を探るためにも、さまざまな分野の知識が必要となります。大人に対する日本語教育の知識だけを頼りに子どもの支援に入ると、かえって害になることもあります。日本語や言語学に関する知識だけではなく、複数言語環境に育つ子どもの言語実態とアイデンティティの関係、子どもに適した教え方、発達心理に関すること、社会や環境構築のしかたといった、教育学、心理学、社会学などにまたがる学際的な幅広い知識、さまざまな分野の人との連携が必要なのです。

依頼された仕事を断らない、というのは、そうすることが学際領域の、自分にとって未知の世界の理解への第一歩、違う分野の人々との連携につながることが多いからです。連携という観点から述べると、支援対象となる子どもや学校現場のニーズをできるだけ詳細かつ正確に把握し、それに応えられるようにすることも心がけています。仕事を成功させるためには、Win-Win の関係を保つことが重要だとよく言われますが、私の場合は、基本的に相手のほうが少し勝つ、相手の満足のほうが少し上になるようにしたいと常に思っています。学校現場が研究機関の人間を受け入れるのは、目の前の課題を解決したいと考えるからです。研究者側が調査やデータ収集といった目的を優先させると、学校にとってはただの負担だけで終わってしまいます。先方の目的を優先させることが、ひいては自分自身の研究や仕事の幅につながることを日々実感しています。

もう一つ、現場にある事実にとことん向き合うということも意識的にしています。ことばの力の評価の際、一人の子どもの音声データを何度も繰り返し、夜通しぶっ続けで聞く、ということもよくあります。逆説的かもしれませんが、問題解決の答えを子ども自身が持っていることも決して少なくないのです。

求められている人材は？

まず、子どもをしっかり見る力が重要だと思います。目の前で起こっていることだけではなく、その子どもの過去や未来、違う場所・違う人たちの中での様子にまで、思いを巡らすことができるかどうかです。指導にばかり力点を置いてしまうと、とかく子どものできないことに目が行きがちですが、

子どもができることに気づき、その子どもが持っている力を伸ばそうとできるかが大事ではないでしょうか。他の人と連携して課題解決に当たるための高いコミュニケーション能力や、諦めずにやり抜く力も必要でしょう。そして何より、子どもや自分の仕事に対して深い愛情と情熱を持ち続けられることです。私自身、支援に携わり始めた頃、人生においても尊敬している恩師に「子どもの力を信じなさい」と言われたことがあります。今でも常に心に留めていることばです。

必要とされる資格・スキル・資質を五つ

①教職免許状
②複数言語環境に育つ子どもの言語習得に関する知識（バイリンガル教育の知識）
③日本語教育に関する知識
④発達心理に関する知識
⑤海外での生活経験や外国語習得の経験

現時点では「①教職免許状」を取得していなくても、子どもの支援に携わることができますが、それでも正規の教員として関わるには必須です。

②〜④は知識に関することですが、「②複数言語環境に育つ子どもの言語習得に関する知識」「③日本語教育に関する知識」をおさえることで、具体的な支援・指導の幅がぐんと広がるでしょう。また最近は、言語習得上の問題と発達障害との見極めが必要となる場面も増えてきており、「④発達心理に関する知識」についても専門的な知識を有していると役に立つと思います。

「⑤海外での生活経験や外国語習得の経験」は、異文化の中で母語ではない言語の習得を求められる子どもの状況をより理解するために有益となるでしょう。子どもの母語が理解でき、使えるに越したことはないですが、子どもたちの母語は実に多様で、網羅的に習得することは現実的に不可能です。むしろ子どもの母語がわからなくても、できる支援を考えられる柔軟性が必要でしょう。

このお仕事で生活できますか？

給料はこの仕事にどのような形で関わるかによって大きく変わってきます。

教職免許状を取得して、教員採用試験に合格し、正規の学校教員になったり、その後、教育委員会の指導主事や管理職になった場合などは、原則的に定年までの給料等が保証されていると考えてよいでしょう。

一方で、嘱託講師や非常勤講師、教育委員会委嘱のコーディネーターや指導・支援員などはそれぞれの契約に基づき、任期が限られていたり、年俸や月給、日給・時間給が設定されたりしています。コーディネーターや指導・支援員の中には、長年にわたって外国につながる子どもたちの支援に携わり、高い専門性を持っている方もいらっしゃいますが、それでも、正規の学校教員より給与が低いケースが少なくなく、専門性と待遇が必ずしも一致するわけではありません。時給の場合は、一般的なアルバイトと比較すると高めに設定されているケースが多いですが、それだけで生活を維持していくのには残念ながら厳しい現実があります。

読者のみなさんへのメッセージ

子どもたちの「支援」というテーマでしたから、「支援する」「教える」という立場から述べてきましたが、実際に現場に入っていると、子どもたちから教わることは非常にたくさんあります。そして、この仕事にやりがいを与えてくれるのもまた子どもたちです。関わる私たちが、「日本語ができない子ども」として彼らを見るのではなく、環境次第で「将来複数の文化と言語を持つ可能性のある人材」として接することが彼らの成長を後押しすることになると常に感じます。一人の人間の人生を左右することになるかもしれない仕事であり、その分、真剣さが求められますが、情熱を注いでみたいと思われる人は、一緒に日本の未来を支えていきませんか。

［注］

注) 保護者の移動に伴って来日し、家庭では日本語以外の言語に日常的に接し、学校では日本語を使用するといったケースのように文化的言語的背景が多様な子どものことを指します。

Coffee break

外国につながる子ども、増えているよね。ぼくも同級生にいたよ。

子どもの日本語教育、興味があるけど…学校での日本語学習支援の方法は自治体によってさまざまなんだね。

子どもたちの将来に関わるので、責任が重く、専門知識や経験も求められますが、その分やりがいもあるお仕事ですね。
支援への携わり方はさまざまです。学校教員になり、日本語学習を支援するのも一つの方法です。

④ 外国につながる子どもたちの支援(NPO)

田中 宝紀（たなか・いき）

●プロフィール●
1979年東京都生まれ。16才で単身フィリピンのハイスクールに留学。フィリピンの子ども支援NGOを経て、2010年より現職。「多様性が豊かさとなる未来」をめざして、海外にルーツを持つ子どもたちの専門的日本語教育を支援する「YSCグローバル・スクール」を運営する他、日本語を母語としない若者の自立就労支援に取り組む。日本語や文化の壁、いじめ、貧困など、子どもや若者が直面する課題を社会化するために、ウェブメディアやSNSなどを中心に積極的な情報発信を行っている。

▎私の仕事

　私の所属するNPO法人青少年自立援助センター定住外国人子弟支援事業部は、2010年4月より外国につながる子どものための専門的教育支援事業「YSCグローバル・スクール[注]」を運営するほか、キャリア教育や就労セミナーなどをはじめとする外国につながる若者を対象とした自立・就労支援を行っています。年間100名以上が利用し、これまでに約650名、32カ国にルーツを持つ子どもたちをサポートしています。

　また、最近では、彼らの直面する課題を広く社会に知ってもらうための情報発信に積極的に取り組み、「多様性が豊かさとなる未来」の実現を掲げ、日々活動を続けています。支援現場では、常勤、非常勤、合わせて13名の日本語教師と教科学習支援担当者、多文化コーディネーターらが専門家として子どもたちと向き合い、その学びを直接支えてくれています。

　私の仕事は、こうした現場の運営管理や新規プロジェクトの企画立案、持続可能な活動を実現するための資金調達（ファンドレイジング）、ウェブメディアおよびSNSを活用した情報発信など、活動の屋台骨を支えるマネジメント業務がメインです。NPO全般に言えることですが、こうしたマネジメントや経営に専念する人材を現場運営の傍らで確保することに困難を抱える団体は少なくありません。私たちの場合も、2010年から2015年の春頃までは私自身が現場で多文化コーディネーターとして活動をしていました。その間に現場を完全に任せることができる体制を整備できたことや、活動継続のための資金調達の必要性に迫られたことなどから、2016年度からは、思い切って現場を退いています。

　現在の私の仕事の9割以上は「現場の外」で行うもので、子どもたちの支援を直接行うことはほとんどありません。その代わり、全国のモデルになるようなプロジェクトを企画したり、課題や今必要な支援について一般の方々にもわかりやすいニュースを書いたり、その他のメディアで情報発信することなどを通して、全国に暮らす外国につながる子ども・若者のためにできることを行っています。

▎これまでの道のり

　もともと、私個人は「海外志向」を強く持っていました。学生時代はフィリピンの児童養護施設をサポートするNGOを友人と運営する傍ら、国連職員を目指して勉強を続けており、まさか自分が近い将来に「日本国内だけ」で働くとは考えていませんでした。転機となったのは、2008年にNGOの国内事業としてボランティアの日本語教室を開いたことです。その教室に、日本語がわからず学ぶ場所もないまま不登校状態に陥ったフィリピンにルーツを持つ女の子が通ってきたことから、その女の子を通して、外国につながる子どもたちの課題に初めて気づいたのです。これは大きな社会課題であり、今後ますます重要になってくると感じ、2009年の下半期に東京都から助成金を得て試験的に子どもに特化した初期日本語指導プログラムの運営を開始しました。その当時のプログラムが、今につながる原点となっています。さらに、翌年の2010年度から当時文部科学省が行っていた「定住外国人の子供の就学支援事業」（通称、虹の架け橋教室）の補助金をNPO法人青少年自立援助センター傘下において受託することになりました。この虹の架け橋教室事業の補助金額は比較的大きく、多文化コーディネーター、日本語教師、教科学習支援担当などの現場人材を有給で雇用できたことで現在も続く支援の基盤構築が可能となり、ある意味で恵まれたスタートアップであったと言えます。ただ、この補助金が2015年2月に終了してしまったことから、事業継続のための資金調達に奔走せざるを得ない状況となりました。このため、以降は現場を職員に任せ、マネジメント側として手探りで事業を支えることになったのですが、幸運にも、さまざまな方々との出会いや縁が重なって、ここまでなんとか進んでくることができました。

　こうした「幸運」を引き寄せたのは、私の場合は「情報発信」でした。現在、Yahoo!ニュース個人オーサーを始めとするウェブメディアに執筆する機会をいただいていますが、そのきっかけとなったのが、個人で開設していたブログの記事です。もともとそのブログは個人的な想いや日々の出来事を綴るだけのありふれたものにすぎませんでしたが、2015年の2月に神奈川県川崎市で起きた、いわゆる「川崎中1男子生徒殺害事件」についてのブログを書いたことで、私は情報

発信の重要性を知ることになりました。当時私は、その事件の主犯格の男性が外国にルーツを持っているという報道を見て、ブログに一般論として、日本語を母語としない日本生まれ・日本育ちの子どもが直面する困難（母語喪失やアイデンティティの揺らぎなど）を伝える記事を書きました。それが広く拡散し、多くの反響が届いたことで外国につながる子どもたちのことがどれだけ一般的に知られていないか、に気づきました。その気づきから、私たち現場にとっては「あるある」と思える子どもたちの現状を、一般の方々にわかりやすく伝えることを最大限に意識した記事を数多く書くことになったのです。「発信すれば届く」こと、情報が届けば子どもたちを支えたい、何かしたいと考える人は少なくないことを経験として実感できたことは大きく、その後の「情報発信業務」の基礎となっています。

印象に残っている出来事

　まだ私が現場でコーディネーターとして実際に子どもたちを支援していた頃、長らく不就学で自宅にこもりきりであった３人の兄弟と出会いました。日本で生まれ育った彼らは、保育園にも小学校にもほとんどいかないまま、一番上の子どもは当時小学校中学年の学齢になっていました。家庭内言語が母語であったため「聞けば理解できる」程度の母語力はありましたが、母語でも日本語でも読み書きは困難な状況でした。加えて家庭が貧しく、いつもおなかを空かせていました。

　自治体の子ども・家庭支援担当者の働きかけもあり就学の手続きはできたものの、その学校に支援はなく、まずは私たちのスクールで日本語を学ぶことになりました。スクールで学習をしている間も落ち着きなく、時に他の子どもと取っ組み合いのケンカをしたり、机に座っていられずに床で寝転んだりなど不安定な状況が続きました。学校では保健室の養護教諭を中心に丁寧なサポートが組まれ、私たちも学校との情報共有をこまめに行いながら学習支援を続けることで、少しずつ関係性が安定していくのを感じました。しばらくすると学校から連絡があり、その家庭の母親が突然父親と子どもたちを残して帰国したことがわかりました。同じ頃、私たちも子どもたちの身なりや持参するお弁当に見られた変化に気づきました。朝早く仕事に出かけ夜遅くまで帰ってこない父親だけでの育児に限界を迎えていたのです。

　学校が夏休みに入り、私たちのスクールも夏季休暇となったある日、様子を見に自宅を訪問すると真夏の炎天下の中、アパートの窓とカーテンは閉められ、熱気がこもる室内に子どもたちだけが残されていました。室内には大量のアリが這い回っており、蚊やノミが飛び回っていました。電気をつけることもなく、暗い室内から私を出迎えた一番上の子どもが「食べるものがない」と訴え、私は迷った末に、個人的にスクールの夏季休業中は毎日食べ物を届けるため自宅を訪問するこ

とにしました。時におにぎりを握って持って行ったり、コンビニで買ったおかずを渡したり。短い期間でしたが心が重く、夜はその兄弟が安全かどうか気になって眠れないほどでしたが、私自身も小さな子どもを抱える中で個人的にできることは限られていました。

　その後、学校や自治体の子ども・家庭支援担当者、警察など複数の支援機関の関与もあり、家庭の中は落ち着きを取り戻しました。帰国していた母親も日本に戻ってきて、子どもたちは毎日学校に通えるようになったことで私たちの役目は終わりました。このときの経験から、「自分（たち）だけでは、できることに限界がある」ことを痛感し、家庭状況が悪い子どもたちの生活支援は「行わない」ことを明確に定めました。その代わりに、自分たちがすべきことと、できること、自分たちではできないことを周囲に積極的に伝えながら、必要に応じて学校や警察、その他の支援機関と連携を行うことで子どもたちを守る体制を、支援の「仕組み」として組み込むことにしたのです。

　「個人の限界」と「教育支援の限界」を知った、という意味では最も印象に残っている出来事で、個人的にもその後の支援哲学にも多大なる影響を受けました。今でも、あの兄弟のことを思い出しては、どうか安心して健やかに成長していますように、と祈るような気持ちでいます。

ある日のスケジュール ⏰

5:00	
6:00	起床 朝食準備・子どもを起こす・SNSへの投稿
7:00	子どもと夫を送り出す
8:00	下の子を保育園へ
9:00	出勤 メールチェック
10:00	来客対応
11:00	打ち合わせ
12:00	SNSへの投稿
13:00	取材対応
14:00	
15:00	原稿執筆
16:00	
17:00	退勤 スーパーで買い物
18:00	保育園お迎え
19:00	夕食
20:00	家事
21:00	子ども寝かしつけ
22:00	
23:00	夫と映画を観る
0:00	お風呂
1:00	就寝
2:00	

必要な能力・スキルを向上させるために

私の仕事は「マネジメント」であり、現場の第一線で子どもたちを支えることではないため、いかに幅広い視野で物事を捉えるか、ということを大切にしています。

例えば、「子どもに日本語を教えるスクールの活動を維持する」という一点だけで物事を捉えてしまうと、活動に広がりがなく、発信できる情報や活動自体の価値が停滞してしまいます。活動の価値が停滞し、その場で足踏みをしている状態というのは、安定して止まっているのではなく、実は「後ろへ下がっている」ということです。その状態が続けば、多かれ少なかれ資金調達の選択肢を狭めてしまうことにもなり、職員の雇用を維持できなくなる恐れがありますし、それは子どもたちから学ぶ機会を奪うことに他なりません。このため、常に前に進み続けていけるよう、「他の社会課題分野で活動している団体や個人」と私たちが持っている支援ノウハウを掛け算して新しい価値を生み出せないか、活動の幅を広げることができないか、といったことを意識するようにしています。基本的には、目の前にいる子どもたちへの支援を通して「いかに社会を変えていけるか」を基本的な思考の原点にしています。その上で、できること、やるべきことは何かを自らに問うようにしており、そこに必ず「コスト」と「ベネフィット」という概念を加えるようにしています。本当は「数字」や「お金」は私個人の最も苦手とする領域だったのですが、どんなに良い活動をしていても、そこに携わる専門家が食べていけなければ、子どもたちに適切な支援を届けることができなくなります。社会的責任を全うすることが困難になるということを、2015年に文部科学省の補助金が終了した経験から痛感したこともあり、「資金はいくら必要か」「いかに稼ぐか」を、時には無理やりにでもお金を意識して、考えています。その判断材料となる数値は特に重要なため、他団体・他業種の財務諸表、政治的な動向や統計などは幅広く確認するようにしています。

求められている人材は？

外国につながる子どもの支援は、言語だけでなく、心身の発達にも大きな影響を及ぼす可能性を念頭におく必要があります。一人ひとりのその日、その時の状態や周辺環境を中長期的な視座をもとに総合的に判断しサポートしていくのです。このため、外国につながる子どもを支える現場では指導スキルはもちろんのこと、さまざまな情報や知識を最大限に活用し、目の前の子どものニーズを的確に判断できることが重要です。また、同時に「こうした支援が必要である」と判断した内容に基づき、それを実際の支援の場で実現、実行できる力を持った人材が求められています。「あの子は〇〇ができない」と現状を認識するだけでは何も改善していきません。逆に、ではその子のために何ができるか、それをするためには何が必要かを考え、周囲と連携して実際の支援で実行することができなければ、それは何の支援もしていないことと同じだと言えるからです。これは一見すると、「そんなこと支援者であれば当たり前」であるように思えるのですが、日々の現場はその当たり前のことすら十分にできないほど多忙を極める場合があり、支援者としての強い意思と確かなスキルが必要です。

加えて、外国につながる子どもを取り巻く諸課題は、長い間、一般的には知られてきませんでした。その支援は学校の先生が抱え込むか、ボランティア頼みの状況が長く続き、今はそのボランティアの高齢化も課題となっています。こうした状況を変え、社会を巻き込みながら「外国につながる子ども支援の専門家」が職業として成立するような環境を整備することは、喫緊の課題であると言えます。「支援人材の雇用を生み出し、社会に働きかけ、変革を促す」、いわば社会起業家人材がより適切な支援を子どもたちに届けるために必要不可欠です。

必要とされる資格・スキル・資質を五つ

①柔軟性　②視野の広さ　③基本的な指導・支援技術
④情報発信スキル　⑤さまざまな人とつながる力

私たちの現場は、外国につながる子ども・若者の教育や自立・就労支援を行っていますが、ただ「教えるだけ」「情報を提供するだけ」では解決できない複合的な課題を抱える子どもたちも少なくありません。次々にやってくる子どもたち一人ひとりが異なるニーズを抱えており、これらに適切に対応していくことが常に求められる場であることからも、支援者の資質として「①柔軟性」は必須です。加えて、日々向き合うのは複数の国や文化にルーツを持ち、その教育・生育環境も多様な子どもたちですので、異文化を理解したり、子どもたちが直面する困難がどこに由来するものなのかを判断するためにも「②視野の広さ」が重要となります。

こうした柔軟性や視野の広さを確保するためには、「③基本的な指導・支援技術」がしっかりしている必要があります。自分が日本語や教科を教えるだけで精一杯の状況では、複雑な課題を抱える子どもたちを支えることはできません。子どもの支援に携わる前に、留学生に対する日本語教育経験や学習塾での集団授業指導経験などがある人材のほうが、基本技術が確立されており、子どもの現場に入った際にも応用力が高い印象です。

そして、複合的な課題を持つ子どもたちであるからこそ、一つの現場だけではそれを解決することは不可能です。だからこそ、自分たちにできることとできないことを明確に認識し、できないことを「できない」と訴える「④情報発信スキル」や、できない分野を担ってくれる人々と常につながりを持ち、頼り合える関係を構築する「⑤さまざまな人々とつながる力」が必要となってきます。

このお仕事で生活できますか？

基本的に、外国につながる子どもの教育支援自体が「仕事」として成立していない状況があり、学校教員以外は、教育委員会などで嘱託されている支援員は有償ですが、非常勤や発生ベース（支援対象となる子どもがいるときだけ仕事がある）など不安定な雇用形態となっている場合も少なくありません。NPOなど「学校外」では一部、有償ボランティアや非常勤講師として活動するケースもありますが、財源が補助金や助成金のみである場合は、次年度の契約が更新されるかどうか年度終わりのギリギリまで見通せない状況もあります。

一方で、比較的活発な活動を行っているNPOや公益団体等が多く加入している「新公益連盟」加入団体の一般職員の平均年収は339万円で、中小企業の非役職勤務者とほぼ変わらないとする調査結果もあり、今後、経営やマネジメントを担える人材の登場やこの分野における企業の参入状況次第では、外国につながる子どもの教育分野においても雇用の裾野の広がりや給与水準の上昇が期待されます。

読者のみなさんへのメッセージ

現在、外国につながる子どもの「日本語教育者」は仕事としてほとんど成立していない状況です。しかし、この状況を逆に捉えれば、今後日本語教育を必要とする子どもの増加が見込まれる中で、アクション次第では自らの雇用を安定化させ、給与水準を向上させることも可能となるはずです。「まだ何も定まっていない」状況の中で、ある意味ではチャンスとも言える時代が来ています。

受け身でいるだけでは変化は生まれません。なぜ外国につながる子どもを支えたいのか、なぜ日本語教育なのか、を自らに問い、そのために必要なアクションを起こせば、必ず結果はついてくるはずです。あきらめずに、共に子どもたちの未来を切り拓いていきましょう。

[注]

注）「YSCグローバル・スクール」ウェブサイト

Coffee break

外国につながる子どもを支援する方法は、「学校の外」にもあるんですね。

子どもの支援には、総合的にサポートする力が求められるんだね。
安心して日本語を学んで、進学・自立できるようになるといいな。

外国につながる子ども・若者の教育や自立・就労支援は日本の喫緊の課題です。
社会起業家としてイノベーションを起こしていく日本語教育者の存在も必要とされています。

⑤ 大学における留学生の支援

金 孝卿 (きむ・ひょぎょん)

●プロフィール●
早稲田大学日本語教育研究センター准教授。博士（人文科学、お茶の水女子大学）。専門は日本語教育、協働学習、ピア内省活動。1997年に来日し、日本の大学院で第二言語としての日本語教育を学ぶ。2006年より国際交流基金で海外の日本語教育支援および教師研修を担当。2012年より2年間、国際交流基金シドニー日本文化センターで日本語教育アドバイザーを務め、2014年より日本の大学で留学生のためのキャリア教育やビジネス・コミュニケーション教育に携わる。現在は、日本で働く外国人材のための研修やワークショップの開発も行っている。

▎私の仕事

　私は現在、日本の大学で外国人留学生を対象に日本語教育を行っています。大学での仕事は、日本語を教えたり研究したりすることのほかに、在学中の留学生の生活や卒業後の進路をサポートすることも大変重要です。

　専門学校や日本語学校などの教育機関でも、授業を提供する以外にも、さまざまな面で留学生のサポートを行っています。例えば、留学生活をスムーズにスタートできるようにするためのサポートや卒業後の進路決定のための支援といえば想像しやすいのではないでしょうか。そのサポートは、教員が担う場合もありますが、大学・学校の職員がする場合もあります。ここでは、大学の例を取り上げて、留学生支援の仕事について見ていくことにします。

　私は日本語教育を行う教員の立場から、留学生の生活やキャリア支援を行っています。私の前の勤務先である大阪大学と現在勤めている早稲田大学ではさまざまな国・地域からの留学生が学んでいます。その中には学部や大学院で専門知識を学ぶ傍ら、日本語を学ぶ学生が大勢います。日本語学習の初期段階の留学生は基礎的な日本語を身につけながら、日本での生活や日本の文化になじんでいきます。中には、さらに高度な専門の日本語を学び、大学院への進学や日本企業への就職を目指す学生もいます。

　留学生への支援にはさまざまな側面があります。まず、留学生の生活についていえば、日本語学習の進め方や人間関係・ネットワークのつくり方、心身の健康や心理状態などについて学生から相談を受けることがあります。私は、教員として留学生の悩みを聞いて解決策を一緒に考えたり、学内の留学生アドバイジング部門と連携して必要なリソースを探したりします。前職の大阪大学国際教育交流センターには、留学生情報交流室（Information Room for International Students; IRIS）が設けられており、留学生の交流や相談、各種情報提供や案内を行っています。現職の早稲田大学日本語教育研究センターには、「わせだ日本語サポート（Waseda Nihongo Support）」が開設されており、留学生の自主的な日本語学習のためのさまざまな支援を行っています。

　次に、キャリア支援については、大きく三つに分けることができます。一つ目は、ビジネス日本語の授業を通じて就職活動または仕事や研究活動に必要となるコミュニケーション能力を養成することです。「ビジネス日本語」の授業では、広く「働くこと」について考え、自分の現在を理解し、将来やりたいことや社会で求められることを関連づけて捉えることを目指します。また、職場での人間関係づくりや問題解決のために必要なコミュニケーションの方法を考え、日本語を使って働くことへのイメージをつくれるように努めます。

　二つ目は、授業のほかに留学生のための就職セミナーや学内の就活イベントにつなげることです。実際に大学では学内のキャリアセンターから就職活動に関するさまざまな情報が提供されますが、留学生は日本の就活システムに不慣れなため、それらの情報にうまくアクセスできない場合があります。学内外の各箇所と連携して留学生に必要な情報の在りかを知らせるとともに、授業と連携してアクセスのしかたについての指導を行っています。

　三つ目は、企業や先輩など社会と結びつけることです。ビジネス日本語の授業や就活セミナーに就職した元留学生の先輩を招き、彼らの経験や声を聞く機会をつくっています。また、先輩に限らず、現役の外国人社員と働くことについて話し合う機会をつくることもあります。これまでの活動例に、関西経済連合会との連携で行った「元留学生社会人交流会（サロン・デ・ゼクスパット）」（金, 2018）が挙げられます。

　以上で述べた留学生への支援は、いずれも留学生が自国との文化背景の違いや教育システムの構造や知識を捉える力を養成できるよう支援するためのものであり、社会への橋渡しとしての日本語教育活動の一環でもあると言えます。

▎これまでの道のり

　私が日本で日本語教育に本格的に携わるようになったのは、日本の大学院で日本語教育学の修士・博士課程を経てからです。これまで日本語教育における協働学習（ピア・ラーニング）をテーマに、教師教育、アカデミックジャパニーズ・ビジネスコミュニケーション教育など、いくつかのフィールドで日本語教育の経験を積むことができました。同時に、私自身、第二言語話者としてさまざまなフィールドで日本語を使う機会に恵まれました。これまでの道のりを「出会い」という観点からまとめると、「海外の日本語教育現場の人々と

の出会い」「日本語を共通語として働く人々との出会い」「海外の日本語教育の現場に旅立つ日本の若者たちとの出会い」「日本で働く外国人材たちとの出会い」、この四つに集約できます。これらの出会いから得られた経験は、現在、大学での日本語教育や留学生への支援を行う際に多くの示唆を与えてくれます。

まず、私が日本で働き始めたのは、国際交流基金日本語国際センター（第2章「③政府系団体」p.42 参照）でした。国際交流基金の調査によれば、2017年現在、世界中の137の国・地域の日本語教育機関で366万人の学習者が日本語を学び、6万4千人以上の教師が日本語を教えています。その海外の現職日本語教師が参加する訪日教師研修が最初の仕事でした。5年半もの間に、さまざまな国・地域における日本語教育の位置づけや教師の持つ教育理念、言語学習観・教育観の多様さに触れました。彼らはいわゆる「成功した日本語学習者」でもあるわけですが、そこには唯一絶対の学び方や教え方はなく、その学び方や教え方の価値を捉えるためには彼らが置かれている社会文化的な背景に照らして考えることが重要であることを学びました。

その後、2年間、国際交流基金シドニー日本文化センターの日本語専門家として派遣され、オーストラリアを中心に大洋州地域の日本語教育支援を行いました。オーストラリア各州での教師研修や現地での仕事の現場では、多様な言語文化の背景を持つ現地の日本語教育関係者と「日本語」を共通語として、日本語教育の課題や教材開発、人材育成などについてあらゆる側面から議論し問題解決を図っていました。多言語・多文化とも言える仕事環境の中では、互いが関わっている共通の課題を解決するために必要な、具体的で明示的なコミュニケーションが優先され、日本語の正確さはさほど問題になりません。そこでは、相手の仕事の進め方を理解し、共通の基盤をつくりつつ、協働して課題を達成しなければなりません。自分の規範を押し付けたり、単に相手の規範に従うのではなく、共通の課題達成に向けて自分が持っている言語的・物的・人的資源を総動員して仕事をします。この経験は、韓国語を母語としながら日本語学習者を経験し、その後日本語を使って働いてきた私にとって、言語学習や言語教育の目的を広い視野で再考する大きな転機の一つとなりました。

さらに、私のキャリアの中で最も忘れられないのは、海外の日本語教育の現場に派遣される日本の若者たちとの出会いです。2007年から日本政府によって進められた「21世紀東アジア青少年大交流計画（Japan-East Asia Network of Exchange for Students and Youths; JENESYS Program）」の一環として「若手日本語教師派遣プログラム」がありました。私は、海外の日本語教育機関にティーチングアシスタントとして派遣される若手日本語教師への派遣前研修に携わる機会を得ました。彼らを支援する過程で、若手日本語教師たちが海外の教育機関でさまざまな葛藤や業務上のコンフリクトを経験しつつ日々成長していく姿を目の当たりにしました。彼らの成長の物語から私自身の学び方や働き方を振り返ると同時に、国境を越えて異文化の中で働く者に対する支援のあり方を考えるきっかけとなりました。

そして、2014年に大阪大学で教鞭を取って以来、日本での就職を目指す留学生への日本語教育支援に関わっています。この時期に出会ったのが、前述した関西経済連合会グローバル人材活用運営協議会が主催する「元留学生社会人交流会（サロン・デ・ゼクスパット）」です。この交流会では、日本の企業で働く現役の外国人社員の横のつながりと組織の中での自律的な学びを支援するための取り組みを行ってきました。現在も、彼らの声から成人の外国人材の自己実現と組織の中での関係構築のあり方について追及しています。

印象に残っている出来事

これまでの仕事の経験の中で印象に残っていることを挙げるとすれば、教育（学習）の現場で出会った人々の言語を学ぶ・教えるときの眼差しです。いくつか例を挙げましょう。

一つ目は、西オーストラリア州の学校で日本語を学んでいる8年生の生徒たちを対象に、日本語と日本文化を統合的に学ぶためのデモ授業を行ったときのことです。日本の美術作品への鑑賞・その背景を知ることを通して日本語や日本文化の多様性・他の文化とのつながりを考えるといったものでした。その日は、「薩摩焼きの虫かご」という作品を取り上げましたが、授業の最後に中国にルーツを持つある女子生徒がありったけの日本語で自分のおじいさんと虫かごのつながりを話してくれました。授業後に担任の先生から「あの子はESL（English as a second language）コースの生徒で、普段は英語での授業に十全に参加するのが難しいのですが、この授業では生き生きと語っていたので、自信につながったのではないでしょうか」との話を聞きました。

多様な言語文化の背景を持つ人々が共に生きるオーストラリアという地で、日本語や日本文化を学ぶということが、単なる知識としてではなく、学習者自身が日本語と自分とのつながりを考えるきっかけになりうることを改めて感じた出来事です。

二つ目は、日本の大学で留学生への日本語教育を行っているときのことです。日本の大学（学部や大学院）で学ぶ留学生の中には、身につけた専門知識を生かして日本で働くために就職活動を行う人が多くいます。その場合、応募書類の作成や面接などで自分の専門や研究の内容を説明するためのアカデミックな日本語能力が必要となります。一方、特に理系の研究室や英語で学位を取得するコースの学生の場合、英語だけで生活しているため、就職活動になって初めて日本語の必要性を実感する人も多いようです。彼らにとって、自分の学問の知識や、研究のテーマやその位置づけ、主要概念などを日本語でわかりやすく説明する力は極めて重要な道具となります。

実際に、このような目的で日本語のクラスに来る学生の多くは、自分が持っている日本語の「レベル」より難しい語彙や文法・表現を学ばなければならず、相当の挑戦が必要となります。しかし、自分のアイデンティティの一部でもある研究テーマについて話すとなると、彼らの目がきらりと光ります。この情熱が実際に求められる日本語力と現在自分が持っている日本語力とのギャップを乗り越える原動力となるのです。

その中で印象に残っているのは「日本人学生と研究のキーワードを日本語で話すようになってから研究室での仲間づくりがさらに進んだ」という声でした。日本で生きる留学生や外国にルーツを持つ人々にとって、「日本語」は彼らのアイデンティティを語る言語になりうること、また、共に生きる日本の人々との関係構築のための重要な道具であることを実感しました。

必要な能力・スキルを向上させるために

私は、日本の大学で働いて以来、日本語教育を担う教員として、留学生の生活やキャリア支援に関わる機会が増えました。ここでは、留学生への支援を通じて私が学んだり、心がけていることを述べます。

留学生の生活支援においては、成人の学習者一人ひとりの自律性を損なわないように、普段の実践の中で留学生とのコミュニケーションが重要だと思います。コミュニケーションの方法はいろいろあります。必要なときに面談を行ったり、毎週の授業で出される内省レポートの内容やメッセージを通じたりして、留学生の悩みや変化を感じ取ることができます。

私が特に重視していることは、さまざまな国・地域から来日した日本語学習者は、彼らなりの学びのスタイルや学習経験を持っているという点です。彼らに必要なのは、自分に合った日本語の学び方を見つけることです。自分の学びのスタイルをよく理解し、周りの環境とうまく折り合いをつけながら、自分なりの学び方を見つけていくことこそ、自律的な学びにおいて必要なことだと思うのです。そういった意味で、私自身の日本語学習の経験者としての視点は彼らの日本語学習のリソースになりうると思っています。

キャリア支援においては、留学生支援に関わる諸部門と連携して行動できる力が重要だと思っています。留学生への支援は、第二言語としての日本語教育にとどまりません。留学生の生活やキャリア支援は、彼らの心身の健康や心理状態、社会的立場への配慮など、留学生をあらゆる角度から総合的に捉える全人的な見方が前提となっているからです。

さらに、留学生への支援を行う際には、国際交流・人材育成の側面を含むという点を忘れてはいけないと思っています。多様な言語や文化背景を有する留学生が日本で学び、日本の文化や社会を理解し、その上で日本社会の人々とつながりを持って働くということは、日本社会が多様な地域の人々とつながりを持ち、多様で多面的な価値観を獲得する極めて重要な道であると思うからです。

求められている人材は？

日本の大学で留学生への支援を行う教員の立場から、日本語教育の現場で求められる人材について、次の三つに整理してみたいと思います。

第一に、高等教育機関で青年期や成人の学習者が第二・第三の言語として日本語を学ぶことを確実に支えることができる人材が求められます。そこには、留学生の日本語学習の目的を理解し、彼らの言語の成熟に有効な日本語教育が行えることが含まれます。

第二に、青年期や成人の留学生への生活やキャリア構築支援を行えるだけの知識とスキルが求められます。特に、留学生の学習の進め方や、心身の健康や心理状態、社会的立場など、あらゆる角度から総合的に留学生への支援を捉えることが必要となります。

第三に、教育から生活やキャリアに至る総合的な支援を行うためには、関係各所と連携を取りながらチームとして協働的に働ける人材が求められます。また、留学生支援が日本社会の国際化につながるという側面を理解している人材が求められます。

必要とされる資格・スキル・資質を五つ

①日本語教育の実践・研究に関する専門知識と発信力（修士または博士の学位）
②高等教育機関でさまざまな学習者集団に対するカリキュラム構築・シラバス作成・教材開発・教育評価ができる力
③青年期や成人のキャリア発達・キャリアカウンセリングなどのアドバイジングに関する知識や経験
④留学生に関わる関係各所と協働的に留学生支援に取り組める力
⑤海外での日本語教育経験、または、母語以外の言語を学習した経験や、国際交流に関わった経験

まず①ですが、大学の日本語教育機関で教えるためには、大学での日本語教育の実践・研究に関する専門知識が必要です。一般的にはその分野の修士号または博士号の学位が求められます。

②は、大学で学ぶ留学生の多様なバックグラウンドや学習目的を理解し、それに適した日本語教育プログラムを設計・運営することを指します。

③は、大学で学ぶ青年期や成人の学習者である留学生の特徴を理解し、留学生に対するアドバイジングに関する知識や経験を蓄積していく必要があります。多文化化する日本社会の現状から、今後、この分野を担う人材はますます必要となるでしょう。

④は、教員一人でできることに限らず、留学生に関わる職員や学内外の関係者と連携・補完しあって教育や支援を行うことを指します。

最後に⑤ですが、大学に限らず、教員や職員自身が海外で日本語教育に携わったり、母語以外の言語を学んだ経験は、留学生の教育や支援に大きな力になります。異文化の中で新しい言語を(で)学ぶことは時間のかかる道のりですし、人間成長の複雑なプロセスでもあると思います。このことを理解することは留学生の学びや成長に伴走する上で重要なのです。

このお仕事で生活できますか？

現在の大学の教員として得ている給与については、生活する上で特に問題を感じていません。給与のほかに、大学からの研究費の補助もありますので、国内外の学会での研究発表や研究用の図書の購入に充てることができます。ただし、もっと大きい規模の研究を行う場合は外部資金を獲得しなければなりません（第4章「①研究者」p.74参照）。

職員として留学生支援にあたる場合は、専任職員と非常勤職員とで給与体系が異なります。また、留学生の多い大規模大学では留学生支援を専ら担当する職員がいる場合もありますが、小規模大学や専門学校、日本語学校では、教務課や学生課の職員が業務の一環として留学生支援を担当しているケースが多いです。

読者のみなさんへのメッセージ

私は、日本語（言語）教育を含む留学生への支援は、日本語を学ぶ人の「それまで」と「今」をつなぎ、さらには「その先の自分」をつなぐ営みだと思っています。これは私自身が日本語の学習者として経験したこと、今現在も日本語を使い、学び続ける者として思うことでもあります。

今後、日本で日本語を（で）学び、働き、暮らす人々が増えていくと思います。読者の皆さんが、日本語教育者としての仕事を通じて、言葉を学ぶことの本質を考え、新たな世界と出会えることを祈っています。

[参考資料]
金孝卿（2018）「元留学生社会人交流会『サロン・デ・ゼクスパット』におけるケース学習の実践 ―企業と大学の協働による学びの場の構築に向けて―」『多文化社会と留学生交流』22号、pp.57-65. 大阪大学国際教育交流センター

Coffee break

自分が語学の学習者だった経験、日本語を教えた経験…いろいろな経験が留学生支援に生きるんだね。

ここでは大学の先生のお話だったけど、大学職員として留学生の学習・生活支援に携わるっていう選択肢もあるのね。

留学生支援の仕事の範囲は学習面から生活面、キャリア支援と多岐にわたりますが、いずれも留学生の「今」と「未来」に密接に関わるやりがいのあるお仕事です。
これを専門の業務とする場合もありますが、兼任する場合もあります。

Column 3

文 = 神吉 宇一

日本語教育の推進に関する法律

議員連盟の発足

2016年11月、「日本語教育推進議員連盟」が発足しました。この議員連盟（以下、議連）は「日本語教育推進基本法（仮称）」を議員立法で成立させることを目指すために発足したものです。

本来、外国人に関する法律は、「移民法」「多文化共生推進基本法」のような包括的なものを整備した上で、個別の法律を作るべきです。これは、議連設立時から何度も言われていることですが、「いろいろな事情」により、これらの包括的な法律の整備がなかなか進まないことから、多くの外国人に関係する日本語教育の法律整備に着手したというのが実際のところです。

議員連盟での議論

法律案が固まるまでに、議連の総会は、通算で11回行われました。設立総会の第1回（2018年11月8日）の後、2回目から9回目は、日本語教育関係機関・団体によるプレゼンテーションでした。これらのプレゼンテーションにより、議連の議員たちは、法律案を作る際に考慮しなければならないことを知ることになります。各機関・団体がプレゼンした内容は、「第2回：総論」「第3回：就労関係」「第4回：集住地域・自治体」「第5回：日本語学校」「第6回：難民・外国人の権利保護」「第7回：日本語に関する試験」「第8回：海外」「第9回：日本語教育の実施体制」でした（分類名は筆者の独断）。そして、第10回総会（2018年5月29日）で、法律の基となる「政策要綱」が提案され、第11回総会（2018年12月3日）で、修正後の「政策要綱」と法律案の提示、議連の総意として議決・承認されました。

議連で決まったものは、各党内調整に回されます。今回は衆議院文部科学委員会、参議院文教科学委員会で議論をされる予定であるため、まずこれら委員会の理事、委員への「根回し」が必要だそうです。またもちろん、各党全体の理解と協力も不可欠です。12月3日の総会でも、「法律の議論がうまく進んでいくように、日本語教育の関係者のみなさんからも、ぜひ、関係者への働きかけを」という話がありました。

法律制定の意味

「日本語教育の推進に関する法律」ができることで、社会における日本語教育の位置づけが明確になります。従来、日本語教育は「文化芸術振興基本法」で位置づけられているだけでした。新たな法律ができることにより、日本語教育の目的が、国内的には「共生社会の実現」、対外的には「諸外国との交流の維持発展」と定められると思われます。これにより、予算措置の根拠ができるというのが、大きな意味だと言えます。

日本語教育者の主体性

政治的な基盤整備が進みましたが、日本語教育に携わる私たちは、今後、主体的に何を行っていけばいいでしょうか。一連の議論を通して、日本語教育関係者からは、法律の制定を待ち望む声が多く聞かれました。しかしながら、法律ができたら何ができるのか、私たちは何をするのか、議論は十分ではありません。

議連の議論が進む中で、印象的なことがありました。「政策要綱」発表後の2018年夏から、海外在住の日本語教育関係者によって、継承語について法律に明記すべきだという働きかけが始まりました。「まさかのタイミング」での動きでしたが、最終的に、これは第19条として実現しました。第11回の総会では、「海外の方のお手紙から私たちは状況を知ることができ、法律案に盛り込むことができた」と、この第19条についてわざわざ言及がありました。情熱を持って動けば政治は変えられるし、ひいては社会も変わる、変える主体は私たちであること。そして、政治を開かれたものにするのは私たち自身であると再認識したエピソードです。

日本語教育に携わる私たちは、法律をどう活用し、よりよい社会をつくっていけるのでしょうか。私たち自身が主体となって、何をどのように進めていくのか、問われているところだと思います。

（＊ 2019年2月現在の状況に基づいた内容です）

第4章

現場を支える

① 研究者
② 日本語教員養成担当者
③ 日本語学校長
④ 日本語アドバイザー
⑤ ウェブデザイナー
⑥ 書籍編集者

Column④ 新しい日本語教師の養成

①研究者

渡部 倫子（わたなべ・ともこ）

●プロフィール●
広島大学大学院教育学研究科博士課程後期修了。博士（教育学）。岡山大学言語教育センター准教授を経て、現在、広島大学大学院教育学研究科准教授。著書・論文に、Japanese as a Second Language Assessment in Japan: Current Issues and Future Directions（*Language Assessment Quarterly 14*、2017年、共著）、「読みの流暢さ測定ツールの開発 ―初級修了レベルの日本語テキストと内容理解問題の検討―」（『ヨーロッパ日本語教育』22、2017年、ヨーロッパ日本語教師会、共著）、『《CLIL日本語教育シリーズ》日本語教師のためのCLIL（内容言語統合型学習）入門』（2018年、凡人社、共著）などがある。

私の仕事

　研究者の仕事とは、ずばり、研究することです。研究ということばの意味を、複数の辞書で調べると、「物事を深くよく調べて考え、新しい発見をし、真理を知ること」とまとめられます。つまり、日本語を教えたり学んだりする人のために、役に立ちそうな本当の物事や道理を追い求めることが、日本語教育者としての研究者の仕事だと言えます。ちょっと人に聞いたり、インターネットで調べたりしただけでは、到底わからないことを、誰よりも早く解明したり発見したりして、人の役に立つ……想像しただけでワクワクする格好いい仕事だと思いませんか。実際、第一生命が2018年に発表したアンケート調査によると、男子小学生が大人になったらなりたい職業のトップは「学者・博士（研究者）」でした。日本人が自然科学の分野でノーベル賞を3年連続受賞したことも原因だと言われています。残念ながら、女子小学生にとっては、研究者はランク外の職業でした。ですが、内閣府の調査によると、大学の女性教員（そのほとんどが研究者）の数は、2006年からの10年間で、約1.5倍に増えています。これは、自然科学だけでなく、人文社会学でも同じ傾向で、これからも増え続けると予想されています。

　日本語教育者としての研究者数は調査されていませんが、文化庁が2017年度に発表した調査における大学等機関の常勤教師数と日本語教師養成・研修担当の教師数から、4,000人ほどの研究者がいると予測できます。同じ分野の研究を目的とした研究者の団体を学会といい、日本語教育の分野には、公益社団法人日本語教育学会[注1]があります。この学会の会員数が約4,000人ですから、この数はだいたい合っているのではないかなと思います。ただし、大学以外の機関（日本語学校、政府系団体、小学校・中学校・高校など）に所属して、研究している人もいますし、やろうと思えば、どこの教育機関にも所属せずに研究することだってできますから、本当の人数は調べてみないとわかりません。それに実は、大学教員だからといって、研究しているとは限りません。留学生に対する日本語教育だけが求められ、研究に必要な資金（研究費）がもらえないことがあります。では、研究しているかどうかは、どう判断すればいいのでしょうか。

　研究者は、研究活動をしているかが評価されます。研究活動とは、論文や著書の執筆、学会が主催する研究発表会での口頭発表や講演、受賞、知的財産権の取得、研究費の獲得などのことです。中でも最も重要視されるのが論文の数と質です。

　論文とは、研究成果をわかりやすくまとめた文章のことです。調べたことをもとに十分な論拠を提示して、新しい発見をしたことを証明することが求められますから、専門書を読んだ感想文や、日々の生活で生じた疑問に対する自分の意見を書いたエッセーは、論文とは言えません。現在は、インターネットで検索して、簡単に論文を読むことができ、とても便利になりましたが、同時に、誰でもインターネットで自称論文を公開することができるため、その論文に書かれた研究成果が信頼できるかどうか、判断が難しくなっています。そのため、論文を何本かまとめて出版する学術雑誌に掲載されているかどうかが、研究成果の信頼度を判断する基準となります。掲載されるときに審査を受けた論文は、査読付き論文と呼ばれており、査読無し論文よりも価値が高いとされています。例えば、日本語教育学会が出版している学術雑誌『日本語教育』の査読付き論文の採択率（2018年度）は、10〜22％という狭き門でした。以前は、研究者が一人で書いた著書を出版することが最も高く評価される研究活動でしたが、外部からの審査を受けずに出版することができるため、著書の価値が年々下がっているという印象を受けます。審査の有無のほかに、掲載された学術雑誌が『日本語教育』のように、インパクトファクター（引用された頻度、日本語教育分野への影響度）が高いものかどうかも論文の評価を左右します。

　研究成果を論文にまとめ、よりよい学術雑誌に掲載されて、人に読んでもらうことは、簡単なことではありません。そのため、研究者は、研究の進捗を研究仲間に相談したり、学会が主催する研究発表会で発表したり、研究成果をまとめて講演したりして、他の人の意見を求めます。研究発表会では、自分が発表するだけでなく、他の研究者の発表を聞いて、自分の研究に役立つ情報を集めることができます。発表後の質疑応答がきっかけで、一緒に研究する仲間（共同研究者）と出会えることもあります。

　こうした研究活動が認められれば、優秀論文賞、奨励賞、

学会賞、ノーベル賞といった賞を受賞したり、研究成果が知的財産権として認められたりすることもあります。ただ、研究活動には研究費が必要です。実験や調査に必要な機材・物品の購入や協力者に対する謝金、国内外で開かれる研究発表会や研修会に参加するための旅費などがかかります。大学から配分される研究費は年々減っているため、大学の外部から研究費を獲得しなければ、自腹で研究することになってしまいます。代表的な外部からの研究費は、科学研究費助成事業（以下、科研費）です。科研費を申請するには、研究機関に所属しているなど、いくつかの要件をみたさなければなりません。先ほど、教育機関に所属していなくても研究はできると述べましたが、あらかじめ研究環境が整っており、研究費を獲得しやすいという意味で、大学は最も研究しやすい教育機関であると言えます。

科研費の申請者は、詳細な研究計画書を書いて応募し、その他の研究者による厳しい審査を受けます。審査に合格し、採択されれば、まとまった額の研究費がもらえます。日本語教育の分野では、3〜5年間で約5,000万円が最高額です。科研費のような大学の外部から獲得した研究費の一部は、大学の設備のために使われるため、研究活動の一つとして評価されます。

以上のような研究活動の他にも、大学に所属する研究者は、教育活動（授業担当、学生の研究指導、教育実習担当など）、社会活動（学外の委員、研究発表会の主催、研修会の講師、論文や申請書の審査など）、大学運営（学内の委員など）を行っています。

これまでの道のり

大学で日本語教育を専攻し、修士号、博士号、中学高校の専修免許状（国語）を取得しました。学部生のときは、ボランティア日本語教室やエクスチェンジ・レッスン（英語を教えてもらうかわりに、日本語を教える学習）をしていましたが、修士課程前期に入ってからは、さまざまな機関（大学、日本語学校、政府系団体、一般企業）で日本語教員のアルバイトができるようになりました。

学生の間に、海外での日本語教育経験も積みました。1回目は学部3年生のときで、出版社が主催した海外日本語教育実習プログラムでした。50万円以上かかりましたが、カナダのトロント大学で著名な先生方から指導していただく貴重な機会が得られました。2回目は修士課程前期の1年目を終えた後で、1年間休学し、ニュージーランドのヴィクトリア大学に留学し、日本語のチューターとして働きました。このとき、外国語としての日本語教育を体験したことがきっかけで、日本国内で第二言語としての日本語教育に関わりたい、日本語プログラムをコーディネートできるようになりたい、日本語教育で食べられるようになりたいと思い、博士課

程後期への進学を決めました。

博士課程後期の1年目に結婚したのですが、相手は同い年で就職したばかりだったため、生活費のやりくりが大変でした。奨学金と日本語の非常勤講師の謝金を学費と研究費に充てることで、なんとか博士論文を書くことができました。博士号を得る条件や審査方法は大学によって異なりますが、私の場合、査読付き論文を2本以上公開することが条件で、研究指導グループによる4回の審査を経ました。この間、学会が主催する研究発表会で口頭発表をして、学外の先輩研究者からもアドバイスをいただきました。

その後、同大学で1年の教務員（授業を担当しない助手）を勤めたあと、別の大学の留学生センターで日本語教育を担当しました。研究活動は求められていない職場でしたが、いつか日本語教員養成や学生の論文指導をしたいと思っていたので、同じ職場の先生方のサポートを得て、研究活動を続けました。結婚8年目にようやく一人娘を授かり、子どもを対象とした日本語教育に貢献したいと考えるようになりました。

ある日のスケジュール

4:00	
5:00	
6:00	起床
7:00	朝食・家事
8:00	出勤
9:00	
10:00	日本語教育評価法の講義（大学院）
11:00	
12:00	昼休み
13:00	
14:00	日本語教育実習の指導（学部）
15:00	
16:00	学生の研究指導
17:00	
18:00	帰宅
19:00	夕食
20:00	
21:00	娘と猫との時間
22:00	
23:00	自由時間（たいてい読書）
0:00	就寝
1:00	
2:00	
3:00	

留学生センターで5年半勤めた後、現在の大学に移りました。今は、日本語教員養成や学生の論文指導に携わり、研究を続けています。教育学部に所属しているため、国語教育、特別支援教育、初等教育、小学校と連携して、念願の子どもを対象とした研究にも挑戦することができました。共同研究者に恵まれ、今のところ研究費には困っていません。困っていることは、研究の方法は習ったことがあるけれど、研究指導の方法は習ったことがないということです。それと、2018年から猫を2匹飼い始め、その後、結婚相手が単身赴任になってしまったので、平日の海外出張が難しくなったことでしょうか。今も試行錯誤、七転八倒の日々を送っています。

印象に残っている出来事

博士課程前期の頃、教員研修生を対象とした日本語入門の授業を担当しました。教員研修生のみなさんは全員私よりも年上で、もちろん教員としての経験も豊富でした。当時の私の教案を読み返してみると、申し訳なくて悶絶するほど下手な授業をしているのですが、教員研修生のみなさんは、何度も私の良いところを見つけて褒めてくださいました。先輩教員としてのやさしさに少しでも応えたいと思った私は、授業の準備にかける時間を増やしました。その結果だとうれしいのですが、すべての授業が終わった後、私の授業に対する評価アンケート結果が良かったことを知りました。当時の私は、自分が日本語教員に向いているのかと悩んでいたので、その結果は私の励みになりました。

と同時に、とても限られた研修期間で、教員研修生からニーズの高い口頭運用能力をもっと伸ばせる指導法や評価法があるのではないかという疑問を持ちました。

調べてみると、日本語の口頭運用能力の指導方法に関する研究は多いのですが、その評価法に関する研究は少なく、ACTFL-OPI[注2]という評価法が日本に紹介されたばかりという状況でした。このときの疑問が後の修士論文と博士論文の研究テーマに発展したのです。教員研修生のみなさんとの出会いのおかげで、教員と学習者は対等であること、思いのほか研究すべきことが残されていることに気づけました。何より、どんなにささいな一言でも、褒め言葉が大きな原動力になることを学びました。「教えてもらった日本語を使ったら、通じました」「前に比べてわかりやすい発表でしたね」「今の質問は鋭かったですよ」……私を前に動かしてくれた、たくさんの褒め言葉が印象に残っています。

必要な能力・スキルを向上させるために

研究者に必要な能力・スキルを向上させるには、研究するしかないと思っています。読解能力を向上させるには、読解そのものに取り組むことが一番重要なのと変わりません。本田・岩田・義永・渡部（2019）で、研究するために必要なことをリストにまとめました。中でも重要だと思っているのは、最新の論文を読むことです。なんとなく読んで、すごいなあと感心するだけでは、自分の研究に活かせません。自分の研究を続ければ、新しい発見ができるかどうか、新しい発見のために参考にできそうな調査・実験の方法はないか、論文の内容を批判することで、次の新しい研究テーマが見つからないかなど、宝探しをするつもりで読んでいます。これまでの経験では、英語で書かれた英語教育に関する論文から、お宝を発見することが多いように思います。

もし、新しい方法を発見したら、その方法を学ぶために、研修会に参加したり、専門家を招いてアドバイスしたりしてもらっています。研修会の情報は、第二言語習得研究会（JASLA）や中国帰国者支援・交流センターのメーリングリスト（子どもメール）やFacebookなどのSNSから得ています。ただ、多くの研修会は、東京や大阪など都会で開かれることが多いので、私の職場に専門家を招くときは、地元の日本語教育関係者や指導している学生も参加できるよう周知しています。

専門家に対して旅費や謝金を出すにも、研修会のために出張するにも、研究費の確保はとても重要です。科研費などの申請書を書くときは、書き方のマニュアルを読んだり、共同研究者からアドバイスをもらったりしています。

求められている人材は？

今の職場で求められている研究者とは、教育の国際化に対する責任を担い、グローバルな人材育成および社会的貢献を推進できる人材です。具体的には、留学生と日本人学生を対象とした日本語と英語による専門的な授業ができる人、国内外での日本語教育経験がある人、質と量ともに充実した研究活動をしている人、外部からの研究費を獲得した経験がある人、大学の研究力を国内外に発信できる人、学生の研究指導の経験がある人などです。近年では、女性研究者、外国人研究者、若手研究者を積極的に募集している大学が多くなっています。

研究指導をしている学生たちと

必要とされる資格・スキル・資質を五つ

大学に所属する研究者になるには、次のことが必要です。

①博士号
②公募条件に合った研究業績
③高度な日本語コミュニケーション能力と研究活動の発信に必要な英語能力
④国内外での日本語教育経験
⑤世間で常識だと言われていることに囚われず、何を研究すればいいか、どう研究すればいいかを発見し、真実を探し続ける力

この五つを手に入れるために重要なのは、「時間」「運」「愛」の三つだと思います。短い時間では、決して手に入れることはできません。たとえ手に入れることができたとしても、自分よりもほんの少し、優れた研究業績を持っていて、大学が求める人材に合っている人がライバルにいたら、大学に就職することはできません。それに、博士号をとったタイミング、結婚、出産、育児、介護、病気など、人生で起こるさまざまな出来事が影響するので、正直、研究者になれるかどうかは運頼みなところもあります。私がこれまで、ちょっとしたタイミングのずれがあって、運に見放されたと感じたとき、十分な時間がないと感じたとき、それでも研究者になることをあきらめないでいられたのは、愛があるからだと思います。ことば、文化、教育、教員という仕事、自分が選んだ研究テーマ、共同研究者、日本語学習者、研究指導をしている学生、友人、家族、そして自分自身に対する愛。愛がなければ研究者になれないということは、先輩研究者の一人である恩師から学びました。

このお仕事で生活できますか？

大学に所属する研究者になれば、家族を養えるだけのお給料がもらえます。また、研究活動が認められれば、所属している大学以外の大学や教育機関、政府系団体、自治体、一般企業から兼業依頼があります。研究成果をまとめた教材や著書などの出版物の印税を得ることもできます。こうした収入を合わせると、日本人の平均収入を超えた額の収入がもらえます。特に女性の平均年収（2017年の30代女性は約380万円）を大きく上回ります。女性研究者の一人として、より多くの女性研究者が増えることを切望しています。

読者のみなさんへのメッセージ

研究者という職業は、会社員や公務員に比べると、どうすればなれるかがわかりにくく、30代になっても低収入であることが多いため、道半ばにしてあきらめてしまう人が少なくありません。日本語教育に関する研究分野は、応用言語学と呼ばれており、まだまだ若い分野です。他の分野の研究者に「日本語教育をやっています」と自己紹介したら、「それは仕事でしょ。で、専門は？」と言われることが少なくありません（本田ほか , 2014, p.286）。正直に言って、日本語教育の研究者という地位は今でも決して高いとは言えないのです。日本語教育の研究者の地位を高めるために、日本語教育学を多くの人に認知される学問分野にしていかなければなりません。

それは決して平坦な道ではありません。しかし、魅力的な研究テーマを見つけたときのワクワク感、新しい発見をしたときの興奮、日本語学習者や指導学生の成長を目の当たりにしたときの喜び、世界を股にかけて仕事をし、すばらしい人たちと出会える機会、日本語教育を通して世界の平和に貢献する夢など、苦労した分以上のことが得られると断言できます。

［注］

注1）　公益社団法人日本語教育学会ウェブサイト

注2）　全米外国語協会が開発したインタビューテスト（Oral Proficiency Interview）。日本語の会話能力を測定することができる。

［参考資料］
本田弘之・岩田一成・義永美央子・渡部倫子（2014）『日本語教育学の歩き方 ―初学者のための研究ガイド―』大阪大学出版会

Coffee break

大学院に進学して、研究者を目指す道もあるのか！

研究成果が学習者や日本語の先生の役に立ったら、うれしいだろうな。やりがいのある仕事だな。

研究者への道は、決して簡単なものではありません。しかし、研究成果によって、日本語教育の業界に広く貢献できる重要な仕事です。大学に所属する研究者は、研究の他にも、教育活動や社会活動などの業務も行います。

② 日本語教員養成担当者

嶋津 百代 (しまづ・ももよ)

● プロフィール●
関西大学外国語学部／外国語教育学研究科准教授。博士（言語文化学）。大阪大学大学院言語文化研究科博士後期課程修了。韓国・高麗大学校文科大学日語日文学科教授を経て、現職。主な著書に『第二言語リテラシーとストーリーテリング ―次世代の日本語学習者のコミュニケーションのために―』（2015 年、J&C、単著）、『創造性の視点から捉え直すインターカルチュラル・コミュニケーションの可能性 ―日本語学習者が考えるコミュニケーションのあり方―』『インターカルチュラル・コミュニケーションの理論と実践』（2016 年、くろしお出版、分担執筆）がある。

私の仕事

　日本語教師になるには、日本語教育に関連する知識や教師としてのスキルを身につけていることが求められます。日本語教師の職を得るには、それらの知識やスキルを証明することが必要です。①日本語教師養成講座 420 時間を修了していること、②日本語教育能力検定試験に合格していること、③大学の日本語教師養成課程の主・副専攻を修了していること、これらのいずれかを満たしていることが、日本語教師の採用の条件とされています。

　例えば、上記①の日本語教師養成講座は、民間の学校が通学講座を開講していたり、出版社が通信教育やｅラーニングを提供していたりします。日本語学や日本語教授法に関する理論的な知識が学べ、模擬授業や教育実習を通して、教育現場での課題や問題点を知ることもできます。

　②の日本語教育能力検定試験に合格するための対策講座も同様で、民間の学校などが通学・通信教育の形で開設しています。民間機関での日本語教師養成講座や日本語教育能力検定試験対策講座は、日本語教師を目指す多くの方が受講されています。

　③の大学の日本語教員養成課程は、民間の教育機関が開講している日本語教師養成講座と異なり、受講生の受講目的や動機が多様です。日本語教育専攻であればまだしも、大学のほとんどが副専攻として開講している日本語教員養成課程では、キャリア・スペックの一つとして養成課程修了を目指す学生が多く、大学卒業後に日本語教師になりたいと望む学生は数少ないのが現状です。

　私の勤務校である関西大学外国語学部の日本語教員養成課程を例にお話しましょう。関西大学外国語学部には、日本語教育の主専攻がありません。そして、日本語教員養成課程に設置されている授業科目の受講生全員が日本語教師を志望しているわけではありません。学生のほとんどが、日本語教師という職業に興味関心はあっても、企業への就職を希望しています。そのため、日本語教員養成課程の教育目標と、学生自身が持つキャリア観や養成課程受講の意味づけが必ずしも一致するわけではありません。

　このような状況にあることを理解していただいた上で、大学の日本語教員養成を担当している私の仕事について話を進めます。

　私は大学教員ですので、教育・研究・大学運営・社会貢献の四つの活動を中心に、さまざまな仕事に携わっています。日本語教員養成に関連するところでは、養成課程修了のための必須科目である日本語教育学や日本語教授法の授業を担当しています。また、日本語教育実習での指導も行っています。

　日本語教育界に属している私のミッションの一つは、次世代の日本語教師を育てることです。そのため、キャリア形成の早い段階で、日本語教育の仕事に興味関心を持ってもらえるよう、学生に働きかけていく必要性と重要性を感じています。また、現在の状況に鑑みると、日本語教員養成課程の履修時に日本語教師になることを望まない学生に対しても豊かな学びを提供することが、結果として、日本語教育のサポーターを増やすことにつながると考えています。

　日本語教員養成課程での学びの内容によっては、日本語教育への強い興味と積極的な動機を持つ学生はもちろんのこと、その他多くの学生の関心を日本語教育に向けさせ、日本語教育人材育成の底上げに貢献する可能性があります。そのためにも、私は、日本語教育に関する知識の伝授にとどまらず、日本語や日本語教育を通して、学生が建設的で発展的な気づきが得られるような仕組みを提供する教員養成を目指しています。

これまでの道のり

　日本語教師という職業があることを知ったのは、中学校の恩師である澤西先生が国語教師を辞めて、日本語教師になるために大学院で研究を始められたときです。澤西先生は高校生だった私に「嶋津さんは日本語教師に向いているかもよ」とおっしゃいました。この澤西先生のことばを思い出したのは、それから何年も先になります。

　当時の私は小劇団の芝居が大好きでした。観る側から演じる側で演劇の世界を堪能したい気持ちが徐々に強くなり、東京の大学に進学すると同時に、某劇団の俳優養成所に入所して舞台役者を目指すことにしました。俳優養成所では、ニューヨークのオフ・ブロードウェイで活躍されたアメリカ人演出家の先生から、台本の読み方、役作りのしかた、即興のやり方、感情をコントロールする方法などを教わりました。ここ

で学んだことは、現在、私が専門としている教育現場の談話研究での分析に非常に役に立っています。

大学卒業後は就職せずにアルバイトで生計を立てながら、芝居の稽古に励み、端役で舞台に立ち続けていました。自己表現の手段として、演劇は私の生きる力そのものでしたが、数年経って「もう一度大学で学び直したい、大学生活を経験し直したい」と考えるようになりました。思い切って劇団を退団し、貯金を崩して生活しながら受験勉強し、26歳で東京芸術大学美術学部に入学しました。

20代後半を過ごした芸大では、かけがえのない友人と美しい芸術作品から人生の楽しさを学ぶことができました。芸大生活最後の夏休みは、初めての留学を実現しようと思い立ち、縁あってハワイ大学に語学留学しました。英語学校で知り合った人たちと、ワイキキビーチ付近でバーベキューを楽しんでいたある日のこと、アメリカ人の友人に「日本人としての強みや専門性を生かして、アメリカで日本語を教えれば？」と提案されました。その友人のひと言で、中学校の恩師である澤西先生の「嶋津さんは日本語教師に向いているかもよ」ということばを思い出し、ようやく日本語教育の世界に足を踏み入れました。

語学留学を終えた後、そのままハワイに残り、ハワイ大学大学院東アジア言語文学研究科に入学しました。大学院ではTA（ティーチングアシスタント）として日本語初級の授業を担当しましたが、自分の母語なのにどうやって教えたらいいのかわからなくて途方にくれたことも、自分は教師や研究者に向いていないと思って落ち込んだこともあります。しかし、日本語教育の世界に身を置く覚悟を決めたら、目の前に道が開けていきました。その後、私的な事情で数年のブランクはありましたが、大阪大学大学院言語文化研究科に進学し、博士号を取得しました。

こうした道のりを経て、現在、私は大学で二つの教育分野を担当しています。一つは、日本語を母語としない外国人留学生に対する日本語教育です。もう一つは、将来日本語教師になりたい学生に対する日本語教師教育です。現在の勤務校に着任してからは、教員養成を中心に担当するようになりましたが、やはり日本語教育の現場に立って外国人留学生と常に交流していないと、今、彼らが何を考え、何を必要としているのかを理解したり実感したりできません。そのため、これからもずっと、外国人留学生が日本語を学ぶ教室に参加していたいと望んでいます。そして、日本語教育の実践の場に立ち続けながら、日本語教師や日本語教育専門家を育成することにも力を注いでいきたいと願っています。

印象に残っている出来事

これまでの仕事経験の中で、最も印象に残っている出来事を挙げるのは容易ではありません。大学で過ごしていると、毎年印象に残る出来事があり、すてきな人との出会いがたくさんあります。それが、教師という仕事の醍醐味の一つだと思います。あえて印象に残っている出来事を挙げるとすれば、以前勤務していた韓国の高麗大学校で、初めて日本語教員養成を担当したことです。

それまでは学部生に日本語を教えたことしかありませんでしたが、高麗大学校着任2年目に教育大学院で授業を担当することになりました。日本語教師としての自分の役割についてはそれなりに認識しているつもりでいましたが、このとき、日本語教師を養成する「教師教育者」としての視点を持つことが期待されることになったわけです。

教育大学院の大学院生のほとんどは、中学校や高等学校で教えている現職日本語教師です。私が担当した大学院生は、日本語教育に関する新しい知識を得たいという意欲が非常に高く、人間的にもすばらしい方たちでした。私が日本語母語話者教師だからではなく、日本語教師の大先輩であるという態度で、常に接してくれているのを感じました。ある方が「日本語教育の実践って、語彙や文法を教えるテクニックを学ぶのではなくて、学習者を知ることを学ぶんですね」と話してくれたときは、私自身が教師教育の本質を教えられたように思いました。

人を指導する立場にあるということは、その人の人生に深く関わるということです。そして、教師という仕事は、ある意味、自分の生き様を示すことではないでしょうか。この「生き様」には多様な意味が含まれていると思いますが、学び手は師の生き様を通して、専門性を学んでいくのではないでしょうか。こう考えると、自分がそのような立場にあることに、怖くなるほどの責任を感じることがあります。

このようにして、高麗大学校で初めて教師教育者として担当した教員養成が、教育活動においても研究活動においても非常に大きな転機となり、私のキャリア形成の次のステップにつながったことは言うまでもありません。

必要な能力・スキルを向上させるために

日本語教師を養成する教師教育者に必要な能力やスキルは、突き詰めて言えば、「ことば力」と「授業力」だと思っています。

ある物事や事柄について語ることができるのは、そのことについて語るためのことばを持っているからです。ことばがあればあるほど、語ることの選択肢も増えます。少し大仰に言えば、ことばが、わたしたちの想いや考えを目に見え、耳に聞こえる形にしてくれ、自分と他人をつないでくれているわけです。だから私は、学習者がそのようなことばをできるだけたくさん見つけられるように、ことばの教育を続けていきたいのだと思います。日本語教員養成課程の授業でも、受講生にはそのことを繰り返しお伝えしています。

もし私が誰かに指導を仰ぐなら、その方が人として愛されるべき、尊敬されるべき人物であってほしいと思います。また、その方の発することばが美しくあってほしいと思います。なぜなら教師としての人柄は、その人が発することばにも表れます。私も微力ではありますが、日本語教育にかかわる「ことばの媒介者」として、自分のことばの影響力を認識し、自分のことばに責任を持ち、自分のことばに悪意や毒がないか、常に振り返るよう努力しています。このようにして、「ことば力」は鍛えられると信じています。

もう一つの「授業力」も、この仕事を続ける限り、教師教育者が絶えず磨くべき力の一つだと思います。日本語教師として経験を積み重ねてきた私も、できるだけ他の先生方の授業を見学させていただき、教室活動の取り組みなどを共有させていただいています。また、学部生や大学院生の模擬授業や教壇実習からも学ぶことが多くあります。学習者と同じ世代の学部生や大学院生ですから、学習者目線で授業デザインに関する多彩なアイデアを見せてくれます。

このような授業見学に関して、私が教員養成関連の授業で必ずお話するエピソードがあります。大学で非常勤講師として日本語授業を担当した新人日本語教師の頃、授業をどのように設計したり、運営したりすればいいのかわからず、実際の授業をできるだけたくさん見学させていただきたいと思いました。私の不躾なお願いを快く受け入れ、受講生の許可をいただいた後、授業を自由に見学させてくださる先生もいれば、なんらかの理由でお断りになる先生もいらっしゃいました。不思議なことに、そのとき授業見学をお断りになられた先生方は、現在誰一人、日本語教師の仕事を続けていらっしゃいません。これは、どういうことでしょうか。つまり、多くの人に自分の授業を見ていただき、コメントやフィードバックをいただくことで、授業力は磨かれていくということを意味しているのではないでしょうか。

求められている人材は？

優秀な日本語教師であっても、優秀な日本語教育関連の研究者であっても、優秀な「教師教育者」になれるわけではありません。しかし、日本語教師や日本語教師志望者を指導する教師教育者の資質や能力が問われたことは、これまでなかったように思います。「どのような日本語教師が望まれているか」「どのような日本語教師を育てるべきか」については、よく議論されます。一方で、大学や大学院での日本語教員養成や、日本語教育関連機関や組織での教師研修に携わっている教師教育者の指導が問われてきたことはほとんどないのです。ましてや、教師教育者が持つべき専門性が研究の対象となることも稀です。日本語教師教育や教師養成、教師研修を向上発展させていくには、教師教育者として求められている人材についてしっかり議論していく必要があると思っています。

現時点で、日本語教員養成を担う教師教育者に求められる人材として私が考えるのは、日本語教育を大局的に捉えることができる人です。これからの日本語教育は、日本語や日本文化を伝えていくだけでは不十分です。グローバルな視点で「日本語を通して世界をどう見るか」「日本語を使って世界にどう向き合うか」を考えることが必要になってきます。そして、そのように考えることで、自分の言語教育観が形成されていきます。日本語教師を育成するのですから、日本語教師としての言語教育観はもちろんのこと、教師教育者としての言語教育観も明確でなければなりません。教師の言語教育観のないところには、学習者にとってどんな気づきも学びも生まれないからです。

必要とされる資格・スキル・資質を五つ

ここでは、大学で日本語教員養成に携わるために必要な資格・スキル・資質を五つ挙げてみます。

①修士号以上の学位
②日本語教師の経験
③日本語教育に関する知識
④海外での生活体験と外国語の習得
⑤人が好きなこと

大学の日本語教員養成において授業や実習を担当する資格としては、「①修士号以上の学位」が最低限必要になります。最近では、博士号を取得していないと大学教員に採用されることが難しくなっています。

また、日本語の教師教育者ですから「②日本語教師としての経験」と「③日本語教育に関する知識」が求められます。先述のように、教員養成は、教師教育者が日本語教師としての自分の経験を、次の世代の教師に共有することですし、そ

の経験は日本語教育に関する知識が目に見える形で裏付けてくれます。机上の空論にすぎない理論や知識は現場では役に立たないという声も聞きますが、現場での経験を支えてくれるものだと私は考えます。

そして、「④海外での生活体験と外国語の習得」は、学習者を理解するのにプラスに作用してくれます。絶対的な条件ではありませんが、学習者の気持ちや立場に心から寄り添える方に、海外での生活体験と外国語を習得されている方が多いように思えます。

最後に、日本語教師を養成する人の資質として「⑤人が好きなこと」を挙げておきます。人に興味を持つところから日本語教育は始まりますので、そのことを教師教育者自身が身をもって示せることが重要なのではないかと思います。

日本語学校や民間の学校などが開講している日本語教師養成講座では、日本語教師としての経験豊富な先輩講師が、後輩教師を育成するという形で指導されることが多いです。日本語教師としての経験に支えられた教育理念や、現場で培った技能が優遇されます。

このお仕事で生活できますか?

現在、大学の専任教員である私は、生活するのに十分なお給料をいただいています。日本語教員養成だけでなく、学部の初年次教育や専門ゼミ、大学院生の論文指導などを担当しており、その他の大学の業務もかなりこなしています。したがって、いただいているお給料は、それらすべてに対する報酬だと捉えています。

私がハワイ大学大学院に入学したのは30歳を過ぎてからでしたし、大阪大学大学院で博士号を取得したときはすでに40歳を超えていましたので、奨学金や研究助成金に申請したくても、年齢制限のために応募さえできないことがほとんどでした。そのため、専任教員になる前は、非常勤講師として三つの大学で1コマ90分授業を週に15コマ教えていました。

当時の私のように、大学には非常勤雇用や任期付雇用の教員の方が多くいらっしゃいます。日本語教育はそのような先生方に支えられている教育現場でもあります。大学以外の教育機関で行われる教師養成や教師研修の場合は、勤務条件も勤務形態も異なります。したがって、どのような形で日本語教師を育成するかによって、お給料にも違いが生じます。

読者のみなさんへのメッセージ

この原稿を書いている2018年は、日本語教育界に大きな動きがありました。日本政府が労働人口減少の対策として外国人材受入れの拡大方針を打ち出すと、そうした社会の動向に伴って日本語教育が注目されるようになりました。日本語教育にまつわる課題が、有識者を中心に活発に議論されていますが、日本語教師も日本語学習者も含めた日本語教育に関わる人すべてが、日本が迎える多文化共生社会においてどのような日本語教育環境を構築していくべきかを一緒に考えていく必要があります。

こうした社会の動きと足並みを揃えつつ、大学で日本語教員養成を担う教師教育者は、高等教育という枠組みの中で日本語教師を養成する意味と意義を常に考えていなければなりません。つまり、大学はどのような学びが提供できるかを追求し続けることが重要で、そのことと日本語教員養成の教育内容が関連づけられるべきだと、私は考えています。

そのような教育課程で学んだ日本語教師や日本語学習者には、日本語を通して世界の人々とつながり、国境を超えたコミュニティや社会を創り、自分の意見や考えを発信していく心意気を持っていただきたいと思います。そのためにも、私は全力でお手伝いさせていただきます。

今、この本を読んでくださっている方々が、次世代の日本語教育のサポーターとなってくださったとき、ぜひ一緒にお仕事をさせてください。日本の未来を、世界の未来を、どうぞよろしくお願いいたします。

③日本語学校長

丸山 茂樹 （まるやま・しげき）

●プロフィール●
I.C.NAGOYA 校長。（一財）日本語教育振興協会理事。1976 年、青山スクールオブジャパニーズ創設に参加、日本語教育の世界に入る。その後、大手電鉄会社教育センター、大手電機メーカー系語学校マネジャー時代に中部地区初の告示校として日本語コースを立ち上げる。1996 年 3 月、語学校の経営を引き継ぎ I.C.NAGOYA と名称変更。留学生のほか、高校生の短期日本語教育、アジア人材資金構想中部地区ビジネス日本語教育、EPA フィリピン人介護福祉士候補生第 1 期～第 3 期の来日後 6 カ月間の日本語教育など、さまざまな層の日本語教育を行う。主な著書に『外国人労働者受け入れと日本語教育』（田尻英三（編著）、2017 年、ひつじ書房、共著）がある。

私の仕事

私の仕事は日本語学校（正式には法務大臣告示により外国人を受入れることのできる日本語教育機関）の校長です。一口で言い表すとすれば、「よろず問題解決屋」です。海外での学生募集説明から始まって、入国・在留時のさまざまなトラブル対応、帰国・進学・就職など在籍期間（日本語学校の在籍期間は 2 年間までと決められている）終了後の次の段階へ無事に送り届けるための指導に当たります。単純に日本語を教えるだけではなく、日本国内での保護者（責任者）であり、その教育機関の総括責任者です。

まわりを見回すと、文化の異なるところで育った人同士の摩擦・軋轢が日々さまざまなところで起きています。ことばは、文化摩擦を克服するものであり、異文化の奥に秘められたモノをつかみ、交流・通商を可能にする道具として最も重要なものであることは自明の理ではないでしょうか。私たちは、その「最も重要なもの」の基礎を教えていると言えます。

一方で、残念ながら未だに、日本語は日本人ならば誰でも教えられると勘違いされているようです。風俗、習慣、年齢、国籍も異なる世界中の人たちを相手に、日本人の行動様式や考え方を、日本語の使い方を学ばせながら教えている現場が日本語学校であると私は思っています。それは日本人ならば誰でもできるというものではありません。

日々の日本語の授業を通して、学生（受講生）たちは自国とは異なる文化、習慣などを学んでいきますが、時として日本で「常識」とされることを逸脱することもあり、教室では日々、日本語教師が悪戦苦闘しています。それがどうにもならない局面に来たときに、校長である私の出番が来ます。ある意味、「因果な仕事」なのかもしれませんし、誰にでもすぐにできる仕事でもありません。

海外十数カ国での日本留学説明会では、「なぜ日本に来てまで日本語を学ぶ必要があるのか？」「日本で日本語を学んで将来何をしたいのか？」と必ず日本留学希望者に禅問答のように聞きます。さまざまな動機を探り、「何となく日本に留学したい」という単純な憧れを、より明確な目標にさせることが私の仕事の重要な部分でもあります。このように、入り口をしっかり押さえておくことが留学では重要です。そして、来日後に、時として授業をサボったり、留学の目標を見失いかけたりする学生に、「常に初心を忘れずにいるのか？」と問いかけるのも私の仕事です。

折しも、日本政府は数多くの外国人労働者の入国を解禁すべく動きだしていますが、自国よりももっと稼ぎが良いところで働きたいという動機は一番明確な動機ではないかと思っていますし、1 円でも高い給料のところへ移動するのも当然だと理解しています。しかし、「苦学生」ということばがあるように、留学生と偽装学生とはまったく異なるものと思っています。真面目に勉強しようという学生たちに TV や SNS などの映像や写真で見る日本と現実の日本との違いを相手の立場に立って教えることも我々の重要な仕事だと感じています。しかし、過去、30 数年間、校長という立場でどこまで相手の立場に立ってできたのかと問われれば忸怩たる思いにならざるを得ません。

「JAPAN as No.1」ともてはやされたのは、かなり前ですが、モノの充足が全世界で進み、ICT や LCC（格安航空会社）の普及によって情報と人の移動がますます活発になってきて、より多く稼ぎたいという欲求と同時に、一方で日本という文化の異なる国を体験してみたいと言う外国人観光客に対して日本が入国障壁を低くしたことは、島国であった日本が数多くの労働者も外国人観光客も受入れる普通の国になっていく前兆でもあると思われます。

日本語を学ぶ動機は人それぞれですが、最終的には日本語を通してしか学べない何かを日本文化の中に持っていたからここまで留学生が増えてきたと私は考えています。

残念ながら、日本語学校が未だに教育機関としての認知度が低いのは、日本人のための語学学校と同列に考えられているからで、会話ができれば意思疎通が可能だという思い込みを日本人自身が中学・高校の英語教育で刷り込まれているようにも思えます。

日本語学校は単純な語学学校ではなく、まさに日本文化という習慣や規則、考え方、働き方等々も教えている教育機関へと進化していくべきものであり、その方向性を自校で共に働く教職員を通して実現させることも私の仕事だと強く肝に銘じています。

大規模校には専任の学生募集担当者がいますが、担当者は日本語学校の教育総責任者である校長の権限を委任されてい

るのであり、告示基準にある各学校の創立の理念、目的を逸脱しないように教職員を指導していくのも校長としての私の仕事だと考えています。とはいえ諸事、雑事にかまけて副校長、主任講師、専任講師に任せっぱなしにしていることは弁解の余地はありません。しかし、最終責任を取るだけの覚悟は30年余の間にできたし、失敗を教職員に転嫁することもありません。

これまでの道のり

紙幅の関係で書ききれないので、簡単に「I.C.NAGOYA設立までの道のり」を年表風に記してみます。

1970. 秋 ：単身でたった一人の乗船客として信託統治領パプア・ニューギニアへ渡る

1976 ：初春までの学生時代に合計3回パプア・ニューギニア出かけ、観光開発の手伝い、現地部族語の調査収集などを行う
この間、大学在学中に国立国語研究所の短期研修のほか、大学の日本語教授法講座を受講

1976. 春 ：大学在学中に教育実習の教官であり、青山スクールオブジャパニーズ創設者である中西郁夫のもとで教材作成から学校の立ち上げまで参画

1977 ：生まれ故郷の地方鉄道会社に入社し、鉄軌道、自動車部門現業研修

1978 ：レストラン現業部門において料飲調理を除く全部署を2年間で研修

1980 ：鉄道会社研修センター教師、グループ企業300社の大卒新入社員教育のほか、鉄軌道、観光バス、観光業従事者営業研修を担当
その傍ら、民間日本語学校にも国外から外国人の入学が許可されるので、青山スクールの留学生受入れ準備の手伝いを週末に行う

1982. 7 ：ソニーランゲージラボラトリー名古屋スクール開設準備室を開設

1982. 10 ：ソニーランゲージラボラトリー名古屋スクール開校、専任英語講師日本人2名、米国人5名赴任

1986. 4 ：ソニーランゲージラボラトリー名古屋スクール日本語コース（東海北陸地区7県下初の告示校として）開設
当初、1クラス、8名（7カ国）で出発
東海3県下で手がけたさまざまな日本語研修は、外国人向けにとどまらず、市町村の国際交流協会主催の日本語の教え方講座など多岐にわたる

1996. 3 ：ソニーランゲージラボラトリー名古屋スクールからの経営移管によって、I.C.NAGOYAへ名称変更とともに再出発し、現在に至る。

思えば、教材開発作成、教師養成から学生募集、法人・自治体への営業など、ゼロからの出発でした。必ずしも外国人の日本語教育だけに限らず、鉄道会社での乗客と接するためのさまざまな会話、高級中華料理レストランでの接客業務、結婚式場や披露宴での会話など、仕事で経験したさまざまな場面でのやり取りが、日本語教育の実践にも大いに役立ちました。大学卒業後にそのまま日本語学校の仕事をしていたら、今の仕事はとても務まらなかったと思います。

長々と年表風にキャリアを書いたのは、大学時代から組織は変わってもコミュニケーションが主体の現場に身を置いてきたからです。本格的な語学教育の道に入ったのは英会話学校の責任者として30歳の若さで5人の米国人講師を相手にクラスの編成や受講生の募集など、日々起きるさまざまな問題解決をし始めてからです。それから30年近く経ち、私が歩んできた環境と現在の環境は大きく変わっています。しかし、時代が変わってもコミュニケーション教育はなくなりませんし、日本語を外国人に教えることの本質の追及はなくすわけにはいきません。

日本も、米国と同様に、国家の安全保障政策として外国人の日本語教育を考える必要があると考えています。そのためには、人類学や言語学、社会学なども含めた幅広い観点からの日本語教育研究が望まれていると私は考えています。そして、日本語教育に携わる後継者を育てることも不可欠だと思います。

印象に残っている出来事

約40年の間で印象に残っている出来事と問われれば数限りなくあふれ出してきます。

例えば、最初の教壇実習で、今は亡き中西郁夫[注]の後に従って教室に入った後の出来事です。最初の授業ですから、教室の後ろで授業見学させてもらえるのだろうというくらいの甘い考えでいました。ところが、いきなり「今日はこの日本人が授業を行います」と十数人いるアメリカ人学生の前で言うと、事前の打ち合わせもなく、授業の進行を任せてしまったのです。そのときの状況は今でも鮮明に覚えています。

そのとき行った授業活動は、フランス語を日本人に教えるための場面別の絵カードを何人かの学生たちに見せ、学生にその状況を日本語で表現させたのち、中西郁夫が私を指して「では、この日本人ならば、この場面を日本語でどのように表現するのかを話してもらいます」という具合で授業を進めました。

その絵は地下鉄の出入り口のようなところに男性が立っている場面の絵でした。その絵を見て、アメリカ人学生各自が、さまざまな状況を思い浮かべて知っている限りの語彙で絵カードに描かれている場面とそこに描かれている人物の会話を日本語で表現していくという授業でした。

もちろん、私が話した後に学生たちから乏しい語彙ながら、「なぜその絵を見てそのように考えるのか」「どうしてその表現を使うのか」など私が質問攻めにあったのも教壇実習での忘れられない出来事でしたし、この経験をその後の授業に生かしてきましたが、どのようにしてその1コマの授業を乗り切ったのかは思い出せません。ただ、脂汗いっぱいだったことだけは確かです。

必要な能力・スキルを向上させるために

能力向上には、自己研鑽・努力しかないように思います。では、どのように自己研鑽を積むのかと問われれば、例えば、新聞を必ず2紙以上隅から隅まで読み、ニュースはいつも懐疑的、批判的な目で見ることです。

また、昨今同じような内容を論じた新書が出版されていますが、「百聞は一見に如かずではなく、百聞、百見は一験に如かず」ということも言えるでしょう。例えば、教授法を知識として習うことも重要ですが、現場に飛び込んでみて自分自身で何が教えられるのか、教えるためには何が必要なのかをまず経験してみることではないでしょうか。教育現場では、理論を詰め込んだ頭でっかちよりも、臨機応変に"応急手当"ができることが求められます。

中西郁夫は口癖のように、日本語学校とは「町医者であって、大学病院ではない」と言っていました。狭い専門分野よりも深くはないが、幅広い視野での知識・経験によってさまざまな対応ができるのが「町の日本語教師」であり、日本語学校の教師は「赤ひげ先生」であるべきだと私は思います。日本語学校は、この学生の問題点は発音だ、漢字だ、文法だという診断とともに、進学・就職にも耐えうる、自立して勉強できるだけの基礎力をつけさせる教育機関です。その機関の日本語教師として能力をつけるには、日々の努力が求められます。

学習者は、教室や学校を離れても、将来に向かって日本語能力を伸ばしていくことが求められています。基礎力が身についていれば、ある時点からは自立して日本語を習得できるようになるはずですから、日本語教師はその基礎力とは何かを自分自身で探究することが必要でしょう。それが、能力やスキルの向上につながると思います。

求められている人材は？

日本語を教えることがおもしろいと思える人材です。「好きこそものの上手なれ」と言われるように、まず手間暇かけて他人に教えることが嫌いな人にはこの仕事は不向きです。「ことばを教える」というと、ともすると、言語的な知識や重箱の隅をつつくような内容を連想しがちですが、実際はそうではありません。幅広い知識、興味関心が問われます。世界と日本の違いを知りたいという好奇心のある人であれば、大丈夫だと思います。日本語学校の学習者は、18歳くらいから30歳くらいまでで、年齢層や学歴も異なるので、教えるほうもそれなりに知識や社会経験が豊富でなければ困難かもしれません。

初級者に教えるには、まず「体力」が必要です。学習者が中級になるにしたがって、「忍耐力」も求められるでしょう。上級者を教えるには「幅広い知識と知性」が求められます。

昨今、日本語学校でも、「ビジネス日本語」の指導が求められることが多くなっています。「ビジネス日本語」とはいったい何を指すのかということには検討の余地があると思いますが、組織で管理職として勤務して上司、先輩、部下、同僚と接してきた人材であれば、その時々のお客様との接し方や文書作成能力に長けているのではないかと思われます。こうした経験者を教師として起用することは、人手不足と言われる日本語教育界では、今後ますます重要になってくると思われます。

必要とされる資格・スキル・資質を五つ

① 相手の気持ちが理解できること
② どんなときでも落ち込まず、明るくふるまえること
③ 健康で、体力があること
④ 先入観や偏見を持たずに誰とでも接する技術を持てること
⑤ 資格だけに頼らないこと

「①相手の気持ちが理解できること」には、青年心理、教育心理などの知識が役立ちます。

教壇で自分の引き出しにないことを尋ねられてもどぎまぎしないで次回までに調べて教えると言えることが大切で、決してあやふやな説明をしてその場しのぎをしないことです。そのため、「②どんなときでも落ち込まず、明るくふるまえること」が必要です。

「③健康で、体力があること」は、初級者に教えるには大きな声ではっきりと伝える必要があるからで、健康でなければ体力も続きません。

「④先入観や偏見を持たずに誰とでも接する技術を持てること」は、多種多様国籍を持ち、宗教も性別も異なる学生（受

講生）と接するには当たり前のことです。ここ2、3年の間に日本でもLGBTに対する対応策が急速にとられるようになりましたが、この動きは日本語学校でも同じです。

「⑤資格だけに頼らないこと」は言い古されたことですが、資格はあって当たり前であり、資格があるから待遇が良くなり、地位が守られるわけでもありません。重要なのは数多くの実践経験ではないかと思います。

このお仕事で生活できますか？

日本語学校の非常勤講師の場合、駆け出しでも上手に教えられる人はけっこうな時給を得られるでしょう。

昨今の学校設立ブームで、専任講師の報酬が上がっており、主任講師の報酬も年俸で500万円からその上もあると聞きますが、その業務は、まさに学生募集から学生選抜、カリキュラム作成、講師の採用と研修……と多岐にわたることが多く、「日本語教育のプロ」としての能力が問われます。「日本語教師の仕事は職人芸」などと言われますが、プロと呼ばれるにはそのくらいの力が要求されます。

他業種と比較すると給与水準はまだまだかもしれませんが、「人生100年時代」に、歳をとっても続けられる仕事としては最適かもしれません。ただし、雑学も含めて生涯学習し続ける覚悟は必要です。

読者のみなさんへのメッセージ

日本語教育に学生時代から関わり始めて、早40年近く経ちます。途中、生活の糧を得るために通算6年ほど直接の現場を離れていた時代もありますが、「なぜ、ここまでやれたのか？」と聞かれれば、たまたま人生の先輩として良い人々に恵まれて運が良かったとしか言いようがありません。

人生で、初めて行った異国の地がパプア・ニューギニアで、出会った英語が今まで習っていたアメリカやイギリスの英語とは異なるオーストラリア英語だったこと、共通言語のピジンイングリッシュを必死で覚えて直接会話できたことから国家の安全保障としての外国人対象の日本語教育を志しました。そして、大学の2年次に受けた国立国語研究所の夏季短期研修でたまたま音声を担当してくださった水谷修、大学2年生の冬休みにゼミ選びに悩んでいたときに長嶋善郎ゼミが良いと一升瓶片手に教えてくれた山本文明、大学を卒業してしまうのでと言って無理やり事務に直訴して1年前倒しで教育実習をしたときに出会った中西郁夫、最後に私をこの道に入る背中を押した恩師、長嶋善郎——。学生時代に「本物」に出会ったことがここまで私を支えてきたのだと思います。社会人になっても、電鉄時代の同僚・先輩方や、ソニー時代にも工業デザインの大家であった黒木靖夫というすばらしい先達に育てられたことに感謝しています。

美術商の跡継ぎに以前聞いたことがありますが、彼は生まれてから育つ過程で「本物」しか見てこなかった、欠け茶碗一つにしても有名作家のモノを見て育ったと言っています。決して本物と贋作を比較して育ったわけではないと言います。他にも同じような話はたくさん聞きました。質屋が偽物と本物を見分ける力をつけるのも同じで、本物を毎日見ることでこそ、直感や手触りで偽物か本物かが判るようになると聞きました。

何でも効率一辺倒になって行く中で、「人が人を育てる」ということ、若者の人生を左右する重大な場面に遭遇していることなどを考えると、「本物は本物によって育てられる」のかなとも思います。

最後に、私のつたない文章をお読みいただいた方々にお送りしたいのは、「誰もしないことに常に挑戦すること」というメッセージです。人生は誰にでも平等に1回しかありません。18歳には、18歳でしかできない感動や経験があります。今のみなさんには、今しか経験できないことがあります。受験だとか就職活動だとか結婚だとか、人生におけるさまざまな通過儀礼のために日本語を教える機会を先延ばしにすることなく、自分自身で納得のいく1回しかない貴重な人生を選択されることを願ってやみません。

［注］

注）青山スクールオブジャパニーズ元校長。日本語教育振興協会設立に寄与。現在の日本語学校における日本語教育の礎を築いた一人と言える。2007年、60歳で逝去。

Coffee break ☕

学習者の自己実現のお手伝いができる、やりがいのある仕事ですね。

「人生100年時代」に、長く続けられる仕事かあ…。日本語教師、いいな！

日本語学校の校長先生や専任の先生の仕事は、学生募集から学生選抜、カリキュラム作成、講師の採用・研修…と多岐にわたります。
専門家としての知識と経験が求められる仕事です。

④ 日本語アドバイザー

神吉 宇一 (かみよし・ういち)

●プロフィール●
武蔵野大学大学院言語文化研究科准教授。九州・小倉出身。社会人のキャリアは小学校教師でスタート。その後、日本語教育業界に転身。正規・非正規あわせて30以上の職を経験し、2013年より大学教員に。2016年より現職。本業の大学教員以外に、㈱ラーンズ事業開発アドバイザー、文化庁委嘱地域日本語教育アドバイザー等のアドバイザー業務に従事。日本語教育の営みが「日本語を習得すること」以外にどのような意味を持つのかに興味あり。

私の仕事

私は2018年秋現在、五つの「アドバイザー」の肩書きを持っています。一つ目は、教材専門出版社である株式会社ラーンズの「事業開発アドバイザー」です。二つ目は、文化庁の「地域日本語教育アドバイザー」です。残りの三つは日本語学校と、とある市の国際交流協会、そして、任意団体のメンバーとして「日本語教育アドバイザー」を名乗っているものです。ここでは、特に多くの時間を費やしている一つ目のラーンズのアドバイザーの仕事について記述します。

ラーンズは教育系の企業で、いわゆる「日本人」をメインターゲットとして長らく事業を行っていました。しかし、2010年台前半から、新規事業として日本国内の在住外国人に対する支援事業、特に教育的側面からの多文化共生事業を開始しました。当時、ラーンズの社内には、日本語教育や外国人支援に対するノウハウがありませんでしたし、新規事業として社内に新たな風を吹き込むという意味合いがあり、外部の私が事業のお手伝いをすることになりました。お手伝いは、2013年頃から散発的に行い、2015年度からは、アドバイザーとして年間契約を結んで関わっています。ラーンズのアドバイザーの仕事には、いくつかの階層があります。まず、最も大きな階層が事業計画に関連する部分です。通常、企業や団体などでは、向こう5年程度を見据えて、事業の中期計画を立案します。当該企業・団体の経営理念やミッション、社会的ニーズ、社内外のリソース、収支計画等を念頭に置き、中期計画を策定します。私の仕事は、社員たちが中期計画の案を考える際に、判断するための材料を提供することです。判断のもとになる材料は多岐に渡りますが、私は特に、日本語教育の社会的ニーズ、関連する政策的動向、ラーンズが掘り起こせていないリソース、同業他社事業の動き、そして事業実施の社会的意義などについて、情報提供を行います。これらを踏まえて作成された中期計画の案について、改めて一緒に検討し、最終版を完成させるというのが、この階層の仕事です。

次の階層は、個別事業の企画から実施へという部分です。事業ごとに目的、方法、内容等を社員と一緒に考えます。そして、事業を進めるために必要なリソースが社内にない場合は、候補となる組み先を紹介したり、協力してくれる専門家チームの構成を考えて協力の打診をしたりします。

最後の階層は、動き出した事業の進捗について、専門的見地から、都度のアドバイスを行ったり、具体的な作業をしたりすることです。特に、新たな事業の開始時は、私が直接作業に携わることが多く、事業が進むにつれて、徐々に作業部分は社員が行うようになり、アドバイス・確認部分を私が担当するようになります。一例を挙げると、学習目標としてCan-Do Statementsを考える際に、当初は私がCEFR[注1]やJFスタンダード[注2]を参考にして一覧を作成します。併せて、その一覧の考え方、Can-Doの分析的見方について説明をします。この作業を一度やれば、次からは社員が同様の作業を行うことができます。社員が作業したものに対して、私が何度かコメントをするうちに、ほぼ問題なくできるようになっていきます。ある意味で徒弟的な社員教育を行っていると言えるかもしれません。

このように、いくつかの階層にまたがって仕事をしますが、最も重要なことは、やはり「何のためにこの事業（日本語教育）を行うのか」という根っこの部分がブレないようにすることだと思います。アドバイザーの仕事をするとき、特に、進め方や関わり方に迷いが生じたときは、常に、「何のために」というところに立ち戻って考えるようにしています。

これまでの道のり

私の社会人のキャリアは小学校教員で始まりました。その後、日本語教育に携わりたいと思い、大学院に行き、日本語教育関連の仕事に従事するようになりました。2007年から海外技術者研修協会（現海外産業人材育成協会：AOTS）で、日本語教育の専門職として仕事をしました。

私が教員になった約25年前は、ちょうど新人教員の研修システムが整った頃でした。私が働いていた自治体では、新人教員は先輩教員の授業を年間30時間見学しなければならず、自分自身は年間100時間、「指導教員」や他の先輩教員たちに授業を見てもらわないといけませんでした。この時の経験が、私の教師としての基礎を形づくりました。

2007年から従事したAOTSの仕事では、教師ではない立場で日本語教育に携わりました。ひと言で言うと、「日本語教育事業のマネジメント業務」です。日本語教育事業の目

的や方向性、また具体的な中身について、組織内の他部署との折衝や調整を行います。内部でのやり取りに加え政策案件に関しては中央省庁の担当者と、また企業の独自案件では企業の担当者ともやり取りをします。いわば日本語教育を専門としない人たち、日本語教育にシンパシーを感じていない人たちと仕事をすることが中心になりました。これは、私の視野を大きく広げてくれることになりました。教師の立場で教育・日本語教育に携わると、やはり目の前のことしか見えなくなりますし、日本語教育を実施することが前提となり、その前提の上で何をするかを考えることが多いです。しかしながら、マネジメント業務の経験を通して、そもそも日本語教育に関わる事業全体がどう考えられているのか、政策や企業活動全体の中にどう位置づけられているのかを知ることができました。この経験は、改めて、日本語教育の社会的な意味や役割について考えるきっかけにもなりました。なぜ日本語教育が必要なのか、説得力のある形で外部の人に伝えることが、非常に重要だと痛感しました。

印象に残っている出来事

最も印象に残っているのは、拙著『日本語教育　学のデザイン』（2015年、凡人社）にも書いた「時給の話」ですが、ここではそれとは違う二つのことについて書きたいと思います。

一つ目は、代表的な初級日本語教科書の一つである『新日本語の基礎』に関する見方・考え方について、二つ目は、ある企業さんに依頼されて外国人社員の日本語力を測定するという仕事をしたときのことです。

AOTSに勤め始めてすぐの頃、当時AOTSで使っていた『新日本語の基礎』について、日本語教育を専門としない職員と話す機会がありました。日本語教育に関わっている人はよくご存じのように、『新日本語の基礎』とそこから派生した『みんなの日本語』は構造シラバスに基づいた教科書です。文法事項が系統的・段階的に学べる一方、言語使用場面での頻度や重要度は優先的に考慮されていないため、いわゆる「速習」には向かないとされています。ところが、AOTSの職員は『新日本語の基礎』は速習型教材だと考えていました。AOTSの研修生は、通常6週間ないし13週間の短期集中日本語研修を受講し、各研修現場に出ていきます。この短期集中研修の教科書だから「速習型」であるという考え方でした。私自身は、当初「みんな知らないんだなあ」と思った記憶があります。ですが、年を経て、日本語教育をさまざまな立場で考えるようになるにつれ、「そういう考え方もあるかな」と思うようになりました。AOTSの研修生は、とにかく文法事項のインプットを集中的に行い、パターンを覚え、すぐに現場に出ていきます。現場では日本語でのやり取りにさらされますので、応用練習はそこでやればいいという発想です。こういう学習者にとっては、『新日本語の基礎』もある種の「速習型」教材として位置づけられるのだと思います。教科書やシラバスというのは、脱文脈化されて考えられるものではなく、結局はそれがどのような授業・コースでどのように用いられるか、学んでいる学習者はどのような環境に置かれているかで、その位置づけや価値が変わるものだということに遅ればせながら気づきました。それまで、日本語教育の専門家として専門的な理論を学んだと思い込んでいた自分が、いかに狭い範囲で「専門性」を捉えていたかに気づき、「専門性」を現場・現実にどう折り合わせていくかが重要だということに自覚的になったエピソードです。

もう一つは、ある企業からの依頼で外国人社員の日本語力測定をしたときのことです。その企業では、製造ラインのスタッフとして、30名ほどの南米から来日した日系人を雇用していました。依頼は、そのラインの統括をしている管理職の方からのものでした。依頼内容は、そもそも彼らがどのくらい日本語ができるのかを知りたいということ、そして、もしできないのであれば、その解決案を提示してほしいということでした。それで、簡単な筆記試験と対面の口頭試験をしました。口頭試験では、ある指示を与えて、その指示どおりに手を動かして図や形を完成させるタスクを行いました。後

ある日のスケジュール

4:00	
5:00	起床
6:00	朝食・弁当作り
7:00	掃除など家事・外国語の勉強
8:00	通勤：車内でメール返信や簡単な仕事
9:00	事務系の仕事・打ち合わせ（学内）
10:00	
11:00	授業準備と授業
12:00	
13:00	打ち合わせ（学内）・学生指導など
14:00	
15:00	授業
16:00	
17:00	授業関連の作業
18:00	研究関係のこと
19:00	アドバイザーTV会議
20:00	
21:00	外部の講演や他の仕事の作業、
22:00	学内の仕事関連の作業
23:00	
0:00	通勤：車内で読書とニュースチェック
1:00	帰宅
2:00	家事
3:00	就寝

日、その結果を持って先方にうかがい、具体的な評価結果の説明を行いました。口頭のタスクでは、十分に理解しないままタスクにすぐに取りかかる人、わからないと「固まって」しまう人、わかるまで何度も質問をしてくる人など、それぞれのコミュニケーションのスタイルが現れます。そのことを評価結果としてお伝えしたところ、まさに仕事の進め方もまったく同じであるということで、「なぜ日本語の試験をしただけでそんなことまでわかるんですか！」と担当の方がすごーく驚いていたのが印象的でした。ことばはコミュニケーションであり、コミュニケーションは人の振る舞いのあらゆる側面に顕在化するということはわかっていましたが、改めて、日本語の試験のやり方一つで社員の業務への取り組み方も明らかにできるということがわかり、非常に印象に残った仕事でした。

■ 必要な能力・スキルを向上させるために

私自身は、それほど厳しい「努力」をしているという意識はありません。日常的に、自分の興味のある情報を積極的に収集したり、自分のモノの見方や考え方を常にクリティカルに振り返ったりすることで、少しずつ積み重ねている感じです。ただ、そのためには以下の二つのことをいつも意識するようにしています。

一つ目は、知らない人、自分と違う仕事をしている人、違う世界を持っている人と話すことです。知らない人に出会える会合や食事の場に、積極的に出て行くようにしています。例えば、時々参加する高校の仲間の会。高校の仲間というと知っている人ばかりのようなイメージですが、それぞれの参加者が新たな友人知人を連れて来ます。そこで出会う人たちは、建築の専門家、料理研究家、テレビ局のプロデューサー、銀行員、公務員、フラワーアレンジメントの専門家、スリバチ状地形に萌えるスリバチ学会会長、箱根の寄木細工を個人で世界一収集しているマニアの方など、普段まったく接触のない分野の人たちです。こういう人たちと食事をしながらいろいろな話をしてつながりを持ち、その後、プライベートでも会うようになり、いろいろな話をすることで自分の幅が広がっていきます。

もう一つは、スタートアップやベンチャービジネス、社会的起業などに関する情報を積極的に得るようにしていることです。アドバイザーの仕事は、常に事業全体を考えるわけですが、外部にアドバイザーを求めるということは、その組織・団体にはノウハウが蓄積されていない、新たな取り組みを進めたいということだと思います。ですから、今、世の中のビジネスがどのように動いているかという情報を積極的に収集しています。ビジネスというと日本経済新聞を読むのが当たり前だと思われています。ですが「日経的なもの」は、今までのビジネスのど真ん中でもあります。それよりも、「日経的なもの」には載らない情報を得ることが重要だと考えています。

関連して、日常の食事やお酒に関しても、新しい取り組みをしている酒造会社のお酒を取り寄せてみたり、新たなコンセプトや特徴的な取り組みで営業している飲食店、高付加価値を売りにしている店舗などに積極的に行ってみたりします。お酒や食事一つ取っても、それを通して常に新しいものに触れることを意識していると言ってもいいと思います。これは、自分自身の幅を広げ、新たなアイデアの源泉になるような大切なリソースだと考えています。

■ 求められている人材は？

日本語教育を幅広い視点から論じ、社会的実践に位置づけられる人だと思います。ある意味で、日本語教育を少し「引いて見る」ことができる人が必要だと思います。これは簡単なことではありませんが、日本国内のさまざまなセクターで外国人対応が必要となる今後は、このようなことができる人が必須だと思います。

巷（ちまた）には、多くの日本語教師養成コースがあります。私自身、この養成コースにゲスト講師などで関わりながら、いつも思うことがあります。それは、社会人経験を経て日本語教育の世界に入って来た人たちに対して、この業界は過剰適応を強いているのではないかということです。どの養成コースも「教室で教える日本語の先生」の再生産にしかなっていないのではないかと思います。もちろん、「教師養成」ですから、ある程度は止むを得ない面もあるかもしれません。しかしながら、教師になりたい人たちの過去の経験を生かして、日本語教育の業界にどっぷり浸かっていてはできないことや気づかないことを、もっと生かすような方向で考えるといいのではないかと思います。新たな視点で日本語教育を見られる人が、アドバイザーとして求められていると思います。

■ 必要とされる資格・スキル・資質を五つ

資格・スキル・資質という観点から、まずは以下の五つを挙げたいと思います。

①情報収集力
②批判的思考力
③説得的・論理的な提案力
④超ポジティブ思考
⑤専門性に対するリスペクト

まず、「①情報収集力」です。具体的には、日本語教育の研究や実践の動向、内部の情報や各分野の研究者・実践家の情報、日本語教育の周辺領域の研究や実践の動向、政策的動向、在留外国人に関する情報、ビジネスのトレンドやスター

トアップに関する情報など幅広く収集する力などです。

「②批判的思考力」は、自分が当たり前だと思っていることの捉え直し、業界の常識への疑い、意見が満場一致となることへの違和感を持つことなどです。

「③説得的・論理的な提案力」ですが、理論的背景をうまく盛り込みながら一般の人にわかりやすく説明する力が必要です。

次に、「④超ポジティブ思考」です。アドバイザーの仕事は、多くの場合、新たな取り組みに従事することが多いため、先行事例がありません。うまくいくかどうかもわかりません。関係者は取り組みながらいろいろな不安に向き合わなければなりません。そのときに、あれが不十分だ、これがダメだというようなアドバイスでは、正直、みんなやる気がなくなります。また自分自身に対しても、「根拠のない自信」で乗り切れるぐらいのポジティブ思考がないと、「やってられない」と思います。

最後に、「⑤専門性に対するリスペクト」です。これは私自身の経験からの話ですので、実態は異なるかもしれませんが、「日本語教育の専門家」と言われる人たちは、しばしば、専門家ではない人に対して「あの人たちはわかってない」というようなことを言うんじゃないかと思っています。世の中の人たちは、さまざまな仕事をし、さまざまな経験をしてきています。そこで蓄積しているものがたくさんあるはずです。しかしながら、「わかっていない」のひと言でバッサリと切り捨てるようなことがあるんじゃないか。そのようなことがないように、さまざまな専門性に対するリスペクトを持つことが必要だと思います。

このお仕事で生活できますか？

現在、私が従事しているいくつかのアドバイザーの仕事で得ている収入の合計は、日本の平均年収に少し足りないくらいです。生活できるかと問われると、贅沢をしなければ生活できるレベルだと思います。私自身は、本業としての大学教員をやりながらアドバイザーの仕事もしていますが、専業アドバイザーになったら、もう少しアドバイザーとしての収入が増えるのかもしれません。しかし一方で、アドバイザー業務に専従することが、必ずしも仕事や収入の拡大にはつながらないかもしれません。アドバイザーの仕事は、何を語るかももちろんですが、「誰がそれを語るか」も重要ですので、アドバイザー以外の社会的な肩書きがあったほうがいい面もあります。また、幅広く事業を考える際には、さまざまな立場・視点で日本語教育に携わっていたほうが、視野が広がります。さらに、アドバイザーとしての種々の先行投資を考えると、他の安定的な収入があったほうがいい仕事ができそうです。いずれにしても、やり方次第で仕事として成り立つものだと思います。

読者のみなさんへのメッセージ

「日本語教育の仕事＝外国人に日本語を教える」と多くの人は考えていると思います。私自身もそういうイメージでこの業界に入り、教師を経て今の立場にいます。ですが、これからはもっと多様な活躍の場が開かれていると思います。国内では、外国人労働者や移民の受入れが本格化します。外国人が増えた社会で、旧住民と新住民の接点をつくり、分断を回避する仕事も日本語教育の仕事になるでしょう。企業で、外国人社員に対する新人研修を行うことが求められることもあるでしょう。また、今まで考えられなかったような仕事も出てくるかもしれません。新たな仕事を待つのではなく、新たな仕事を創り出す。そういう気概のある日本語教育関係者が増えてくるといいなと思います。

外国人支援や日本語教育に関する事業を展開する中で大きなハードルとなるのが、キャッシュポイントをどこに設定するのかという点です。この点を乗り越えられる人に出てきてほしいと切に願います。

[注]

注1) 第1章「⑧ヨーロッパ」p.26 参照。

注2) 第2章「③政府系団体」p.42 参照。

Coffee break

日本語教育の専門家たちとその他の業界の人たちをつなげる仕事だね。

専門分野の情報収集はもちろんだけど、それ以外のことにも興味を持って、アンテナを張っておくことが大切なんですね。

多くの人が関心を持ち、日本語教育の環境を整備することが日本社会の喫緊の課題と言えるでしょう。
日本語教育アドバイザーの仕事は、その実現に向けて、多様な人や組織、知識、技術などを結び付け、社会に働きかける仕事と言えます。
さまざまな経歴・職歴を持つ方の活躍が期待されます。

⑤ ウェブデザイナー

角南 北斗（すなみ・ほくと）

●プロフィール●
大阪大学大学院で日本語教育学を学び、国際交流基金関西国際センターや日本語学校で働くうち、教育現場のICT化の遅れに危機感を抱くようになる。そこでウェブデザインの勉強に力を入れ、サイト制作やICT教材の開発を行う個人事業を2005年より開始。初年度の確定申告の際に「そんな収入で大丈夫か？」「大丈夫だ、問題ない」というやり取りを経験するも、その後「日本語でケアナビ」や「NIHONGO eな」など日本語教育の教材を多く手がけてきた。得意なプレーは「制作と教育のあいだ」で動き回ること。ブログ「withComputer」の中の人。

▎私の仕事

　ICT（Information and Communication Technology、情報通信技術）で教育現場を支援するというコンセプトを掲げ、フリーランスのウェブデザイナーとして仕事をしています。これまで、大学や日本語学校といった教育機関のウェブサイトや、言語学習のためのデジタル教材、教員向けのコース運営支援システムといったものを制作してきました。

　ここでいう制作とは、教師などの依頼者の「こんなものがほしい」を形にして納品するという仕事ですが、パソコンに向かって作業する時間だけでなく、依頼者と話し合う時間も重要な仕事です。というのも、多くの場合、依頼者はICTに関する知識を十分には持っていません。それゆえ、依頼内容が曖昧だったり、目的と依頼内容が噛み合っていなかったりします。そこで、依頼に至った経緯やコンセプト、想定する使われ方、利用者イメージなどを聞き出して、制作すべきものを明確にしていきます。これは制作物の質を決める重要なプロセスです。

　また、制作物が完成し納品した後も、私の仕事は続きます。例えば、教材であれば、それを教師や学習者に使ってもらえなければ意味がありません。教材の存在を関係者に伝えたり、使い方がわからない人に説明したり、教材の評価・改善に取り組んだりする必要があります。そうしたプロセスを支援するのも私の仕事です。これまで、依頼者と学会発表を行ったり、広報用の名刺やチラシを作成したり、利用状況を分析して報告書を書いたりしてきました。

　私の名刺にある肩書きは「デザイナー」ですが、そのデザインの対象は、ウェブサイトやデジタル教材そのものだけでなく、プロジェクト全体や学習環境まで含みます。自分が付けた肩書きで自分自身の仕事を縛ってしまわないように、現場で必要とされていることで自分がすべきものは臆せずやっていく、というのが私の仕事のスタイルです。

▎これまでの道のり

　高校生の頃に日本語教師という仕事に興味を持ち、日本語学を学べる大学に進学しました。4年生になると国際交流基金（第2章「③政府系団体」p.42参照）で日本語研修の補助をする仕事を始め、大学院に進んでからは日本語学校で教師の仕事もするようになりました。

　ところが、と自分で言うのもおかしな話ですが、博士前期課程を修了するタイミングで大学院を離れ、日本語教師の仕事も辞めることにしました。今後はウェブサイト制作を自身の仕事の柱にしようと決めたからです。ウェブデザイナー養成の専門学校に1年ほど通い、卒業後は制作会社などには就職せず、個人事業として仕事を始めて現在まで十数年が経ちました。

　私にとって最初の仕事場は国際交流基金だったのですが、そこで与えられた役回りは教師ではなく、研修に必要な環境を整えるスタッフというものでした。教材や機材の管理、教室の設営、資料の作成・印刷・配布、提出物の回収など、授業の事前事後に行う作業、いわば裏方の仕事です。教育というと授業をする教師のイメージしかなかった私は、この仕事を通じて「授業以外の地味ながら重要な仕事」を知ることになります。そしてその仕事は、手作業だと面倒なこと・ミスが起こりやすいこと・定期的に繰り返すことが多いと感じました。そうしたことを楽に効率よくやるにはどうすればいいのか。仕事に慣れ始めると、そんなことをいつも考えるようになっていきました。

　職場には幸いなことに、自分専用のコンピューターがあり、インターネットがあり、相談すればソフトや機材を買ってくれるような上司の理解もありました。ならばICTを使ってやってみよう、というのが私にとっての「仕事とICT」の出会いです。私はもともとICTに詳しかったわけではなく、職場で特別な研修を受けたわけでもありません。日々の仕事の中で考え試行錯誤し、できることを少しずつ増やしていっただけです。その積み重ねが、職場での「ICTのことはあいつに相談すると良さそうだ」という評判につながり、ICT教材の開発チームにも呼ばれるようになりました。そうした経験の中で、教育関係のウェブサイトの制作なら自分の知見が生かせるのではと感じ、最終的に個人事業化するに至ったのです。

　こうした経歴の話をすると「あなたは研究者や教師ではなく、制作者の道を選んだんですね」と言われることがあります。確かに、ウェブサイト制作の勉強に多くの時間を投じることを決めたときは、もう研究や授業をすることはないかも

なあという心境でした。しかし、制作の仕事が軌道に乗ってからは、依頼者と一緒に学会発表をするようになりましたし、日本語教育分野ではないですが、大学などで授業を担当するようにもなりました。結果的にではありますが、研究も教師も制作も捨てることなく、ずっと同じようなことに取り組んでいる人生と言えるかもしれません。

印象に残っている出来事

以前「飲食店マネジメント」という授業を5年ほど担当したことがあります。これは、将来的に飲食店を始めたいと考えている調理師専門学校の学生向けに、開業に必要な基礎的なノウハウを教えるというものですが、依頼の連絡が来たときは本当に驚きました。なにしろまったくの専門外の領域で、飲食店でのアルバイトすら経験したことがない私です。誰か別の人と勘違いしていませんか、と思わず尋ねてしまいました。

話を聞いてみると、その授業は学生が各自のパソコンを使って学ぶので、そのサポート役として授業に入ってほしい、講義は経営学の先生に担当してもらうから、とのこと。依頼主はコンピューター教育の学会で知り合った先生でしたので、それならばできるかなとお引き受けしました。

ところがいざ授業が始まると、パソコンの様子を確認している私にも経営の専門的な質問がバンバン飛んできます。学生は「二人の教師のうち片方は講義内容に関して素人」なんて思いませんよね。質問のたびに経営学の先生に振るのも難しいとなると、その場で私が答えるしかないわけです。飲食店経営の教科書を買い込んで猛勉強して、やがて質問にも対応できるようになり、3年目以降は講義役も担当できるまでになりました。

予定外の勉強が必要だったので、特に最初の年は授業準備の時間を考えると大赤字です。ただ、おそらく普通の日本語教師やウェブデザイナーはそう経験しないことなので、刺激的で学びが多かったですね。授業で扱った内容は、自身の事業展開や経理面を考えたり、業界同士を比較したりするときのベースにもなっています。視野を広げることは本当に大切だ、と改めて思わされた経験でした。

必要な能力・スキルを向上させるために

制作技術に関する情報は、専門の書籍やインターネット、あるいは技術者向けのイベントなどで十分に得ることができます。ウェブ制作業界は日本語教育業界と比べて、自分が得た知見を積極的にシェアする文化が根づいていると感じます。制作者のコミュニティもあちこちにあり、横のつながりで助けられることも多いですね。

それよりも難しいのは、自身の教育的な知見のアップデートです。教育に理解があるデザイナーというアピールポイ

ントを設定している私は、そこが疎かになるようではいけません。しかし、制作の仕事に日々多くの時間を投じていると、効率よく仕事をするという意識が強くなり、自分の得意な技術や方法でやりくりすることを優先してしまいがちです。その結果、依頼側のニーズを読み取れない、要望に沿ったものを提供できない、ということが起こります。なかば強制的にでも、新しい学び方の潮流や、自分にはない視点にふれることが重要でしょう。

私が意識しているのは、学会や研究会などのイベントに出かけて参加者と話すことです。発表を聞くのはもちろんですが、なるべく直接話をするようにしています。そうすることで、発表や論文では語られなかった現場の話や、相手の持つ教育観・学習観を知ることができます。自分が発表をしていれば、それを聞いてくださった方には自身の自己紹介を省けるため、短い時間でも本題に入れます。そこで中身のある話ができれば、次にイベントでその人に会ったときにも声をかけやすくなるでしょう。話しかけるのは勇気がいることですが、そうする価値はあると私は考えています。

また、最近は SNS を利用している人も多いので、イベントで知り合った人とはオンラインでも緩くつながっておくようにしています。情報発信や近況報告に積極的な人と「友達」になっておくと、いろいろな情報が勝手にタイムラインに流れてくるようになり、情報収集も格段に楽になります。私の場合は、日本語教育関連の情報は Facebook 上のリアル友

達から、他の分野の旬の話題はTwitterの多くのフォロワーから得ています。自分から情報を探しに行くことは大切ですが、そう思っていてもそれを毎日実行するのは大変です。勝手にどんどん情報が入ってくるSNSの環境を作ることで、楽に新しい考えにふれることができるようになります。

ちなみに、制作依頼者や仕事仲間との日々のやり取りは、もっぱらSlackなどのチャットツールやメールで行っています。互いの活動エリアが離れているので会いに行くのが難しい、というのが第一の理由ですが、発言を記録に残しやすいという利点もあります。直接話をしたい場合もSkypeなどが使えるので、インターネットには本当に助けられています。

一方で、大学での担当授業は、自宅兼仕事場からインターネットで……というわけにはいかず、通勤時間も含め拘束時間が長いのがネックです。授業が多く入っている日は割り切って、授業前後に大学で仕事をする、帰り道に書店で専門書をチェックする、移動中は本を集中して読む、といったことを意識しています。オフィス以外で仕事をするスタイルを一般に「ノマドワーク」と呼んだりしますが、私のお気に入りはカフェではなく大学の講師控え室です。電源もインターネットも使えて、気兼ねなく長居できますから。

求められている人材は？

ICTの発展やインターネットの社会インフラ化によって、さまざまなウェブサービスが世の中に登場し、それを誰もが自由に低コストで使えるようになりました。自作の教材をウェブサイトで世界中に公開したり、SNSを使って学習コミュニティを作ったり、動画配信サービスで遠隔授業をしたり。以前ならプログラマーなど技術者の助けを借りなければ難しかったことも、今や普通の教師一人で簡単に実現できます。本当に良い時代になったものですね。

こうした状況ですから、情報機器やウェブサービスを活用して学習環境をデザインすることは、教師をはじめとする教育関係者すべての人に求められるスキルだと言えます。それを前提とした上で、私が考える「これからますます現場で求められる人材」は、自分の授業という個人単位から、チーム単位、コース・プロジェクト単位、学校単位でICTを活用する方法をデザインできる人です。

例えば、教師がICTを活用して何かしらの知見を得たとき、それを他の教師と簡単に共有できる仕組みがあれば、組織内でのICT活用の質はどんどん上がっていくでしょう。また、コースや学校単位で共通して使えるようなアプリを導入すれば、授業を横断する形で学習者のデータを集めることができ、学習状況の分析もしやすくなります。教師間の業務連絡や教材の共有も、ファイル形式やサービスの共通化を図ることで、編集や管理にかかるコストを大きく減らすことができます。つまり、何人かの教師がバラバラにではなく、全員が共通の

認識を持って組織的・計画的にICTを活用することで、その効果や効率の恩恵を最大化しやすくなるということです。

そうした環境づくりには、トップダウンのやり方も必要になるでしょう。私も制作の際に重要な提案をする場合は、必ず決裁権のある人と直接話をします。組織やプロジェクトをデザインする人がICTに弱いというのは、適切な方向や進め方がわからないと言っているのと同じです。それでは時間やお金を無駄に使ってしまうだけでなく、そこに関わる人を大きく疲弊させることにもなります。経営者や主任クラスの人たちのICTへの理解度が、その現場の価値を高められるかどうかの最大の鍵である。そう私は考えていますし、ICTに理解のある人を少しでも育て、一緒に仕事をする方法を常に模索しています。

必要とされる資格・スキル・資質を五つ

①制作全般の基礎的な知識
②現場に必要とされるものを見抜く目
③自分の強み
④協力してくれる制作者とのつながり
⑤プロジェクトをマネジメントするスキル

制作者として仕事をするのであれば、当然ながら、制作に関する知識やスキルを持っていることは大前提です。ただ、ICTと一口に言ってもさまざまな専門領域があり、どのような知識やスキルが必要とされるかは現場によって異なります。学習者が好きなときに学べるスマートフォン用のアプリが求められている場合もあれば、教師間でのコミュニケーションを円滑にするパソコン向けの教務システムが必要な場合もあります。また、関係者に対して聞き取り調査を行って問題を明確にしたり、すでにあるアプリやサービスの講習会をしたりといった、制作の前後のステップが重要な現場も少なくありません。

制作例「経済のにほんご」 (http://keizai-nihongo.com)

まずは関係者の話をしっかり聞き、可能であれば現場を観察させてもらい、そこで何が求められているのかを考え、提案を行うこと。ICTに関する知識やスキルは、もちろん実際に何かを作ることにも役立つのですが、作る前の段階においても非常に重要です。ICTで解決できそうなことは何か、どのような選択肢があるのか、それぞれのコストはどのくらいなのか、といったことを事前にイメージするのに、技術に対する理解は不可欠だからです。

逆に言えば、現場の問題に対して適切な提案ができ、それが相手に受け入れられた後の「作る」工程は、何も一人で頑張る必要はありません。自分に足りない部分は、その道のスペシャリストに助けてもらうことを考えます。私の場合だと、特に高度なシステム構築の技術が必要なときには、エンジニアの友人と組んで仕事をしています。そうした協業が可能なよう、信頼できる仲間を普段から探しておくこと、指示を的確に出せるようなコミュニケーションスキルを磨くこと、協業に必要な制作費を確保してもらえるよう依頼側に働きかけることなども、私の大切な仕事です。依頼側との信頼関係を築くことも含めて、プロジェクトマネジメントのスキルと言ってもいいかもしれません。

私の場合は、教育現場の分析・問題の定義・解決策の提案・教材設計といった作業が自分の売りであり、やりたいことでもありますから、制作技術についてもそこに直結する要素を優先的に学んできました。自身の強みを明確にすることが、どの部分に時間を投じて何を学び身につけるか、逆に何を他の人に任せるかを決めることにもつながります。

しかし、経験が浅いうちからそこまで考えを詰めるのは難しいかもしれません。まずは、自分が関心を持った分野を掘り下げてみたり、頼まれた仕事の質や効率を追求してみたりするとよいのではないでしょうか。実際に自分でやってみることで見えてくるものもあるはずです。

このお仕事で生活できますか？

私のやっている制作の仕事は、収入は依頼ごとです。そのため「それで生活できますか？」という問いの答えは「十分な依頼があれば生活できるし、なければ生活できない」ということになります。

では、制作依頼はどのくらいのペースで来るのか。これは本当に今でもまったく読めません。同じタイミングで複数の依頼をいただく幸運もあれば、目立った制作の仕事がなく数カ月が過ぎることもあります。これは私が基本的に「声がかかるのを待つ」という営業スタイルでやっていることもありますし、制作物の種類によって需要の度合いも変わってくるでしょう。それでも「依頼がパッタリやんでしまったらどうしよう」という心配を常に抱えた仕事である、とは言えます。

ただ、仕事のしかたも自分でデザインするのがフリーランスという働き方ですから、何も無理をして制作の仕事だけに絞らなくてもいいのです。並行して講師の仕事ができるのであれば、多少なりとも毎月の固定収入が得られます。自分で企画したアプリやサービスを開発して売る形もありますね。世の中の状況を見て仕事を変える柔軟さも必要なので、常に複数の収入ルートを確保する、なるべくチャレンジして新しい事業の芽を育てる、といった意識は大切でしょう。そういうことを楽しいと思えるタイプの人が、私のようなフリーランスには向いているでしょうね。

読者のみなさんへのメッセージ

今やどんな分野もICT抜きには語れない、とすら言える時代です。このことを「そういう時代になってしまったから勉強しないとダメだ」とプレッシャーに感じるのではなく、できれば「これで自分のできることの幅が広がる、教育や学習の可能性も広がる」と前向きに捉えてほしいですね。今ICTを活用している人の多くは、ICTのもたらすポジティブな要素を実感しながら学んでいるはずですから。

そして、たとえ私のような仕事の形態ではなくても、仕事の内容や規模は違っても、広い意味での「ICTで現場をデザインする仕事」に、あなたはきっと関わることになるでしょう。ならば、私たちは同じ仲間として、もっと積極的に知見を共有すればよいと思うのです。インターネットがある今の時代には、知見の共有や交流は難しくないですよね。あなたと一緒にプロジェクトに取り組む日が来るのを、私は楽しみに待っています。いつでも声をかけてください。

Coffee break ☕

日本語教育の知識を生かして、別の業種・職種の仕事をするっていう選択肢もあるんですね。

日本語教育の現場にも、ますますICTが導入されていくんでしょうね。活用していけるように知識やスキルを身につけたいな！

ICTで学習環境を整備・デザインしていくお仕事です。
「日本語教育の知識・経験」×「他分野の専門知識・技術」で仕事をつくりだして、活躍する日本語教育者が現れることも期待されています。

⑥ 書籍編集者

渡辺 唯広（わたなべ・ただひろ）・**大橋 由希**（おおはし・ゆき）

●プロフィール●
㈱凡人社の編集部員。2013年より、2名体制で自社出版物の編集業務を行っている。
凡人社は1973年創業の専門書店・出版社。日本語教育関連図書・教具を国内外の教育機関などに販売・納入するほか、自社出版物の制作、研修会の開催なども行う。また、200以上の企業・機関が発行する総数3,000点以上の日本語教材を収めた『日本語教材リスト』を毎年発行、無料配布している。社是は「世界の日本語教育に貢献する」。創業者であり、代表取締役の田中久光は、2015年度文化庁長官表彰、2017年度日本語教育学会功労賞、文化庁創立50周年記念表彰を受賞。

私の仕事

凡人社は日本語教育の専門書店です。そして、この本を発行している出版社でもあります。書店と出版社の両方の機能を持っている少し変わった会社です。その組織には、管理系の部署を除くと、「営業部」に代表される販売／販売促進を行う部署と書籍を制作する「編集部」があります。

書店と出版社の両方の側面を持っているとはいえ、小さな規模の会社のため、営業部は同じ人間が場合によって出版社と書店の立場を使い分けています。出版社としての凡人社は、専ら自社の書籍を全国の書店や日本語学校、大学などの顧客に買ってもらうため、教材として採用してもらうための営業活動を展開します。一方、書店としての凡人社にとっては、自社の教材も「持ち駒」の一つにすぎません。他の出版社の書籍も含めた中から顧客の要望に合う書籍を薦めます。自社の書籍だけの販売促進を行う出版社の利害と書店の利害が必ずしも一致しないため、時にはジレンマを抱えることになります。

編集部は、主に出版社としての業務をしています。出版企画の立案・検討、著者との打ち合わせ、スケジュール管理、原稿のチェック・整理、組版（版下製作）、イラスト・デザインの手配、翻訳者の手配、教材用音源の録音立ち合い、校正・校閲、著作権の処理、契約書・支払書類等の作成、増刷管理・増刷作業、注文書・販促グッズの作成、サポートサイトの構築・管理、イベント・研修会の企画、書店部門の手伝いなどが仕事の範囲です。出版社によっては、外注する仕事も含まれていますが、凡人社ではこれらの業務をごくわずかな人数で行っています。

先に述べたように専門書店でもあり出版社でもあるという事業形態は時に悩ましい状況も生みますが、この特殊な形態のおかげで、日本語教育に携わる多様な人や機関に、教材・書籍を通して多面的に関わることを可能にしています。

ここでは編集の仕事に焦点を絞ってご紹介したいと思います。

これまでの道のり

2018年現在、編集部には渡辺と大橋の2名が在籍しています[注]。渡辺は、大学を卒業して数年後に会社勤めと並行しながら日本語教師養成講座に通いはじめるまでは、日本語教育と無縁の生活を送っていました。約1年半かけて420時間のコースを修了し、新聞の求人広告で見つけた凡人社に入社し、新大阪店（当時）に配属されました。入社後すぐは主に大学の顧客の営業を担当していました。顧客の長期休みなどに少しだけ編集業務に近いことを経験してはいましたが、本格的な知識やスキルを持たないまま、入社後5年ぐらい経った頃に、編集部に異動しました。

一方、大橋は、高校時代に日本語教師という職業を知り、それを専門に学べる大学に進学し、さらに、高度職業人を養成することを目的に設置されていた大学院修士課程に進学しました。修了後は海外の大学で専任講師の職に就きました。帰国後しばらく非常勤講師として大学の短期プログラムや日本語学校で教えていましたが、非常勤という身であることに不安が募っていた時期にたまたま凡人社の求人を見つけ、いったん身を置くことにしました。編集部に配属されると、これまで疑問に感じていたことやあったらいいなと思っていたものを本というかたちにできることにおもしろさを見いだしてしまい……。今に至ります。

ところで、凡人社に限らず日本語教育に関係する出版社に勤めている人には、大学、大学院や民間の養成講座をはじめ、さまざまな形で日本語教育の知識を得てきた人が多そうです。また、大学や日本語学校、地域の日本語教室などで日本語教育に携わった経験を持つ人も多いようです。こうした知識や経験（特に、悩みや苦労、失敗）は企画立案や著者との打ち合わせ、原稿推敲、校閲などのあらゆる場面で生きるように思います。読者に近い視点を持つことで、今、どんな情報が必要とされているのか、読者はどんなところに難しさを感じるのかを考えるヒントになるからです。

ただ、日本語教育を勉強することが必須の条件というわけではありません。例えば、他社のある人は、言語学を専門とする出版社に入る前はデザインを勉強していたそうです。デザインの担当者として入社してから、だんだんと編集業務に携わるようになり、違う出版社に移った現在も編集業務がメインの仕事となっているそうです。デザインの勉強の中には「記号論」など言語学と関係の深いものがあり、そういったものは、今の仕事に直接役に立っていると言います。また、

情報の整理のしかた（例えば、学際的なものをどう関連づけて本にまとめるか）などは、デザインを勉強していたことが少なからず役に立っているそうです。

印象に残っている出来事

編集部に移るまでは、「編集」に対してテレビドラマで見るようなイメージしか持っていませんでした。「何日も徹夜続きでよく会社に泊まる」「仕事でお酒を飲むことが多く、ストレスにまみれている」「その結果、胃か肝臓に病気を持っている」といったものです。他にも、どこで持ったイメージなのか、編集者は著者の先生をとことん褒めそやし、あたかも君主のそばに仕える人のようだとすら思っていました。

ところが、実際に編集部に入ってみると、少し雰囲気が違います。渡辺が異動してすぐの頃、文法研究で有名な先生の研究室を初めて訪問したときのことです。研究室に入るなり、先生に「そんなかっちりしたスーツなんて着てこないでほしい」と少し強めの口調で注意されました。「失礼のないようにとスーツを着ていったのに……」。私は面食らってしまいました。理由を聞くと、編集者との間に心理的な障壁を感じたくないからということです。この出来事を通して、著者と編集者の関係に求められているのが「君主と君主に仕える人の関係」ではないことに気づきました。時と場合によっては、同じ日本語教育業界のプレイヤー同士として振る舞わなくてはならず、また、同じプレイヤーとしての責任を持つ覚悟が必要だと感じています。

しかし、編集者が、それぞれの分野を極めてきた著者と同等の専門知識を持っているわけがありません。同じプレイヤーとして協働するといっても、編集者は編集者なりの専門性を発揮しなくてはなりません。

例えば、私たちが編集に携わった本に『日本語教育　学のデザイン』（2015年発行）があります。この本は、著者と出版社（編集者と営業部員）が"がっぷりよつ"でつくり上げた一冊と言っていいでしょう。この本の企画立案の裏には、それより約10年前に出版された「日本語教師のための知識本」というシリーズがあります。私たちがまだ入社していない・編集に携わっていない頃に出版されたシリーズです。

大橋はこのシリーズのテーマに強い関心があり、修士論文を書く際にも繰り返し読んでいました。日本語教師時代からモヤモヤと抱き続けていた「語学とは何なのか」「日本語教育は"日本語"を教えるだけなのか」という疑問の傍らにはこのシリーズがありました。とある社内の話し合いでそんなことがネタに上がると、営業部も編集部も「このシリーズは10年経った今でも多くの人に読んでもらいたい本だ。新刊じゃないけど、もっと売りたい」「本は出版しただけじゃダメだ。出版した後、どう変わったかが大切だ」と大いに盛り上がりました。社員の経歴はさまざまですが、それぞれが、本の出版を通して、日本語教育業界の一プレイヤーとしてその仕事に責任を持っているのだと実感した出来事でした。その話し合い（と企画書作成）を経て、『日本語教育　学のデザイン』の出版企画が立ち上がったのでした。

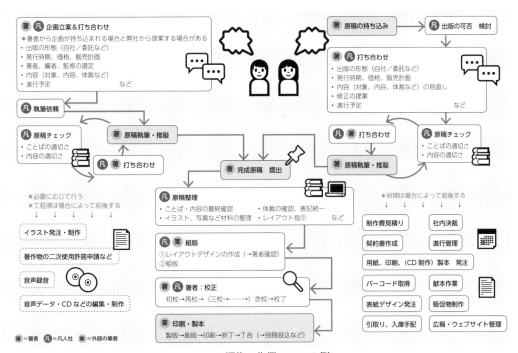

編集の作業フローの例

出版社発の企画をスタートさせるときの第一関門は編者・著者への執筆依頼です。「書いてやろう」という気持ちに火をつけるのが仕事ですが、何しろ相手はその道の専門家です。これまでの経験や"門前の小僧"ながらも身につけてきた知識を総動員して意中の人に疑問をぶつけ、その人の原稿が読みたいという気持ちを伝えなければなりません。このときは、まず「知識本シリーズ」の編者の多くと強い関係がある神吉宇一先生（本書第4章「④日本語アドバイザー」、コラム3執筆）に、私たちの気持ちを伝えることにしました。企画のコンセプトである「10年前のシリーズの"落とし前"をつけなくてはならないこと」「執筆者は日本語教育の今後を担う世代が中心となるべきだということ」「そのメンバーが今後の10年に対して責任を持つ覚悟が必要なこと」に共感してもらわなくてはなりません。また、執筆者のリーダーになることを神吉先生に決断してもらわなくてはなりません。時として編集者は、日本語教育学に携わる一員として、読者の代表として、専門家や研究者と対峙しなければならないのです。

神吉先生に納得してもらい、無事に動き出した『日本語教育　学のデザイン』は、32人に及ぶ多様なバックグラウンドを持つ方々に執筆をお願いしました。これが実現できたのは、これまでの凡人社とその社員が編み続けてきたネットワークの賜物でした。多くの方にご尽力いただいた末、『日本語教育　学のデザイン』は無事に出版され、営業部が企画した出版記念のイベントも成功を収めました。大きな反響をいただき、重版もできました。

『日本語教育　学のデザイン』という一冊を例にとってみましたが、編集者は、時に本づくりの職人として、時に日本語教育業界のプレイヤーとして、時に日本語教育学に携わる一員として、仕事をしているのだなと思いました。まさに日本語教育に携わる者で、「日本語教育者」という名称がぴったりかもしれません。

▎必要な能力・スキルを向上させるために

関係の学会や研究会に参加し最新の情報を得ることはもちろん、外国語をはじめ、なんらかの教育経験や学習者としての体験もプラスになりそうです。周りにも語学教室に通い、学習者の体験をしている編集者がいます。また、直接的には関係のない異分野にもアンテナを張っている人が多いようです。大橋は趣味で陶芸教室に通っていますが、気づくと、練習や技術の習得の過程をメタ的に話していたり、教室という状況で講師と受講者がどういうやり取りをしているかを観察していたりします。他にも、地域の活性化や町おこしに関する講座に通っている編集者の話も聞いたことがあります。

こういった例をはじめ、異分野のことに取り組んでいる人たちは、必ずしも「仕事に生かすため」とは思っていないのかもしれません。むしろ、取り組んでいるときは仕事のことをすっかり忘れているのではないかと思えるほどです。しかし、一方で、彼らが仕事に生かすことを意図しているかどうかにかかわらず、それらは確実に生かされているようにも感じます。取り組むことがどんなことであれ、仕事の糧にし、スキルを向上させることにつながるのでしょう。

▎求められている人材は？

私たち自身が「求められる人材になりたい」と模索しているところで、今はこの問いに対する答えを持ちあわせていません。そのため、ここでは、求められる人材像について直接的に考えるかわりに、「自分はこんな編集者になりたい」と思うことを挙げてみたいと思います。

例えば、言語、言語教育、日本語教育をはじめとした幅広い情報をキャッチし、きちんと自分の中に取り込めるようになりたいと思うことがあります。幅広く情報を取り込み、自分自身が変わりつづけていくことの価値は計りしれません。幅広い情報に触れることは読者のニーズを敏感に感じ取ることにつながります。また、それらを解釈して自分のものにしていれば、時流をとらえた出版物がどのようなものであるかの判断が容易にもなるでしょう。出版の適切な時期も判断できるはずです。さらに、出版に向けて企画を進めていくときに、その書籍が直接的に取り扱う分野だけでなく周辺の知識の中からどういった内容や要素を取り込むべきかという判断が適切にできるでしょう。

一方で、どんどん見聞きする情報に右往左往しない「揺るがない人間」になりたいとも思います。変化しつづける世界、大きく変動を続ける日本語教育を取り巻く環境の中で、揺るがない価値観を持つことは主張の一貫した出版物を発行することにもつながるでしょう。それは自社の一貫したブランドの構築にもつながります。

上で挙げた二つは相反する面もあります。しかし、このような要素を自身の中でうまくマネジメントできる人になりたいと思っています。つまり、私たちは「自身の価値観をしっかりと持ちながら、他の人のことばを聞くことができ、自分自身が柔軟に変わることをいとわない人」になりたいと考えています。そして、そういう人が多くの人に求められる存在だと考えています。

▎必要とされる資格・スキル・資質を五つ

①おもしろがれる力

②発想力、発想を言語化する力

③得意なことを強みとして育てる力、苦手なことを補ったりチームでどうにかする力

④テンションと視点のコントロール

⑤共通言語としての日本語教育の基礎知識

前ページの「求められている人材は？」で挙げた「変わりつづけること」はとても苦しいことかもしれません。しかし、書籍を通して価値を提供しつづけるために、新しいことへのチャレンジを楽しみ、自分自身の変容を積極的に受け入れることが大切だと思っています。「①おもしろがれる力」があればチャレンジすることはおろか、困難にさえ前向きに立ち向かえるのではないかと思います。

しかし、何か新しいものを見つけたり、おもしろいものに気づいたりしたとき、それを他の人に伝えることができなかったら、それが書籍になることはありません。執筆してほしい人に、そのおもしろさを伝え、その趣旨を十分に理解してもらう必要があるからです。往々にして新しいものやおもしろいものの魅力は非常に抽象的で、ことばで表しにくいものです。だからこそ、「②発想力、発想を言語化する力」が大切だと考えます。

ところで、私たちはこの「おもしろさを言語化すること」が得意ではありません。特に口頭で伝えることが苦手です。そういうときに大切にしているのが「③得意なことを強みとして育てる力、苦手なことを補ったりチームでどうにかする力」です。例えば、何かに気づいたとき、つたないながらも同僚に伝えます。そして、意図を理解しようとするやり取りを通してまとまったことばにしていきます。苦手を克服するのが一番だとは思うのですが、苦手を苦手として受け止めることも必要だと考えます。

「④テンションと視点のコントロール」は、より具体的なスキルです。著者と企画の魅力を共有し、企画が始まってから本ができるまでは実に長丁場です。数年をかけて少しずつ内容ができていく場合、原稿を読む時期によって編集者の原稿に対する接し方（テンションとも言えるかもしれません）が違っていたらどうでしょう。校閲や校正を行うとき、読む場所によってテンションが違っていたら……。完成した書籍は一冊の中でちぐはぐなものになりかねません。

一冊の中でかけるテンションを一定にするのと同時に、意図してころころと視点を変えることも必要だと感じます。多くの場合、企画している本の対象読者には多様な人が想定されています。内容を精査するために、それぞれの読者の視点に立ってみることができると書籍の完成度が高められそうです。また、校正をするときにも視点の移動が役に立ちそうです。同じ人が何度見ても見つけられない誤字というのがあるものです。人員不足などで複数の担当者が校正を行うことができないとき、一人の中でも違う視点を持って原稿にあたることで、その精度が上げられるのではないかと思います。

最後に⑤ですが、日本語教育の知識は①から④を支える共通言語のようなものだと考えています。必ずしも専門的な深い知識が必要とは思いませんが、仕事を進めていく上で、同じ枠組みを持つことは大いにプラスに働くと考えます。

このお仕事で生活できますか？

一般的に、言語学、日本語教育などを専門とする出版社の編集職は、文芸書や雑誌などの編集職よりも給料が安いと聞きます。ただ、会社の規模や専門とするジャンル、経営方針、雇用形態などによってかなり違いがあるようです。

読者のみなさんへのメッセージ

出版社で働くために決まったキャリアパスがあるわけではありません。また、必要なスキルや資質も一様ではありません。私たち自身も正解がわからずに、日々模索しているため、本稿は自分の目指す姿を紹介するようなものになってしまいました。

出版社の中でも、日本語教育に関係する出版社は数が少ない上に、規模の小さいところが多く、定期採用を行っているところは多くありません。したがって、求人が非常に少なく、将来の就職先の第一志望にするのは現実的ではないかもしれません。しかし、出版・編集のスキルや知識には他の職場でも生かせるものがあるように思います。

同業者として、また、教育者として、研究者として、著者として、皆さんにお会いできるのを楽しみにしています。

［注］

注）本稿は、渡辺と大橋が共同で執筆を担当しましたが、特にどちらかの立場や経験を書く部分では、名前を明記しました。

Coffee break

「編集」って言っても、出版社によって業務内容はいろいろみたい。

著者の先生たちと協働して本をつくっていくんだね。おもしろそう！

「日本語教育の知識・経験」×「他分野の専門知識・技術」で働く日本語教育者の一つです。
自分が編集者にならないとしても、業界で活動していくと、いろいろと接点があるお仕事かもしれません。

Column 4 新しい日本語教師の養成

文＝嶋津百代

日本語教師養成の新しい指針

現在のところ、日本語教師になるのに国家資格はありません。そのため、序章や第4章②で述べたように、日本語学校などにおける日本語教師の採用条件として、①日本語教師養成講座420時間を修了していること、②日本語教育能力検定試験に合格していること、③大学の日本語教師養成課程の主・副専攻を修了していること、少なくともこれらのいずれかが必要とされています。

日本語教師になりたい人は、大学や民間の日本語教育機関が提供している日本語教師養成課程／講座を受講する人が多いです。この日本語教師養成課程／講座のカリキュラムは、2000年に文化庁が策定した指針『日本語教育のための教員養成について』の教育内容に基づいて作成されています。養成講座を開講している大学や日本語教育機関では、教壇に立つ日本語教師の養成を念頭に置いて、それぞれ独自のプログラムを運営してきました。

ところがそのために、各機関の養成課程／講座の教育内容が一律ではなく、教師の能力や資質が一定していないことが指摘されてきました。また、日本語教育に関わる人々の活動分野や役割の範囲が、学校や教育機関を超えて多様化してきたことで、それらに応じた教育内容を明確にすることが求められるようになりました。

そして、2018年3月、文化庁文化審議会国語分科会で議論されてきた内容が『日本語教育人材の養成・研修の在り方について（報告）』として公表されました。養成課程／講座のモデルカリキュラムを示すことで、教育内容の質の底上げを図り、そうすることによって日本語教育人材の安定した質の確保を目指していると言えます。

日本語教育者の活動分野と役割

この新たな教師養成の指針に挙げられている「日本語教育人材」というのは、教壇に立つ日本語教師に限りません。本書では「日本語教育者」と呼んでいますが、日本語学習を希望する人に対して「日本語を教える／日本語学習を支援する」活動を行う人を広く指しています。この日本語教育人材は、三つの役割に分けられています。

日本語教師	日本語学習者に直接日本語を指導する者
日本語教育コーディネーター	日本語教育プログラムの策定・教室運営・改善、日本語教師等に対する指導・助言を行うほか、多様な機関との連携・協力を担う者
日本語学習支援者	日本語教師や日本語教育コーディネーターと共に日本語学習者の日本語学習を支援し、促進する者

さらに、日本語教師については、以下の各段階での養成・研修が提案されています。そして、新しい指針では、下記の役割や段階に応じた資質や能力、教育内容が具体的に示されています。

養成	日本語教師を目指す者
初任	日本語教師の養成段階を修了した者で、それぞれの活動分野に新たに携わる者
中堅	日本語教師として初級から上級までの技能別指導を含む十分な経験を有する者

日本語教育はどこに向かうか

在留外国人の増加や外国人材受入れの拡大によって、日本語教育の需要は今後ますます高まっていくでしょうし、その担い手となる日本語教育者の質の確保は大きな課題と言えます。日本語の仕組みや使い方を理解して、外国語として日本語を学ぶ人たちにわかりやすく教えるだけでなく、人種や国籍を問わず、すべての人が日本語を使って居心地よく過ごせる環境づくりといった点からも、日本語教育者の専門性を考えていく必要があると思います。

[参考資料]
文化庁（2000）『日本語教育のための教員養成について』

文化庁（2018）『日本語教育人材の養成・研修の在り方について（報告）』

第5章

こんにちは、先輩！ おしごと探訪

❶ パフォーマンス教授法⁉
ケッチ！（元・が〜まるちょば）［パントマイム・アーティスト］

❷ 自律学習のすすめ
フェラーリ シモン ［会社員］

❸ 元日本語学習者の私が先生に！
潘 英峰 ［専門学校教員］

❹ 日本語教育を学び、民間企業で働くという選択
下伊豆 ちひろ ［会社員］

❺ 小さな活動がつなぐ人と人
菊池 英恵 ［キャリアコンサルタント／ボランティア団体副代表］

❻ 日本と世界を結ぶ未来人材を育てる―高校で教える―
甲田 菜津美 ［高等学校教員］

❼ やさしい日本語は世界を変える！
小川 真由 ［アナウンサー］

❽ サブカル少女が大学でサブカルチャーを教えるようになるまで
藤本 かおる ［大学教員］

❾ YouTubeから日本語人コミュニティへ
朴 晋佑 ［起業家／YouTubeチャンネル「日本語の森」代表取締役会長］

★こんにちは、先輩！

おしごと探訪❶　パフォーマンス教授法⁉

ケッチ！（元・が〜まるちょば）　[パントマイム・アーティスト]

中央大学文学部文学科英米文学専攻卒業。英語科教員免許取得。在学中よりパントマイムのソリストとして活動。大学卒業後、インターカルト日本語学校日本語教員養成研究所に入学。約2年間、個人の日本語教師として主に英語圏の生徒に教える。1999年、HIRO-PONとサイレントコメディー・デュオ「が〜まるちょば」を結成。言葉や文化を超えたパフォーマンスが高く評価され、"世界が認めたアーティスト"としてこれまでに36カ国のフェスティバル、テレビ番組、劇場などから招待される。2019年3月、が〜まるちょばを脱退。新たな活動に挑戦するため、ヨーロッパに移住。

　この本の出版に際して声をかけていただき、大変うれしく思っています。が、それ以上に大変な恥ずかしさも感じています。というのも大学卒業直後に日本語教育を少しかじったままプロのパフォーマーになり、20年以上の月日が経ってしまっているからです。当時のことを振り返りながら、ほんの少しでもみなさんの糧になる内容になったらうれしいです。

　私がなぜ日本語教育に興味を持ったのか？　いくつか理由がありますが、一番はかなり邪な動機でした。

　パントマイムを習い始めたのは大学生の頃でした。できれば卒業後にプロになりたいと思っていました。言葉に頼らないパフォーマンスなので海外でも公演したい、でも、それだけで食べていくのは難しい。となると、パフォーマンス以外に生活の足しになる仕事を探さなければなりません。海外でもできて、自分が興味のあるものは？　願わくは、パフォーマンスの経験値も上げられるような仕事は……？　難しいと思えたこの問いの答えは、すぐに完璧なロールモデルとして目の前に現れました。

　大学では英米文学の専攻だったので、イギリスに1年間語学（＋パフォーマンス）留学しました。そのときの英語の先生が、平日は英語教師、週末は女優として舞台に立つという生活をしている方でした。「これだ！　自分も平日は日本語教師として教室に立ちたい！」と思いました。

　帰国後に英語科教員として教育実習に行き、さらにその思いが強くなりました。授業とパフォーマンスはよく似ていると感じたからです。生徒の注目を集め、教える。観客の注目を集め、技を見せる。これならパフォーマンスの経験も授業にフィードバックできるし、逆もまた然りです。

　大学卒業と同時にインターカルト日本語教師養成講座に入学しました。いろいろなことを教えていただきましたが、一番印象に残っているのは、生徒の知りたいという欲求を高めてから教えるということです。これはパフォーマンスをするときにもとても重要なことで、大いに活用させてもらっています。例えば、パントマイムで有名な見えない壁の演技をする場合でも、壁を触る前に、目の前の空間を見て一瞬「ん？」という間を取るだけで、観客の「何だろう？　知りたい」という欲求を高めることができます。観客の欲していることをするわけですから、もちろん間を取らずにやったときよりもウケますし、壁の演技が多少下手でそでも目立たないんです！

　また、パフォーマンスをしていて観客の集中を途切れさせてしまったなと感じるのは、心のない演技をしてしまったときや、同じようなリズムでパフォーマンスを続けてしまったときです。たぶん、心ここにあらずで教えてしまったり、同じようなリズムで教え続けてしまったら、教室でも同じことが起こっているのではないでしょうか？　しかし、実際に教えている最中に授業全体を客観的に見ることはとても難しいと思います。教員のみなさんもやられていると思いますが、私たちも定期的にパフォーマンスを録画して、客観的に演技を確認し、修正するようにしています。

　こんな話を友人にしたら、「パフォーマンス教授法を開発したら？」と言われました。さすがに教授法なんて大それたことはできないと思いますが、いいパフォーマンスをするための技術で授業にも役立ちそうなものは、いつかまとめてみたいと思っています。

　パントマイムでなくても、落語でも手品でも、何かしらのパフォーマンスを見るだけでなく、実際にやってみると、授業にもフィードバックできることが発見できると思います。教員のみなさんもぜひ経験してみてはいかがでしょうか？

★こんにちは、先輩！

おしごと探訪❷　自律学習のすすめ

フェラーリ シモン ［会社員］

スイス・ジュネーブ出身。2006年に高校の交換留学（AFS）で初めて来日。スイスの高校卒業後、2010年慶應義塾大学法学部政治学科に入学。日本の地方自治を学ぶ。また、在学中は体育会自転車競技部に所属。2014年にいったん日本の大手損害保険会社に就職し、2017年にトライアスロンに集中するために、効率的な働き方を求め外資系保険ブローカーに転職。1つのことに集中することが苦手で、目標は常に「二兎を追っても二兎を得る」。

　日本語の学習を始めて15年になります。日本の大学を卒業し、日本語の保険約款と日々見つめ合う仕事に就くようにまでなりました。日本語教師を目指す皆様に私の経験が参考になるかわかりませんが、私は日本語学校ではなく、インターネットや高校時代の留学を通して独学で日本語を学びました。そして、独学こそが結果的に高い次元で日本語を使えるようにさせてくれたと信じているので、一つの意見として読んでいただければと思います。

　日本語の他にも5カ国語ほど勉強したことがありますが、その中で自分の物にできたと実感している言語はほぼ学校で履修せず、独自の取り組みで覚えています。逆に、母国の義務教育の中で長年勉強させられていたドイツ語は未だに習得できていません。

　では、学校で勉強すれば語学はマスターできないかといえば違いますが、授業一本だけで言語を習得できると考えることは大きな間違いだと思います。他の科目と違って、言語は他の目的を達成するためのツールにすぎません。日本語能力試験のN1に合格したところで、日本語を使って、仕事や勉強をして、他人と意思疎通を図れなければ、宝の持ち腐れになります。

　あくまで私の意見ですが、語学の知識を日常的に活用できるようにするには、関心を持って、さまざまな角度から楽しくその言語に触れる機会を多くつくることが大切だと思います。私は高校生のときにJ-popが大好きだったので、歌詞の意味を調べたり、好きなアーティストが出演しているドラマを観たりしていました。本屋で買った日本語マニュアルに囚われず、興味のあるところから始めました。また、漢字が書けたらかっこいいと思っていたので、形が単純すぎて覚えにくいカタカナを後回しにして、先に漢字を必死に覚えるようにしていました。留学時は日本語能力試験の勉強を通して語彙力を磨くこともできましたが、それよりも、友達と毎日交わしていたメールやミクシィの日記を理解しようとする努力や、自分でもメールや日記をネイティブ並みに書けるように工夫したことが一番の勉強になりました。聞くは一時の恥、聞かぬは一生の恥ということで、わからないメールの内容をしばしばホームステイ先の家族に聞いていました。単語帳も市販のものを使ったことがなく、日常の中で理解できなかった言葉を拾って自己流の単語帳を作成していました。

　生徒にはマニュアルどおり、ひらがな・カタカナから始め、決まった順番に教える必要はないと思います。それよりも、せっかく日本語に興味を持った生徒の意欲を応援し、生徒自らが興味のある日本語を調べていくような授業スタイルもあってもいいと思います。

　生徒を正しい日本語の学習へ導くことも大切かもしれませんが、自律学習を促す授業の雰囲気づくりも同じぐらい大切なはずです。生徒が決めた角度から日本語に触れれば、必ず何か疑問がわいてきます。それに教師が真摯に応えていくことが生徒のモチベーションにつながります。もちろん、学校には強制力という側面もあり、普段自分の甘さに負けて、避けてしまう小難しい表現などを覚えさせることも教師の役割かもしれません。しかし、そのことが中心になっては生徒が受け身になり、結局テストの点数をとるためだけに学習方法を変えてしまう可能性が高いと思います。

　語学を教えた経験がないので、偉そうなことは言えませんが、自律学習を根幹に置きながら、生徒それぞれの関心にあった目標を設定し、コーチのように生徒を支えてあげることが理想だと考えます。生徒以上に自ら考え行動することが教師にも求められて大変だと思いますが、生徒が常に日本語という奥深い言語を楽しんで学習できるようにすることこそが日本語教師の大切な役目なのではないでしょうか。

★こんにちは、先輩！

おしごと探訪❸　元日本語学習者の私が先生に！

潘 英峰 ［専門学校教員］

はん・えいほう◉中国内モンゴル自治区生まれ。2002 年に渡日。言語文化学博士（2013 年、大阪大学）。奈良女子大学キャリア開発支援本部研究員、豊中市教育委員会人権教育室学習支援員、会社員向け語学研修中国語講師など経て、㈱清峰林を設立（2015 年）。現在は大阪大学国際教育交流センター特任研究員、日中文化芸術専門学校進路指導室室長を務めるかたわら、律詩創作および文化交流を目的とした「清峰林詩詞空間」（2016 年設立）も運営。これらの経験と語学教育との相乗効果を発揮し日々まい進中。主な著書に『思春期ニューカマーの学校適応と多文化共生教育 ―実用化教育支援モデルの構築に向けて―』（2015 年、明石書店、単著）がある。

　16 年前の 2002 年 3 月末、桜満開の季節に、筆者は直立できないほど重たいリュックを背負って日本へやって来ました。大学院での留学生活や企業勤務を経て、いよいよ 2017 年から専門学校で日本語教育に従事することになり、大変ワクワクし、教えるモチベーションも今までないほど高かったのです。しかし、外国人であり、自分でも日本語の使い方を間違うことがあるのに、人に教える実力が本当にあるのかという心のハードルを越える必要がありました。

　授業中に聞かれたことについて説明できないと困ると思い、惜しまず時間をかけて事前準備をしました。教えているうちに「先生は日本語が上手ですね」「もっと先生に教えてほしい」というような声を聞くようになり、その達成感はことばで表現できないほどでした。そして、外国人講師だからこその強みも意識するようになりました。例えば、母語を使った文法項目の説明や留学生たちのロールモデルになることなどです。

　教師の授業に臨む態度が、授業の質を左右することも実感しています。授業中にしゃべる、寝る、携帯を触るといった学生がいれば決して放置するわけにはいきません。そうなると授業が成り立たなくなります。しかし、怒鳴ることも逆効果であり、学生の反発を招いてしまいます。時には授業にしりとりゲームを挟み、時には「しゃべるなら前に来て歌を歌ってもらおう」と変わった形式で警告し、時には自らの日本に来た当初の経験談を聞かせました。2018 年前期の「学生による授業評価アンケート」では、担当した 6 教科の総評価得点が全校教員の中で一番高かったことがわかりました。授業内容は言うまでもなく、学生の集中力をいかに長く持続させられるか、さまざまな方法を用いながら日々模索しています。

　一方、ことばの壁や専攻のミスマッチのためにわずか 1 年で大学院の研究生を退学したこと、社会的な暗黙のルールや上下関係に戸惑い悩み、勤務した会社でもカルチャーショックを受けたことなど、私自身が来日当初に経験した苦しい思いから、留学生の気持ちが殊にわかるような気がします。

　専門学校では、授業以外に生活・進学指導にも積極的に取り組んでいますが、私は特に留学生の生活相談に乗ることを常に意識しました。例えば、夜中、突発性発疹（ほっしん）が出た学生のため、早急にその学生の住まい周辺の皮膚科を調べ紹介したこと。学校周辺に駐輪できるところが見つからないので、学生と一緒に駅周辺の駐輪場へ行き申請条件を聞いたこと。留学生の認識不足で一歩間違えば日本の法律に違反する恐れもあるため、生活支援、精神的ケアも教師の仕事の一部であると言えます。これは企業退職後、言語文化を学ぶ大学院に改めて進学し、約 6 年間、外国人児童生徒を対象とした異文化適応の研究を行った際に最も実感したことです。

　大学院時代の経験は、学生の進学指導にも活きています。研究計画書の作成、過去問の答案の修正、面接の練習まで一貫した指導を行えるよう努めました。その結果、進学志望者の大半は志望校へ進学しました。そのうちの 1 人は自分と同じ大学の研究科へ進学しました。来日 16 年目の桜満開の季節に、その学生が専門学校へやってきて挨拶してくれたのは、ひときわうれしいことでした。

　言語教育者を目指した 2005 年から今日まで、私はこの道を進んできました。そして、今後もさまざまな社会経験と結びつけながら、言語教育に携わっていきたいです。日本の建国記念日が誕生日である私は、日本と宿命的な結びつきがあるのではないかとついつい思ってしまいます。このようなせっかくのご縁を惜しまず活かし、日本社会に力強く根付いていこうと考えています。

★こんにちは、先輩!

おしごと探訪❹　日本語教育を学び、民間企業で働くという選択

下伊豆 ちひろ ［会社員］

しもいず・ちひろ●人材・ITサービス関連企業に勤務。京都府南丹市美山町出身。京都府立北桑田高等学校卒業後、金沢大学国際学類へ入学。在学中1年間のスペインバルセロナ自治大学への留学を経験し、修士課程への進学を決意。一橋大学大学院修士課程言語社会研究科へ進学し、日本語教育学位取得プログラムを修了。「就職活動」そのものと教育機関以外で働くことへの好奇心から民間就職を決め、2016年現所属会社へ新卒入社。2年半の人事労務実務を経て、現在はグループ会社へ2年間の出向中。京都・金沢・スペイン・東京と渡り歩いて確信を持った自身の強みは「どこへ行っても人に恵まれる強運」。

　大学3年の夏からのスペイン留学で、自分にとっての日本語教育に対する考え方が変わりました。約1年間、現地の大学の日本語クラスに参加させていただき、何度か授業をする機会もいただいたのですが、これが笑っちゃうほどうまくできない（笑）自慢じゃないですが、大学での成績は良いほうでしたし、順調に学びを進めている気でいたのです。だからこそ、本当の実践の場では何も身になっていなかったことを痛感させられ、字のごとく"身を以て"、日本語教育は机上の学問ではなく実践的なものであること、日本語・日本文化・教育のさまざまな分野の知識とスキルが必要な複合的な分野であることを実感したのです。そのとき、日本語教育に一気に引き込まれたと同時に、もっと勉強したいと大学院進学を決めました。

　言葉にすると抽象的に聞こえるかもしれませんが、「前提の異なる集団で一つの目的に向かうファシリテーションの難しさ」「教師として提供できる価値を自ら創造する難しさ」を学びました。そして、それぞれの難しさの先にある大きな喜びとやりがいを、日本語教育を学ぶ過程で知ることができました。

　しかし、大学院修了後の進路選択では、自分のこれまでを振り返り、小学校から大学院までずっと学生として教育機関にいることに改めて気づいたこと、民間企業で働くことそのものに興味があったこと、その先で日本語教師の道に戻るときにも、日本の民間企業で働くことはきっと、日本語を学ぶ学生の進路指導においても大きな糧となると考えたことから、民間企業への就職を決めました。

　「組織を裏で支えるサポート役」という役割に、日本語教育の中で感じたやりがいに近いものを感じるのでは、と人事職を希望し、入社から2年半、労務統括部署で働いています。仕事内容は、入社から退職までのさまざまな人事手続きの運用や人事制度に関わる運用設計、グループ各社の人事運用サポートです。

　日本語教育を通して学んだ「考えや前提が大きく異なる人たちとのコミュニケーションにおいて、言動の背景や伝えるためのベストな手段を深く思考すること」「相手の立場に立ってわかりやすいかを考える想像力」「自分の力だけですべてをできるわけではない中で、今の自分のポジションにおいてできる最大限のサポートに尽力する姿勢」は、人事という領域において大きな強みとなっていると感じています。

　一方、皆様の想像どおり「専門知識を生かす」という場は、正直今の私にはまったくありません（笑）個人的には、そもそも就職の目的が専門知識の活用ではなかったため、後悔や違和感はありませんが、日本語教育を学び専門性の高い皆様には、民間就職を選択肢として検討する際にはぜひ、そこの線引きと価値づけについて自分の中で腑に落ちるところまで考え抜くことをお勧めしたいと思います。

　私は日本語教育の専門知識を直接的に今の仕事で使用していませんが、その経験の中で学び得た行動力や思考の幅は、まぎれもなく私の「今」を支えてくれています。日本語教育の学びの場に集まるさまざまな目的と興味、意欲を持った仲間の中で、自分の興味の矛先をクリアにしたり目的を果たすための手段を試行錯誤したりすることで、研究に向き合うことはもちろん、自分自身と向き合うことができました。

　ありきたりに聞こえてしまうかもしれませんが、選択肢はいつだって無限に広がります。学ぶ過程そのものが実践的で、自分次第で学びの幅が広がる「日本語教育」。日本語教育を学ぶ皆様が、その魅力を存分に感じてワクワクしながら学び、自分らしい進路選択をされることを心から願っています。

103

★こんにちは、先輩!

おしごと探訪❺ 小さな活動がつなぐ人と人

菊池 英恵 ［愛媛大学 留学生就職促進プログラム推進室 キャリアコンサルタント／「にほんご町内会」副代表］

きくち・はなえ●兵庫県出身。大阪大学文学部で日本語学を専攻。在学中に、オーストラリアのクイーンズランド大学に留学、応用言語学を学ぶ。地域日本語活動に関わりながら、実務翻訳、小学校英語指導員、私立高校日本語講師等を経て現職。2人の高校生の母。音楽が好きで、ピアノ、アルトサックス、そして現在はクラシックギターに挑戦中。将来の夢は東欧で日本語教師をすること。

　私は学生時代、日本語学を専攻し、将来は海外で教える日本語教師になりたいと考えていました。そのために、交換留学で海外生活を経験したり、日本語教育能力検定試験を受けたりして準備をしていたのですが、残念ながらその機会に恵まれず、結婚、出産、育児の道に入りました。専業主婦で子育て中心の生活、おまけに転居も続いていて、なかなか自分の落ち着く場所が見つけられない。そんな時期が10年以上ありましたが、仕事にはならなくても今の自分にできることがあればやっていこうという気持ちで、「外国語としての日本語」でできる小さな活動を続けていました。

　例えば、地方の県庁所在地からさらに車で1時間半ほど南にある小さな町で暮らしていた頃。知り合いもいなくて、さびしい気持ちで過ごす毎日だったのですが、研修生（現在は技能実習生）がいる会社に話をもちかけ、毎週日曜日の夜に日本語クラスを開くようになりました。職場で日本語の勉強ができることを研修生のみなさんは喜ばれ、私自身もこの「日本語」の活動で、地域社会とつながる喜びを実感しました。

　また、ALT（Assistant Language Teacher: 外国語指導助手）や地元で暮らしている外国人の方にマンツーマンレッスンをしたこともあります。ALTの方は週に1度、車で片道40分もかけて山の向こうの町からわが家まで来ていました。レッスンは2年間続いたのですが、その方との出会いは後に、また別の新しい交流を生みました。その方のお母さんが校長を務めるイギリスの小学校と、わが子の通う小学校の、2年にわたる交流活動につながったのです。手紙や作品、ビデオレターを送り合うなど二つの国の子どもたちをつなげることは、本当にわくわくする経験でした。

　また、夫の転勤にともない、都会に住んだこともあります。「地域の日本語教室」が有名な武蔵野市では「日本語交流員」として、子ども連れで「地域の日本語」に関わりました。ボランティア養成講座の内容に感銘を受け、交流のあり方などを学んだこのときの経験は、現在の「地域の日本語」の活動に大きな影響を与えています。今、私は「にほんご町内会」というボランティア団体の企画運営に携わっています。はじまりは、同じ価値観を持つ方との貴重な出会いでした。一緒に活動を立ち上げ、「地域に住む外国人と日本人が町内会の仲間のように集い、おしゃべりやアクティビティを通して互いに知り合い、生活に必要な情報が得られる場所づくり」を目指して、月に1、2回集まりを開いています。

　あらためて振り返ると、「日本語」に関わる活動は、私自身を地域社会とつなぎ、外国人を日本社会とつなぎ、さらに新しい出会いを生みながら、人と人をつなげてきてくれたことに気づかされます。

　現在、私は大学で開講されている外国人留学生のためのキャリア教育プログラムにも携わっています。以前はこのような仕事があることも知らなかったのですが、日本語教師の勉強会で出会った方が「あなたに向いている仕事がある」と紹介してくれました。日本での就職を目指す留学生をサポートするのは簡単な仕事ではありませんが、キャリアコンサルタントの資格を取り、ベースとなる日本語教育の知識と経験を活かして新しいことに取り組んでいます。

　学生時代にスタートした「日本語」の活動は25年になります。多様な人々との関わりを通して「多文化共生のために働きたい」という価値観が形成され、自分の生きる道が少しずつ固まってきたように感じます。日本社会が、日本に住む外国人にとっても活躍できる場、住みよい場所であるように、そして誰にも居場所があるように願いつつ、「日本語」に関わる仕事や活動を通して、これからも人と人、人と社会をつなげる活動を続けていきたいと思っています。

★ こんにちは、先輩！

おしごと探訪❻　日本と世界を結ぶ未来人材を育てる—高校で教える—

甲田 菜津美 ［高等学校教員］

こうだ・なつみ●大阪府公立高校教員。Minami こども教室実行委員。大阪大学大学院言語文化研究科日本語・日本文化専攻博士前期課程修了。研究テーマは「外国にルーツを持つ児童生徒の対話学習を主とした日本語教育」であった。インドネシアのピナ・ヌサンタラ大学人文学部日本語学科専門講師、北方四島交流事業における国後島日本語講師などを経て、2017 年より現職。

　私が「日本語学習者」と出会ったのは中学生のときでした。私が通っていた学校は中国にルーツを持つ生徒が多数在籍する学校で、彼らは国語などの授業は日本語教室へ行く、というのが当時の私にとっては「当たり前」の光景でした。

　日本をもっと世界に知ってもらいたい、と大学卒業後はミャンマーやインドネシアなどで日本語教師として教鞭を執りました。その間、現地の子どもたちと触れ合う機会が多々あり、「CLD 児（Culturally Linguistically Diverse Children; 文化的言語的に多様な背景を持つ子ども）」のことを研究したいという意欲とともに帰国しました。そして、大阪市中央区にある外国にルーツを持つ子どもたちのためのボランティア教室に通うようになりました。海外の学習者にばかり目を向けていた私でしたが、国内に日本語教育を必要とする人、特に子どもたちがいる現実に圧倒されると同時に、中学時代の日本語教室の意義が理解できました。そして、大学院に進学し、CLD 児のことを研究していく中でまだまだ未知である高校での日本語教育に関わり、彼らが可能性を最大限に活かせる応援がしたいという思いが強くなり、大人の仲間入りをする最後の砦である高校で日本語教育に携わろうと決心しました。大学院在学中は、非常勤講師として外国にルーツを持つ高校生の抽出授業（日本語学習が必要な生徒だけを原学級から抽出して実施する授業）に携わりましたが、生徒とは授業だけの関係であり、生徒たちの高校生活があまり見えず、歯がゆさを感じました。高校で日本語を教えるということは、授業だけじゃない、と。

　そして、大学院修了後、日本語教育が必要な生徒の募集がある高校への勤務が決まりました。国語教諭での採用のため、原学級の国語の授業や担任業務、日々の校務もありますが、1 年生の日本語抽出授業に携わっています。大人でも子どもでもない複雑な年齢期のため、授業だけでなく、ふとしたひと言や授業外での出来事が学習意欲を左右します。高校生にとって日本語は勉強のツールでもあります。「日本語」の授業以外は日本語で他教科の授業を受けなければなりません。概念は母語でわかっていても日本語がわからない生徒、概念も教科担当の先生のことばもわからない生徒、単にやる気がない生徒など、状況はさまざまです。そこで、私が大切にしていることは、学校生活で必要なクラスメイトとの交流や教科に求められる日本語に特化して授業を行うということです。初級文法であってもその中に学校で使える表現を盛り込んでいきます。そのため、他教科の担当教員との連携が欠かせません。

　そして、日本語指導が必要な生徒が在籍するクラス担任として、手紙の内容説明や課外授業、進路選択など生徒たちの将来に関わることにも寄り添って考えていくため、将来に直結することを共に学んでいく姿勢が必要です。また、原学級の生徒と関わらせることにも奮闘しています。外国にルーツを持つ生徒がクラスにいることで日本の生徒にもプラスに働くよう努めるのも私の責務だと考えています。

　また、学校教育機関だけでは生徒たちのサポートは十分ではないことをボランティア教室の活動から学んできました。学校現場に従事した今、外国にルーツを持つ子どもたちだけでなくその親の支援の必要性も感じます。学校での子どもたちの顔と地域での子どもたちの顔は違います。公的機関だけでなく地域に根付いた支援も同時に行うことで、生徒たちの困り感や幸せ感に寄り添えると思っています。

　日本とルーツを持つ国をつなげる存在であり、日本の未来と他国の未来の可能性を秘めている彼らが生きやすい未来を考え真剣に向き合い、これからも共に歩んでいきたいと思います。

★こんにちは、先輩！

おしごと探訪❼　やさしい日本語は世界を変える！

小川 真由［アナウンサー］

おがわ・まゆ●愛知県犬山市出身。私立滝高校では放送部に所属。全国大会での受賞歴も。卒業後、大阪大学（入学時は大阪外国語大学）外国語学部で、日本語教育とビルマ語を専門に学ぶ。3 年次修了後に休学し、タイ国チェンマイ大学で日本語教師インターンも経験。2008 年卒業後、和歌山放送に記者兼アナウンサーとして入社。県政・教育・スポーツなどを担当しながら、ニュース番組のサブキャスターを務める。2011 年、大阪放送にアナウンサーとして入社。音楽・情報・報道番組と幅広く担当。2016 年からフリーアナウンサーに。主に NHK で、報道キャスター・リポーターとして出演するほか、記者・ディレクター業務で番組制作にも携わる。防災士、日本舞踊名古屋西川流名取。

「アナウンサーになるには日本語を勉強しなくては」そう決意して日本語専攻に的を絞ったのが高校 1 年生の終わり。近年理系出身の報道人も増えてきた現状を見ると、無限に選択肢があったはずなのに、当時の私はその思いで一直線。なんとか後期入試で大阪大学（入学当時は大阪外国語大学）外国語学部日本語専攻の切符を手にしました。

ただ、外国語学部の性質上、初めは語学の勉強がほとんど。抽選で決まった第 22 希望のビルマ語に悪戦苦闘する日々でした。モチベーションが上がらない時期もありましたが、「これも運命だ」と真剣に学び始め、大学 2 年生の夏、内閣府の派遣で 1 カ月ミャンマーに滞在することになりました。政府関係者や日本語学習者など多くのミャンマー人と出会う中で、祖国を良くするために日本語を学びたい、日本と仲良くしたい、という純粋な思いに触れ "国際協力としての日本語教育" に興味を持ち始めました。それは私にとって衝撃でした。中学生から夢見ていたマスコミ業界に進みたいという気持ちがぶれ始めたのです。悩んだ末、タイミング良く日本語教育能力検定試験に合格したこともあり、3 年次終了後に休学して、大阪大学外国語学部と学術交流協定を結ぶタイのチェンマイ大学で日本語教師のインターンをすることになりました。

最初は 1 日 1 コマを教えるのも必死でしたが、優秀な学生に支えられ、ほぼ直接法（日本語を日本語だけで教える教授法）で教えることができました。学部生の立場でタイの名門国立大学で働く経験を積ませていただけたのは本当に幸運なことで、このような機会を与えてくださった両大学には、感謝の気持ちでいっぱいです。

そんな中、休日に訪問していたタイ・ミャンマー国境の難民キャンプで出会った国際ジャーナリストの姿にも感銘を受け「日本語教師もマスコミも "伝える" という意味で共通している部分もあるが、やはり初志貫徹、日本語教育で得た経験も活かし、メディアの世界で挑戦したい」と決断。帰国後、就職活動をしました。とはいえ、放送も新聞も人気業界。1 年に渡る受験の末、4 年生秋に和歌山放送の記者兼アナウンサー職に内定しました。マスコミ業界は、イメージとは異なり、地道な努力が必要な泥臭い業界でしたが、若いうちに企画から取材、編集まで何でもこなした経験が活き、その後、OBC ラジオ大阪（大阪放送）アナウンサーとして音楽番組やニュース番組などを担当した後、2016 年からフリーアナウンサーになりました。現在、報道番組のキャスター・リポーターを中心に、司会・ナレーション・講師など、精力的に活動しています。

キャスターの仕事は、私のキャリアの集大成。同世代（ほとんどはそれ以上）の視聴者の共感を得るためには、幅広い経験と知識が必要です。日本語教育や東南アジア地域で学んだことも、大きく活かされています。

また、この職業の性質上、テレビやラジオに出ている姿のほうが目立ちますが、オンエアの数分前、数秒前まで、一つのニュース原稿がどうしたらわかりやすく伝わるかにスタッフ全員で命をかけています。例えば、近年多発する災害の呼びかけでは、高齢者や子ども、そして、目や耳の不自由な方や外国人など、すべての人が "命を守る" ことができる言葉を選びます。「高台へ早めの避難」は「高いところへ早く逃げて！」、「河川の氾濫」は「川の水があふれる」など。特にラジオは音声だけで伝える難しさもありますが、災害時には不可欠なメディアです。まだまだ試行錯誤ですが、社会的弱者の方がわかりやすい言葉は「すべての人にやさしい日本語」であると実感しています。ただ、言葉の選択だけでなく、アナウンサー、いや、一人の人間としての資質が問われるのがこの仕事。やさしい（易しく・優しい）日本語は、世界を変える！　今日もこの言葉が誰かの支えになることを信じて。

★こんにちは、先輩！

おしごと探訪❽　サブカル少女が大学でサブカルチャーを教えるようになるまで

藤本 かおる［大学教員］

ふじもと・かおる◉「デザイナー」→「エジプトカイロ遊学＆イタリア・スペインショートステイ」→「日本語教育に目覚める」、とやりたいことをやっているうちに現在に至る。完全に文系およびデザイン系の人間で、プログラミングとかはできないのに、なぜか専門はeラーニングや遠隔教育。人生において大事なものは健康と自由。好きなものは、おいしい食べ物とPerfumeとBL（2つの意味がある）と山に行くこと。今頃こんなに勉強するくらいなら、若いうちにもっと勉強しておけばよかったとしみじみ思うこの頃。

子どもの頃から漫画やアニメ、イラストを描いたりするのが好きだった私は、高校卒業後の進路について二つの道で悩んでいました。世界史の教師になるために大学に進学するか、ファッションの道に進むために専門学校に入るか——。おしゃれや物作りが大好きだったし、キラキラした仕事に憧れる気持ちのほうが強く、文化服装学院に進学、卒業後はファッション小物のデザイナーになりました。専門学校時代から、自分よりもっとおしゃれで個性的な周囲の人たちに影響され、小劇場で上映される外国の映画を見まくり、夜な夜な小さなライブハウスで紫煙に燻されながらインディーズバンドを追いかけ、とあるメジャーバンドのファンクラブスタッフもやっていました。当時の私にとって、サブカルチャーが生まれた60年代・70年代はゴールデンエイジ。デザイナーという職業で服装規定が緩いのをいいことに、時代にそぐわないユーズドのサイケデリックな服でバブル崩壊後の街を闊歩。その姿はすれ違うすべての人に振り返られるほどでした。

やがて、エジプト旅行を機に、歴史や異文化に興味があるもう一つの自分が顔を出してきました。当時、デザイナーの仕事も5年目で仕事に行き詰っていたこともあり、3年計画でアラビア語を勉強、お金を貯め、カイロ遊学へ。アラビア語の学校では、直接法（アラビア語をアラビア語だけで教える教授法）でアラビア語を勉強しました。そこで初めて、「母国語を教える仕事」というものがあるということを知ったのです。そして、教師は学習者が初めて会う母語話者という責任ある立場になる可能性があることにも、気がつきました。

エジプトでの生活があまりに楽しく、できたら労働ビザを取れる仕事で長く働きたいと思い、日本語教師になることを決めました。今になって思うと、カイロの語学学校で多国籍の人とアラビア語を学んだ経験や、直接法で外国語を学んだ経験は、日本語教師になってから、ずいぶん活かされています。特に学習者のストレスを自分でも実体験したことは、得難い経験でした。

しかし、専門学校卒では日本語教師として海外で働くことができないので、養成講座修了後に放送大学に編入。日本語教育とICT利用というテーマに出会い、気がつけばエジプトに戻ることなく、大学院にまで進学してしまいました。教師がICTを授業に取り入れようとすると市販・公開されているものが少ないので、自分で作ることが多くなります。ここに、自分の「ものを作るのが好き」という特性が結びついた感じです。

現在、大学で日本語ではなくサブカルチャーに関連する科目を教えています。エジプトで働きたくて日本語教師になったわけで、日本の大学でサブカルチャー科目を教えることになるなんて、夢にも思っていませんでした。しかし、仕事のお話を聞いたとき、「できるかできないかといったら、できる！！」と思いました。自信があったわけではなく、「楽しそう！」とワクワクしたのです。

授業では、まず「文化とは何か」を問い直します。サブカルチャーとは、既成の概念を打ち壊すために生まれた、ある意味反逆的精神ですが、現在私たちが「メイン文化」と思うものも、そもそもサブカルチャー的だったものが多いのです。また、学生には自分のオタク属性も正直に話しています。びっくりする学生も多いですが、学生との距離はぐっと近くなります。

今、留学生と日本人の共修クラスでサブカルチャーを教えていて、ファッションを学んだことやデザイナーの経験、カイロでの留学経験などのすべてが、授業につながっていると感じます。これまでのいろいろな経験を授業に活かせる、それも日本語教師の醍醐味の一つだと思います。

107

★こんにちは、先輩！

おしごと探訪❾　YouTubeから日本語人コミュニティへ

朴　晋佑　〔起業家／YouTubeチャンネル「日本語の森」代表取締役会長〕

ぱく・じんう● 1975年韓国ソウル生まれ。2000年、私費留学生として一橋大学商学部入学。半年留年後、2007年韓国で家族経営で日本留学試験専門予備校 MorningEdu ㈱設立。マネタイズを考えずに、2013年4月から、「日本語の森」という YouTube チャンネルで日本語授業動画の配信を開始。今まで1,000個以上の日本語能力試験コンテンツを「日本語の森」でアップ。2014年は YouTube で「YUHADAYO」、「DUNGMORI」という日本語教育チャンネルをプロデュース。それぞれ韓国とベトナムで日本語能力試験対策コンテンツの配信を開始。2015年 MorningEdu ㈱退社。

◀朴晋佑（後列左）、グェン・ヴァン・ズン（後列右）、ゼン・ユハ（前列中央）、フゥオン・ティ・タイン（前列右）

　YouTubeチャンネル「日本語の森」について、過去、現在、未来に分けて説明していきたいと思います。

　【過去】私が一橋大学に在学していたとき、耳にタコができるぐらい言われたのは、「選択と集中」と「社会貢献」でした。しかし、当時は「社会貢献」などはキレイゴトにすぎないと強く思っていました。

　卒業後、帰国して韓国で立ち上げた日本留学試験専門予備校は運よく成功を収めたものの、その後のビジネスは次々と失敗を重ねてきました。その失敗の最大の原因が社会への貢献度の低さにあることに気づくまでに8年を費やしてしまいました。それ以降は、「貢献」をコンセプトの軸にした新規ビジネスを考えました。そこでまず考えなければならなかったのが「貢献」の定義でした。ちょっと人を助けたり、お金を与えたりしたところで、「貢献」とは言えないでしょう。本当に自分のすべての能力や力を尽くさない限り、「貢献」とは言えないのです。当時の自分が持っている能力は日本語教育に関するものだけでした。すべての能力を尽くすのが「貢献」ならば、自分の能力を発揮して日本語教育コンテンツを世界の人々に提供しよう、それならばネットで無料配信しよう、というコンセプトが生まれました。しかし、そこに一つのジレンマがありました。もしネットで日本語教育コンテンツを無料配信したら、すでに成功した自分の日本留学専門予備校はつぶれるのではないかという心配でした。そのとき、悟ったのが「貢献」をするためには、「犠牲」が求められるということでした。成功したビジネスを犠牲にまでして、「貢献」のコンセプトから生まれたものがYouTubeチャンネル「日本語の森」でした。

　【現在】その後、「日本語の森」に二人のメンバーが加わりました。ベトナム出身のグェン・ヴァン・ズンと韓国出身のゼン・ユハです。彼らは日本語教育コンテンツと「日本語の森」の理念に惹かれて「日本語の森」の創立メンバーとして働き始めました。そして、生まれたYouTubeチャンネルが「DUNGMORI」と「YUHADAYO」でした。「DUNGMORI」はベトナムで、「YUHADAYO」は韓国で、一番有名な日本語教育コンテンツです。また、「DUNGMORI」にフゥオン・ティ・タインというベトナム人の女性が日本語教師として入り、彼女がベトナム初の日本語ネット講義「DUNGMORI.COM」を作り、2017年5月からサービスを開始しました。2018年10月の時点で42,000人のベトナム人が「DUNGMORI.COM」で日本語を勉強しています。今は、グェン・ヴァン・ズンはフゥオン・ティ・タインと結婚して、夫婦で「DUNGMORI」を運営しており、夫婦そろってベトナムでは一番有名な日本語教師となりました。グェン・ヴァン・ズン夫妻とゼン・ユハはユーザーをどうやって日本語教育コンテンツに惹きつけるかについて研究しています。そのため、配信したネット講義に関して多くのユーザーから好評を得ており、彼らは日本語教師の新型ロールモデルとなりつつあります。

　【未来】ちょっとプライベートな話をすると、私は韓国人、妻はベトナム人で、1歳の娘もいます。妻は日本語能力試験N2に合格しており、3人の共通語は日本語です。そこで一つの疑問がわいてきました。それは「日本人以外にも、全世界に日本語が話せる人は何千万といるはずなのに、なぜ国際共通語としての日本語の存在はこれほどまでに小さいのか」というものです。そこで、「日本語人」（日本語話者）を簡単に見つけるシステムさえあれば、全世界に隠れていた日本語人が交流できるという仮説を立てました。現在、この仮説に基づいて、「日本語人」というアプリを作っており、全世界の日本語人を一つの「場」に集めるために日々努力しています。

　日本語の「森」はどんどん広がっています。

108

第 6 章

考えよう！ 日本語教育者への道

- データで見る日本語教師の成長
- どんな日本語教育者になりたい？

データで見る日本語教師の成長

文 = 義永 美央子・渡部 倫子

ここでは日本語教育者の中でも「日本語教師」に焦点を当てて、日本語教師のキャリアの軌跡をみていきます。

実際に日本語教師として働いているみなさんは、何歳ぐらいのときに、どうして日本語教師になりたいと思ったのでしょうか。また、教師になってからはどうやって自分を成長させているのでしょうか。このページでは、現役日本語教師 101 名を対象に実施したアンケート調査[注1]の結果をもとに、先輩たちの生の声をお伝えしていきます。また、あなた自身への質問もあるので、ご自身の経験を振り返ってみてくださいね。

答えてくれたのはこんな人！

年齢	20代	30代	40代	50代	60代	70代
	8	19	36	26	11	1

性別	女性	男性	その他・答えない
	78	19	4

母語	日本語	日本語以外
	98	3

居住地	日本	日本以外
	73	28

(人)

日本語教師としての勤務年数	10年未満	10-14年	15-19年	20年以上
	35	19	25	22

勤務先	大学	日本語学校	政府系団体等[注2]	その他
	54	19	11	17

ポスト	常勤(任期なし)[注3]	常勤(任期あり)[注4]	非常勤	その他
	35	26	33	7

❶ 日本語教師を目指したきっかけは何ですか？[注5]

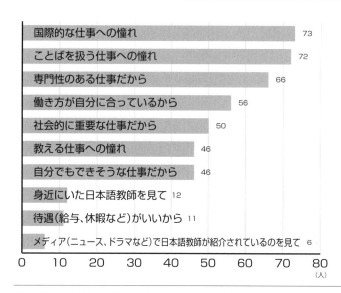

項目	人数
国際的な仕事への憧れ	73
ことばを扱う仕事への憧れ	72
専門性のある仕事だから	66
働き方が自分に合っているから	56
社会的に重要な仕事だから	50
教える仕事への憧れ	46
自分でもできそうな仕事だから	46
身近にいた日本語教師を見て	12
待遇(給与、休暇など)がいいから	11
メディア(ニュース、ドラマなど)で日本語教師が紹介されているのを見て	6

「国際的な仕事への憧れ」「ことばを扱う仕事への憧れ」「専門性のある仕事だから」と回答した人が多かったです。「働き方が自分に合っているから」と答えた人も、半数を超えています。一方で、「待遇」や「メディアで紹介されていたから」と答えた人は1割程度にとどまっています。「身近にいた日本語教師を見て」という人も少ないですが、実際に教師になってからの成長には、あとで見るように「人との出会い」が大きく影響するようです。

注1) 2018年4月から6月にかけて、survey monkey を用いたウェブアンケートを実施しました。このアンケートは日本語教師として報酬を得て働いている方が対象で、ボランティアの方は含まれていません。
注2) 国際交流基金 (JF)、海外産業人材育成協会 (AOTS)、国際協力機構 (JICA) など (第2章「③政府系団体」参照)。
注3) フルタイムで、原則として定年まで同じ機関に勤務するポスト。
注4) フルタイムで、原則として契約を交わした任期の間のみ勤務するポスト。
注5) この質問では、各選択肢について「非常に当てはまる」「まあ当てはまる」と答えた人数の合計をグラフに示しています。

110

❷ 最終的に、日本語教師になろうと決めたのは何歳頃ですか?

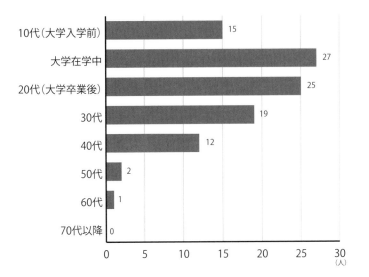

大学在学中〜20代と回答した人が多いですが、30代以降と回答した人も3割程度います。

学校を卒業してから日本語教師の道を選ぶ人がけっこう多いんだね!

❸ 日本語教師として成長するために役立ったと思う経験は何ですか?

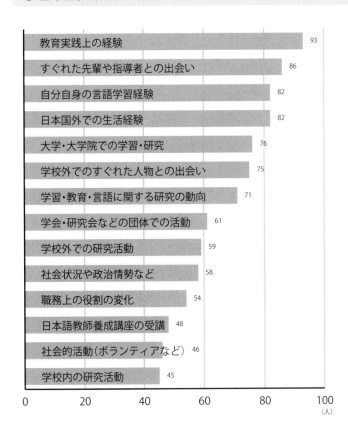

「教育実践上の経験」と回答した人が9割以上で、やはり実際に教える経験の中に、教師としての成長の機会がたくさんあるようです。「すぐれた先輩や指導者との出会い」「学校外でのすぐれた人物との出会い」といった人との出会いも多くの人が指摘していて、人から学び人に寄り添う、ということが成長を支えていることがうかがえます。また、「自分自身の言語学習経験」「日本国外での生活経験」を挙げる人も多かったです。自分が外国人や言語学習者の立場に立った経験が、教える際にも役立つと言えそうです。

以下では、アンケートの自由記述をもとに、先生方の教育実践や考え方に影響を与えた経験についての生の声を紹介します。
ぜひ、みなさん自身の経験も振り返ってみてくださいね！

＊原則として、アンケート自由記述欄の回答をそのまま掲載していますが、文意を損なわない範囲で修正を加えた箇所もあります。

高校までの経験

> 自分の学生時代（中高）の生徒としての学習経験。
> 教師から受けた影響が大きい。
> 生徒として経験したことや感じたことは忘れずに指導の際に役立てたいと思う。

> 高校時代にお世話になった世界史と英語の先生方の授業のやり方や生徒（自分たち）とのやり取りが、今の自分自身の教え方のスタイルにとても影響を与えていると思っています。

> 高校時代に出会ったネイティブの英語教師の教授力がすばらしく、自分も専門教育を徹底的に受けて、教授力のある言語教師になろうと思った。

> 科目は違っても、自分が生徒として経験したことが、日本語教師としての教え方に影響することがあるんだね！

あなたは？

✏️ 高校までに受けた授業や先生で、印象に残っているのはどんなことですか？

✏️ 先生の教え方や生徒への接し方で、「よかった・自分もそんなふうになりたい」と思うことや、「嫌だった・自分はそんなふうにはしたくない」と思うことはありますか？

✏️ 高校までの経験で、「日本語を教えたい・教えてみたい」という気持ちに影響を与えたことはありますか？

養成講座・大学・大学院での学び

学部時代の教育実習で、先輩や先生方にご指導いただき、そこから一つひとつの授業に対して全力で取り組もうと思いました。

教師養成講座のある一人の講師との出会いが今の私の基盤をつくったと思う。
非常に厳しい方だったが、プロ意識を叩き込まれた。

大学入学直後に、あまり知識がない状態で日本語ボランティアクラスに参加したことです。
わからないことを大学の先輩や同期、先生に相談しながら、何が学習者のためになるのか試行錯誤していく中で、少しずつ自分が目指す場所が見えてきたように思います。

アメリカの大学院で言語学・応用言語学を学びながら5年間TAをしていました。その間に一緒に仕事をした人たちを見て、自分はどうなりたいか考えました。

大学院生時代に出会った教育学の教授から「君はそのままでいいんだよ」と言われた言葉は、今、私が学習者や同僚と向き合うときの座右の銘となっている。

自分が日本語を勉強したときの教授法とは、全然違う教授法などを知り、自分の国でも使えたらどうかなと思って、日本語教師になりたくなりました。
やはり、大学院を修了したということで、自分の教育方法を客観的に見ることができました。
また、大学院で、日本語教育全般を把握できたことは現在のある程度の自信につながっています。

> 尊敬できる人に出会ったり、
> 実習やボランティア活動で
> 現場に触れたり、
> 自分の経験を客観的に振り返ったり……
> いろんな学びの形があるね。

あなたは?

養成講座や大学、大学院で、日本語教育について学んだことがありますか?
【ある人】……どんなことを学びましたか? 印象に残っている人や授業がありますか?
【ない人】……これから学ぶとしたら、どこで、どんなことを、どんなふうに学びたいですか?

教育実践の経験

教え始めたときに試行錯誤して、目の前の学生がどうすれば理解できるか、使えるようになるかを考え抜いたこと。それを、試してみて結果を検討したこと。

教師3年目のときです。
大学卒業後、すぐに海外の大学で教え始めました。それまでは、日本語の授業内での態度や成績だけで学生一人ひとりの評価をしているところがあり、なかなか成績が伸びない学生は悪い学生だと考える傾向がありました。しかし、同僚や先輩教師と日々いろいろ話をしていく中で、学生生活の中にはいろいろな出来事があるし、卒業後に伸びるケースもあるという話を何度も聞いたり、実際に卒業生から「卒業してから仕事を通じて伸びた」というような話を聞いたことから、徐々に考え方が変わっていきました。
今では、10年以上前に卒業した教え子がいろいろなところで活躍するのを見ています。それで、私が関わっている日本語の授業は学習者にとっての大学生活や人生の一部分であり、すべてではないということをしっかり理解し、長期的視野で学習者について考えたり指導したりできるようになってきていると思います。

日本語教育歴7年目以降、ベトナムでの日本語教育に関わったが、その職場が法整備支援の一環としての日本語教育であったこともあり、教室と社会のつながりを強く感じた。
帰国後は、国内で短期プログラムのコーディネーターとしての立場を得たが、授業内容だけではなく、(組織、社会から見た)プログラムの位置づけを考えながら、日本語教育を考えるようにしていた。

10年目頃に、現場で行われている教育と学習者の学習状況との齟齬について考えたこと。
どうしたら学習者の本当に必要としていることに答えられるかを考えて、教育の内容を考えるようになった。

勤務校は理念がしっかりしていて、学内の実践はすべてなんらかの形でそこに向かっているため、初任者研修時やその後の研修などでも繰り返し説明を受け、そこに向かうための実践を考えることになる。
その内容に共感しているので、最も影響を受けたと言えると思う。

勉強に対してやる気を持てずにいる学習者が多いことを目の当たりにし、モチベーションを上げるにはどうしたらいいか、受け身ではない授業とは何かを考えるようになった。

異なる学校で勤務し、また多種多様な学生に日本語を教えてきたので、教授経験というより、その学校にいる学生のタイプやニーズに合わせて常に試行錯誤を続けてきたと感じており（同じ学校でも毎年変わる）、今後もそれが続くのだと理解しています。そのため、具体的な時期や内容というのは特定し難く、変化についてもその時々の状況によるので、一概には記述できる類いのものではないと思います。
しいて言うなら、教育実践の形はその時その時で変化するという考えに至ったと言えるかもしれません。

先生になるのがゴールと思っていたけど、先生になってからも、いろんな学びや、試行錯誤があるんだね！
「学び続ける先生」……なんか、カッコイイ！

あなたは？

実際に日本語を教えたことがありますか？
【ある人】……教える中で、印象に残っていることは何ですか？
　　　　　　教育実践の経験を通じて、自分の教え方や考え方が変わったと思うことはありますか？
【ない人】……日本語教師になるなら、どこで、誰に教えてみたいと思いますか？
　　　　　　そのためには、今どんな準備をしたらいいと思いますか？

海外での生活や日本語教育経験、言語学習経験

- 海外での生活で、言語的な不自由さを体験し、そこから出ようと言語学習に取り組んだこと。言語習得のプロセスを体験できた。

- 1986〜1987年の在米経験。ボランティアによる外国人のための英語教室に参加したこと。心細い外国生活でオアシスのような存在だった。

- 大学3回生のときの交換留学（10カ月）および、卒業後の海外TA派遣（2年）での海外生活経験が大きかったと思う。いずれの場合も、現地に長期滞在したこと、現地の人と共同生活したことによって、現地の言語を使う能力が飛躍的に高まった。「"実際に使える"言語習得」を自分自身が経験できたことで、言語習得に対する興味と視野が広がった。

- 20代に経験した外国語学習。興味があれば自分から学習するという経験。50代になって年少者の日本語学習支援を始めたこと。いろいろな環境の中でも、なんとか日本社会でやっていく力をつけていく子どもたちを見ていて、教育とは教え込むことではなく、その人の立場に立って、どうしていったらいいか寄り添って考えていくということを学んだ。どんな環境にいても、その人の良いところを見つけて伸ばすことが教師の役割だと思った。

- 3、4年ごとに国と職場を転々とし、その地その地でまったく違う教師同士の関係性や学習者との出会いから、非常に楽観的な教授観を受け取った。

- 10年前、小学生の子どもを連れて海外で生活した際、学校生活に慣れるのに苦労しました。子どもにとって良い経験になると思ってのことでしたが、子どもによっては適応するのに大変なストレスもありました。そのような様子を見ているので、海外からの子どもたちになんらかの支援ができないかと思い日本語指導の仕事をしています。

- まったく言葉がわからない状態で、一人で2年間外国に暮らした経験。25年前、文化人類学の研究調査のため暮らした村で、現地の人々が根気強く言葉を教えてくれた。言葉の習得の難しさと、言葉ができないことの苦労と孤独、そして人々の温かさを経験したことが、日本語教師を目指すことになった原点にある。

- 海外の語学学校（英語、ドイツ語）で出会った現地のネイティブ教師たちの授業を受けた体験により、日本語教師養成講座の実習で学んだ授業方法だけが外国語学習ではないことを知った。

> 自分自身が言葉の通じない外国で暮らしたり、外国語を勉強したりすることで、母国以外で暮らす人や日本語学習者の気持ちがわかるようになるんだろうね。

40歳を過ぎて外国に住むことになり、英語以外の外国語を習得し、生活しなければならなくなったことが、きっかけです。
さらに、二つの国に住み、二つのまったく違った言葉を習得するときに起こった経験（習得スピードの違いなど）で、言語学習について深く興味を持ち始めました。
それに加えて、私の夫がいわゆるダイグロシア（二言語併用・使い分け：筆者注）という環境で育ち、自身の子どもが、現地校に通い、家庭と学校・社会で違う言語・文化で育ち、その経過を見てきて、言語習得の過程、また、日本語能力の維持など、実際のサンプルがとても身近にあったことです。

2008年から2年間の青年海外協力隊（職種：青少年活動）での活動の終わりに日本語教師を志すようになった。
任国の社会問題を目の当たりにし、日本から派遣された任期のある外国人ボランティアにできることは非常に限られていると実感したため、社会を担う現地の若者と一緒に日本語教育を通して、任国の社会問題に取り組みたいと考えるようになった。

教師歴7年目で海外で仕事をすることになり、それまでに積み上げてきたつもりのことがまったく通用しなかったり、さまざまな葛藤を覚えた。
その海外にいた間にいろいろなことを考え、たくさん勉強した。大変だったが、教師としての幅が広がったし、自分が大切にしたいことがはっきりした。
また、そのとき周りに仲間がいなかったので、仲間のありがたさも実感し、帰国してからあちこち勉強会などに出かけるようになった。

海外において、現地の教師が母語を用いて日本語を教える中で、ネイティブ教師として「日本語を教える人」というより、むしろ「身近な日本人として日本を紹介するエンターテイナー」「日本語を学び続ける動機づけをつくるサポーター」としての役割を期待されたとき、日本語教師としてのふるまい方が変わりました。
国内に戻ってからも、そのとき持ったマインドがさまざまな判断に影響を与えている気がします。

マイノリティーとして生きることはどういうことか、大学学部卒業後からずっと海外生活なので、外国で外国人として生活してきた経験が一番大きい。
日本語を教えることで、自己肯定ができるというのも、結果的には大きかったかもしれない（ただ、それを逃げ場とする自己嫌悪も初めは強く感じていた。今は、それは割り切っている）。

あなたは？

これまで外国で生活したり、言葉を学んだりしたことはありますか？
【ある人】……外国での生活や言葉を学んだ経験の中で、印象に残っているのはどんなことですか。
【ない人】……外国で生活するとしたら、どこに行ってみたいですか？
　　　　　　勉強してみたい外国語は何ですか？

人との出会い

大学院時代にお世話になっていた勤務先の上司やその人がつくるコースの基になっている理念を知ったとき、私の言語教育観は大きく変わったと思います。
そのときは「言語ができる人を育てること」が言語教育だと思っていましたが、今は「社会の問題を解決しようと考える人を、言語教育を通して育てていくこと」だと思っています。

海外留学中に付き合っていた相手との生活の影響が大きい。
その人は留学先の国籍を持っておらず、学歴や資格もなく、単純労働を担う移民として生活していた人で、その大変さを目の当たりにして、海外での日本語教育から国内の生活者の日本語支援を志すようになった。

私が出会った方は、日本語を日本語として教えるのではなく、例えば、部活の先輩が後輩に教えたり、友達同士がツッコミあいながらおしゃべりしたりするような日本語を教えていらっしゃいました。それまで「日本語」を教えることをおもしろいと感じていませんでしたが、その方との出会いで価値観が大きく変わりました。学習者との距離を近くする方法がわかったからだと思います。
それまでは学習者は学習者。日本語が多少おかしかったり硬かったり失礼だったりしても、意味がわかれば先生として「すばらしいですね」と言わないといけないような気がして苦痛でした。
しかし、その出会いのあとは、楽しく「それ変だよ」なんて突っ込めるようになり、学生と授業以外の時間を過ごすのもラクになりました。学生のほうも、似たような言い方の細かいニュアンスなどを私からの突っ込みで体得したようで、文法や表現にも強くなったようでした。

1998年に、とある大学で非常勤講師として日本語を教え始めたが、そこで尊敬できる上司に出会え、自分もこの道を究めようと思った。その上司は、言語学、国語学、日本語学、日本語教育の知識があるだけではなく、人間性も尊敬できる人であった。
知識があるだけで、人間性がない上司であったら、ついていこうとは思わなかったかもしれない。

あなたは？

✎ 今までに出会った人の中で、あなたに大きな影響を与えた人は誰ですか？ どんな影響を受けましたか？

日本語教育以外の職業経験、いろいろな人生経験

5年くらい英会話スクールでアシスタントの仕事をしていました。そのとき、教師と生徒とのやり取りがうまくいかない場合、「私が教師ならどうするかな」と考えながらアシストしていました。言語は違ってもそのときの経験が生かされています。

中学校教諭（国語科）や指導主事（研究）の経験が教育の基本的な理念・指導方法に生きている。

仕事（英語圏の書籍の日本語訳）で異文化を伝える難しさと必要性を感じたことが、日本語教師になった主因の一つであり、伝え手としてのモチベーションになっています。

時期は忘れましたが、介護職員として勤務しました。そのとき、話せるだけでは介護の仕事はできない、予備教育（現場に出る前の教育：筆者注）の段階で書くことを十分にしておかなければ、現場で困るということがわかりました。

直接教育実践には関係ないが、30代に育児や病気で一時期仕事を離れていた経験と40代で一度1年間、普通の企業で会社員になったことは、逆に日本語教師としてずっとやっていきたいと思うきっかけにもなった。

子どもが生まれてから子育てと外国につながりを持つお母さんたちへの関心が深まった。

出産・育児を30代で経験し、限られた時間で効率よく仕事をこなす必要性が出てきて、ICTを活用した教育に対して非常に興味を持ち、実践するようになった。

日本語教師になった当初は自分の言語学習経験から自分がどのような活動を有効と感じたか、どのような活動がしたいか、どんな先生がうれしいかということを指針にしていました。子どもが大きくなり、学生が自分の子どもと同年代ぐらいになってからは、子どもが留学したと考えて、どのように接したり教育したりしてもらえたら親としてうれしいかということを指針に考えるようになりました。
最近大学院で学んだことで、経験則だけでなく理論に基づいて考えるようにもなったと思います。

一見、日本語教育とは全然関係ないことも、いろんなところでつながってるのかも！

あなたは？

✎ 今までに経験したことで、日本語教育者になりたいという気持ちや、自分の日本語教育の実践方法、考え方などに直接・間接に影響を与えていると思うことはありますか？

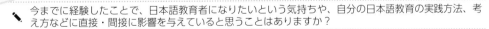

どんな日本語教育者になりたい?

あなたは、どんな日本語教育者になりたいと思いますか?
以下のようなことを手がかりに、考えてみてください。

① 今まで経験したことで、日本語教育の仕事に活かせそうなことは何ですか?

② 日本語教育の仕事に活かせそうな資格や特技はありますか?

③ 仕事を選ぶ上で重視したいことは何ですか?

④ 10年後、どこで、どんな暮らしをしていたいですか?

⑤ この本で気になった章・項目はどれですか?

私はこんな日本語教育者になりたい!

日本語教育者になるために、今できること

いつか、広い地球のどこかで、
日本語教育者になったあなたに会えるのを
楽しみにしています!

[執筆者一覧] （五十音順）　　＊＝編者

安 志英 （あん・じょん）

大泉 貴広 （おおいずみ・たかひろ）

小川 真由 （おがわ・まゆ）

金子 史朗 （かねこ・しろう）

神吉 宇一 （かみよし・ういち）

菊岡 由夏 （きくおか・ゆか）

菊池 英恵 （きくち・はなえ）

金 孝卿 （きむ・ひょぎょん）

ケッチ！

甲田 菜津美 （こうだ・なつみ）

櫻井 千穂 （さくらい・ちほ）＊

櫻井 直子 （さくらい・なおこ）

嶋津 百代 （しまづ・ももよ）＊

下伊豆 ちひろ （しもいず・ちひろ）

角南 北斗 （すなみ・ほくと）

田栗 春菜 （たぐり・はるな）

田中 宝紀 （たなか・いき）

當作 靖彦 （とうさく・やすひこ）

トムソン 木下 千尋 （とむそん・きのした・ちひろ）

長崎 清美 （ながさき・きよみ）

西野 藍 （にしの・あい）

布尾 勝一郎 （ぬのお・かついちろう）

野村 愛 （のむら・あい）

朴 晋佑 （ぱく・じんう）

潘 英峰 （はん・えいほう）

フェラーリ シモン

藤本 かおる （ふじもと・かおる）

凡人社 編集部 （ぼんじんしゃ・へんしゅうぶ）

馬 之濤 （ま・しとう）

丸山 茂樹 （まるやま・しげき）

栁田 直美 （やなぎだ・なおみ）

山田 朱美 （やまだ・あけみ）

義永 美央子 （よしなが・みおこ）＊

羅 暁勤 （ら・ぎょうきん）

渡部 倫子 （わたなべ・ともこ）

渡辺 久洋 （わたなべ・ひさひろ）

[イラスト]
松永 みなみ

[本文・装丁デザイン]
松 利江子 （DESIGN+SLIM）

ことばで社会をつなぐ仕事
日本語教育者のキャリア・ガイド

2019 年 4 月 10 日　初版第 1 刷発行

編　著　者　　義永美央子・嶋津百代・櫻井千穂

発　　　行　　株式会社 凡人社
　　　　　　　〒 102-0093　東京都千代田区平河町 1-3-13
　　　　　　　電話 03-3263-3959

印刷・製本　　倉敷印刷株式会社

定価はカバーに表示してあります。乱丁本・落丁本はお取り換えいたします。
＊本書の一部あるいは全部について、著作者から文書による承諾を得ずに、いかなる方法においても無断で、
　転載・複写・複製することは法律で固く禁じられています。

ISBN 978-4-89358-957-6
©Mioko YOSHINAGA, Momoyo SHIMAZU, Chiho SAKURAI　2019　Printed in Japan